続 寺子屋式 古文書手習い

吉田 豊 著

柏書房

はじめに

この本は『寺子屋式古文書手習い』の続編です。前著は一九九八年に刊行しましたが、読者の方々から頂いておりましたご要望に応えて、遅まきながら続編をお届けいたします。

古文書学習についての私の提案は、寺子屋の教育に準じ、まずかな読みから始めようというものです。江戸期の庶民が接する範囲の文書や刊行物を読むのには、最低十個ほどのかなを覚えればどうにか読めるものだと気楽に考えてください。庶民向けの本はふりがな付きですから、かなを頼りに草書体の漢字を読むことができます。

この本でも、まずかな読みの復習に始まり、次にふりがな付きの読み物に挑戦するような段取りにしました。前著『寺子屋式古文書手習い』では、入門当初のため、かなを一字ずつ拾い読みして覚えるようにしましたが、この本では練成段階に入ったものとして読み通すことにしました。また解読実践の部では、テーマに応じた数種の資料を集めて、単に文字を読むだけでなく、歴史を学ぶ楽しみが味わえることを考慮しました。

古文書の教材は、一般にお堅い文書ばかりで肩が凝るものですが、この本では、講談本や滑稽本なども取り上げています。江戸時代の雰囲気にひたりながら、楽しみのうちに解読能力が向上することを狙ったからです。

本書には「女筆」も掲げてみました。女筆については、当該箇所でごく簡単に説明し、読みに挑戦してもらっていますが、一般に難解だと評されているものです。女筆の基礎から勉強しようとする方には、拙著『寺子屋式 古文書女筆入門』（柏書房）をお勧めします。

二〇〇五年五月

吉田　豊

凡例

一、本書は『寺子屋式古文書手習い』の続編として編集し、構成は、おおむね同書に準ずるものとした。すなわち、学習次第は、かな読みに始まり、次にふりがな付きの写本・版本を読む体験を経てから、古文書の解読に挑戦するものである。「原文」には、原則として「解読文」と「読み下し文」を添えた。

二、「解読文」の表記要領

①読点および返り点を付ける。

②漢字表記は常用漢字使用とする。ただし、古文書学習の見地から、原文に即した文字を使用することがある。

③漢字表記の助詞（「者・江・而・茂・与」など）は、漢字のままとし、小さく添えた。

④ひらがな表記にあたり、江戸かな（変体かな）は使用せず、現用かなとした。

三、「読み下し文」の表記要領

①常用漢字、現代かな遣いに改め、かつ「公用文作成の要領」の趣旨に準じて、代名詞・副詞・接続詞・助動詞・助詞などはかな書きとした。（例　これ・それ・しかし・ごとく）

②一部の漢字熟語などのうち、現代通用の用字に置き換えたものがある。（例　所置→処置　祝義→祝儀　懸合い→掛合い　平愈→平癒）

四、本文中「江戸**かな**」を特定していう場合は、太字で「かな」とした。

第一部

かな読みの復習

寺子屋の教育は、ひらがなの読み書きから始まり、次に漢字を草書体で学びました。ひらがなは「漢字の草体から作られた草（そう）の仮名をさらにくずして作った音節文字」（広辞苑）ですから、寺子屋の学習法は「草体の字」という共通項を有する合理性が有ると言えるでしょう。

古文書の学習にあたり、「**かな**は難しい」と敬遠する声を聞くことがあります。書道の芸術的かな作品ならともかく、読み書きの**かな**を嫌っていたのでは偏ってしまいます。そこで私は、寺子屋と同じく**かな**読みから学び始める古文書入門書を提案してきました。本書でもまず**かな**読みからレッスンを開始します。

1 学問のすすめ ……慶應義塾福澤研究センター蔵

「学問のすすめ」が、近代日本の確立に貢献した福沢諭吉の著作であることは誰でも知っています。しかし現時点で実際に読んだことがあるという人は皆無に近いのではないでしょうか。そこで本書では「学問のすすめ」の冒頭部を紹介することにしました。ここに掲げたのは明治五年（一八七二）発行の初版本です。二版本以降はカタカナ仕立てに変わったうえで続々と刊行されましたから、「学問ノススメ」と紹介されることが多くなりました。

人間平等の観念をドーンと打ち出して語り始めたこの本は、維新にともなう体制や価値観の変化にとまどう国民に対し、きわめて鮮烈な印象を与えたことと察せられます。

學問のすゝめ

福澤諭吉
小幡篤次郎　同著

一天ハ人の上に人を造らず人の下に人を造らずとい
へりされバ天より人を生ずるにハ萬人ハ萬人皆同
じ位にして生れながら貴賤上下の差別なく萬物の
靈たる身と心との働を以て天地の間にあるよろづ
の物を資り以て衣食住の用を達し自由自在互に人

に（尓）　す（春）　れ（連）　る（累）　よ（与）

の妨をなさずして各安樂に此世を渡らしめ給ふの趣意なりされども今廣く此人間世界を見渡すにかしこき人ありおろかなる人あり貧しきもあり富めるもあり貴人もあり下人もありて其有樣雲と坭との相違あるに似たるは何ぞや其次第甚だ明なり實語教に人學ばざれば智なし智なき者は愚人なりとありされば賢人と愚人との別は學ぶと學ばざるとに由て出来るものなり又世の中にむつかしき仕事もありやすき仕事もあり其むつかしき仕事をする者を身分重き人と名づけやすき仕事をする者を身

な（奈）　お（於）　か（可）　た（多）　は（者）　け（希）

分軽き人といふ都て心を用ひ心配する仕事ハむつかしくして手足を用る力役ハやすし故に醫者學者政府の役人又ハ大なる商賣をする町人夥多の奉公人を召使ふ大百姓などハ身分重くして貴き者といふべし身分重くして貴けれバ自から其家も富て下々の者より見れバ及ぶべからざるやうなれども其本を尋れバ唯其人に學問の力あるとなきとに由て其相違も出来たるのみにて天より定たる約束にあらず諺に云く天ハ富貴を人に與へずしてこれを其人の働に與るものなりとされバ前にも云へる通り

へ（扁）　あ（阿）

人ハ生れながらにして貴賤貧富の別なし唯學問を勤て物事をよく知る者ハ貴人となり富人となり無學なる者ハ貧人となり下人となるなり

解読文（句読点・かぎ括弧、およびふりがなを付けた）

学問のすすめ　福沢諭吉[1]　小幡篤次郎[2]　同著

一「天は人の上に人を造らず、人の下に人を造らず」といへり。されば天より人を生ずるには、万人は万人皆同じ位(くらゐ)にして、生れながら貴賤上下の差別なく、万物の霊たる身と心との働(はたらき)を以て、天地の間にあるよろづの物を資(と)り、以て衣食住の用を達し、自由自在互(たがひ)に人の妨(さまたげ)をなさずして、各(おのおの)安楽に此世(この)を渡らしめ給ふの趣意なり。されども今広く此人間世界を見渡すに、かしこき人ありおろかなる人あり、貧しきもあり富めるもあり、貴人(きにん)もあり下人(げにん)もありて、其(その)有様雲と泥(どろ)[3]との相違あるに似たるは何ぞや、其次第甚だ明(あきらか)なり。実語教に「人学ばざれば智なし、智なき者は愚人(ぐじん)なり」とあり。されば賢人(けんじん)と愚人との別は、学ぶと学ばざるとに由(よっ)て出来るものなり。又、世の中にむつかしき仕事もありやすき仕事もあり、其むつかしき仕事をする者を身分重き人と名づけ、やすき仕事をする者を身分軽き人といふ。都(すべ)て心を用(もち)ひ心配する仕事はむつかしくして、手足を用る力役(ちからやく)はやすし。故(ゆゑ)に医者・学者・政府の役人、又は大(おほい)なる商売をする町人・夥多(くわた)

の奉公人を召使ふ大百姓などは、身分重くして貴き者といふべし。身分重くして貴ければ自ら其家も富て、下々の者より見れば及ぶべからざるやうなれども、其本を尋れば、唯其人に学問の力あるとなきとに由て其相違も出来たるのみにて、天より定たる約束にあらず。諺に云く「天は富貴を人に与へずして、これを其人の働に与るものなり」と、されば前にも云へる通り、人は生れながらにして貴賤貧富の別なし、唯学問を勤て物事をよく知る者は貴人となり富人となり、無学なる者は貧人となり下人となるなり。

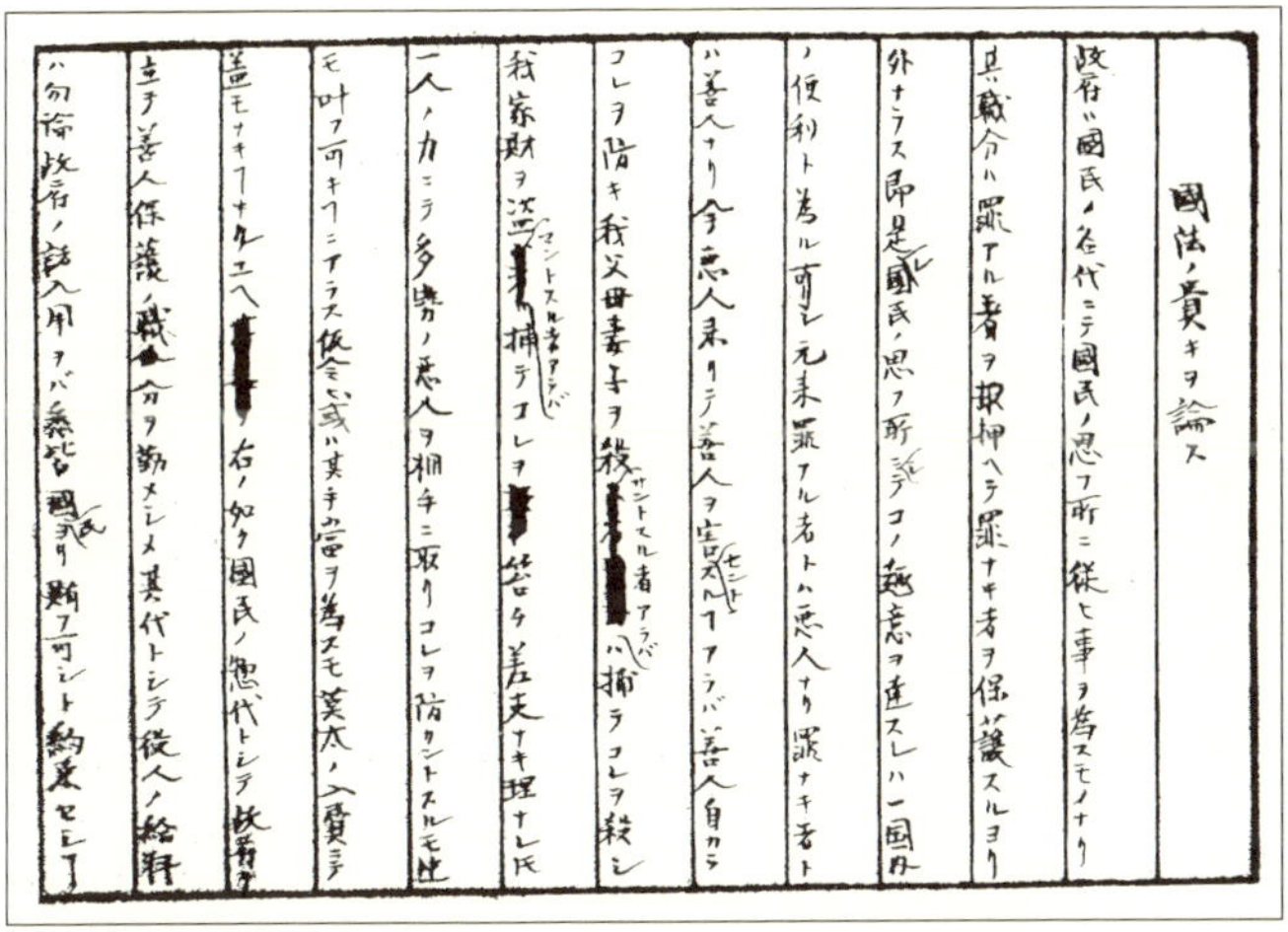
國法ノ貴キヲ論ス

政府ハ國民ノ名代ニテ國民ノ思フ所ニ從ヒ事ヲ為スモノナリ

其職分ハ罪アル者ヲ取押ヘテ罪ナキ者ヲ保護スルヨリ

福沢諭吉自筆『学問ノススメ』六編草稿「国法ノ貴キヲ論ス」
『マイクロフィルム版福澤関係文書』（雄松堂フィルム出版）より

▼注

1、福沢諭吉……天保五年（一八三四）～明治三十四年（一九〇一）。豊前（大分県）中津藩の下士から身を起こし、二十六歳で幕府の遣米使節に随行、引続く欧米視察を通じて、開国と富国強兵の信念を抱く。明治元年に私塾「慶應義塾」開設、同十五年『時事新報』創刊、日本の近代化を推進した。

2、小幡篤次郎……天保十三年（一八四二）～明治三十八年（一九〇五）。豊前（大分県）中津藩生れ。福沢諭吉の門下生から、福沢家塾塾頭。欧米視察ののち産業界・政界で活躍、明治二十三年慶應義塾塾長。

3、埿……泥に同じ。

2 婦女鏡 ……………… 筆者蔵

婦女鑑は女子用教科書で、明治二十年（一八八七）宮内省編・蔵の全六冊ものです。序文（原漢文）には左のような趣旨の記述があります。

「皇后陛下のご意向により華族女学校が四谷尾張町に建てられ、士庶の女子も入学を許された。本校は皇居のすぐ近くなので、時には陛下も授業を視察される。また宮内の学者に命ぜられて国史および漢・洋の本から、婦徳・婦言・婦容・婦工の手本となるものを選び出し婦女鑑六巻を編集し読本とされた。」

『婦女鑑』表紙

表紙や装丁に手がかかっており、綴じ方は一般的な四つ目綴じではなく、康熙（こうき）綴じ（高貴綴じとも言われる）です。内容も絵入りの立派な教科書ですが、欧米の人名・地名を漢字で充てていますから、ルビ付きとはいえ、難解の要因が増えています。

徳川吉宗ノ母巨勢氏

徳川將軍吉宗の母巨勢(コセ)氏は。父を利清といふ。世(ヨヽ)紀伊ノ國巨勢に住し。農をもて家業(ナリハヒ)と為す。巨勢氏徳川光貞に仕へて。吉宗を和歌山城にうむ。正徳六年四月。吉宗。將軍家繼の後を承(ウ)くるに及び。稱して浄圓院といふ。品行端正にして賢明の聞えあり。吉宗將軍職を襲(ツ)ぐの後も。常に浄圓院の起居をとはれけるか。いつも辭し去るの時にのぞみて。三萬石をなわすれたまひそ。といひけり。こは吉宗はじめ越前丹生(ニフ)三萬石に封ぜられし時のことにて。その本をわすれずして。驕奢の念を

は(盤)　に(尓)　に(尓)　て(天)　れ(連)　か(可)　の(能)　り(里)　こ(古)　わ(和)

未萌にいましめしなり。また浄圓院の弟由利及び至信を。各抽(ヌキン)でゝ食邑五千石に封ぜしとき。浄圓院いひけるは。従來當家勤仕のもの。また紀州よりこともにつかへてまゐれるものは。いかやうにもとりたてらるべきなれども。彼等兩人を元來卑賤の者なるを。いま將軍の外戚たるによりて。かく大祿を與へたまふこと。おそらくは國家のまつりごとをとりたまふの道理にそむき侍らむか。さりながらすでにその事行はれしうへは。いまさら諫むるもかひなき事なるが。そはさておきたまふも。あながち害あるにもあらざ

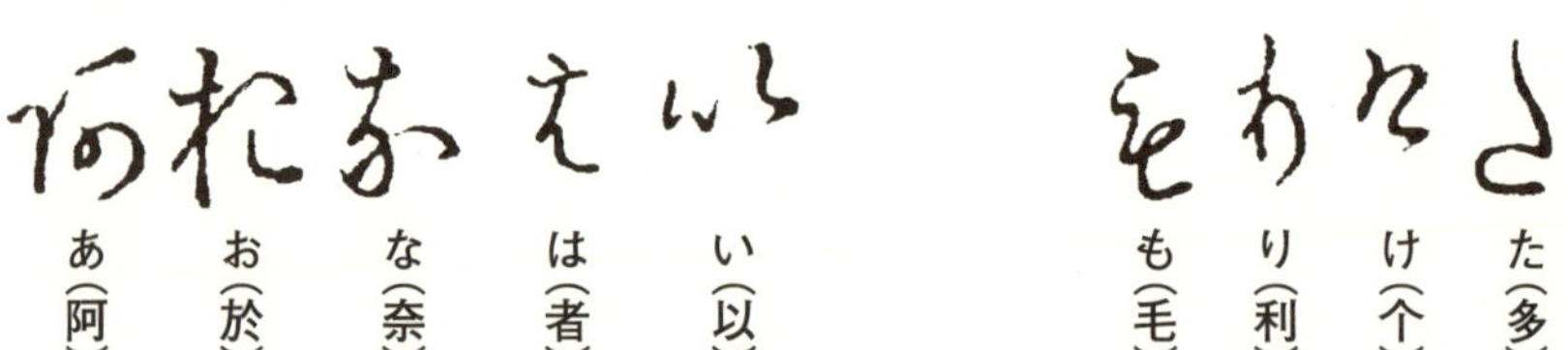

た(多)　け(个)　り(利)　も(毛)　い(以)　は(者)　な(奈)　お(於)　あ(阿)

めれど。此上を兄弟のものどもにかならず職務をな命じたまひそ。かくて彼等が子孫にいたりて器量のものもいで侍らば。其時はいかやうに召仕はるとも子細あるまじくこそ。などいさめしかば。彼の兄弟終身非職にて過しゝとぞ。古より外戚の権を恃(タノ)みて。大禄を食み重職を贖(ケガ)して。汚名を後葉(ノチノヨ)にのこすもの。その例少なからぬを。こは賢婦人の一言によりてかゝる弊害のなかりしは實にめでたき例なり。

た（堂）

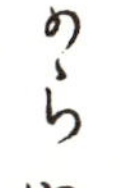
す（春）

解読文（句読点・かぎ括弧、およびふりがなを付けた）

徳川吉宗ノ母巨勢氏[1]

徳川将軍の吉宗の母巨勢(コセ)氏は、父を利清といふ。世(ヨヽ)紀伊ノ國巨勢に住し、農をもて家業(ナリハヒ)と為す。巨勢氏徳川光貞に仕へて、吉宗を和歌山城にうむ。正徳六年四月、吉宗、将軍家継の後を承(ウ)くるに及び、称して浄円院といふ。品行端正にして賢明の聞えあり。吉宗将軍職を襲(ツ)ぐの後も、常に浄円院の起居をとはれけるが。いつも辞し去るの時にのぞミて「[2]三万石をなわすれたまひそ」といひけり。こは吉宗はじめ越前丹生(ニフ)三万石に封ぜられし時のことにて、その本をわすれずして、驕奢(きょうしゃ)の念を[3]未萌(みほう)にいましめしなり。また浄円院の弟由利(よしとし)、及び至信(ゆきのぶ)を、各抽(ヌキン)で、[4]食邑(しょくゆう)五千石に封ぜしとき、浄円院いひけるは「[5]従来当家勤仕のもの、また紀州よりミともにつかへてまゐれるものハ、いかやうにもとりたてらるべきなれども、彼等両人は元来卑賤の者なるを、いま将軍の[6]外戚たるによりて、かく大禄を与へたまふこと、おそらくは国[7]家のまつりごとをとりたまふの道理にそむき侍らむか。[8]さりながらすでにその事行はれしうへは、いまさら諫むるもかひなき事なれバ、そはさておきたまふも、あながち害あるにもあらざめれど、此上は兄弟のものどもに、かならず職務をな命じたまひそ。かくて彼等が子孫にいたりて[9]器量のものもいで侍らバ、其時はいかやうに召仕はるとも子細あるまじくこそ」などいさめしかば、彼の兄弟終身非職にて過し、とぞ。古(いにしえ)より外戚の権を恃(タノ)ミて、大禄を食ミ重職を瀆(ケガ)して、汚名を後葉(ノチノヨ)にのこすもの、その例少なからぬを、こは賢婦人の一言によりて、かゝる弊害のなかりしハ実にめでたき例(ためし)なり。

▼注

1、巨勢氏……『柳営婦女伝系』(享保の後期刊)から関連部を左に抜粋。

当将軍家御母堂○浄円院殿之系

女(浄円院)

中井大和従弟と申立、紀州光貞卿に奉仕し御三男主税頭頼方君を産す、後年御世継に立せ給ひ、御諱吉宗公と称し奉る。享保三年戊戌五月朔日、紀州より下向にて、江戸城二丸へ御入、浄円院君と号す、(以下略)

某(弟、由利(よしとし)) 始名十左衛門 巨勢丹波守 従五位下

往昔は卑賤にして下京の湯屋たり、浄円院君、江戸下向の時随従、幕府に勤仕し、五千石を拝

領す、御側衆の上座なり、病死
某（甥、至信(ゆきのぶ)）始名六左衛門　巨勢伊豆守
兄丹波守と、同時江戸に下向、千石を拝領す、近仕
（『寛政重修諸家譜』によれば、のち五千石となる）

2、三万石をなわすれたまひそ……三万石を忘れるな。「な……そ」で禁止する意をあらわす。

3、未萌に……未然に。

4、食邑……領地。

5、従来当家勤仕のもの……以前から当徳川家に仕えてきたもの、また紀州よりわれら（身共）に仕えてきたものは。

6、外戚……母方の親類。

7、国家のまつりごと……（外戚までも重くとりたてることは）国政をつかさどる者に必須の（公平無私の）資質に欠けるのではないか。

8、さりながら……しかしながら。

9、器量のもの……その地位・役目にふさわしい才能・人柄の人物。

当て字いろいろ

本項で取り上げた『婦女鑑』には、華盛頓（ワシントン）以外にも、人名や国名などで難読の当て字が多数出てきます。非常に面白いので、以下にいくつかをご紹介します。

人名

羅馬の教皇如利亜第二世
→ローマの教皇ジュリア第二世
法王路易第十二世→法王ルイ第十二世
馬屈利多→マルグリト／維爾孫→ウヰルソン
以利沙伯→イリサベッス（エリザベス）
馬利安兌業→マリアントネット
仏蘭格林→フランクリン
顕理第六世→ヘンリ第六世
若耳治三世→ジョージ三世

国名・地名など

瑞西→スイス／徳逸→ドイツ
法国→フランス／法蘭西→フランス
巴理→パリ／馬底遜→マジソン
蘇格蘭→スコットランド
荷蘭→オランダ／嗹馬→デンマーク
新約克→ニューヨーク／哈徳遜河→ハドソン河

華聖頓の母

亞米利加の華聖頓が母ハ。華聖頓が十一歳になきる時。その夫をさきだてて寡婦となれり。この時華聖頓が弟にて。いとをさなきその五人までなりしかど。母ハ類罕なる善良の人なりしかば。幼兒を撫育教養し。産業を管理し。家政を總掌して。些かも秩序を紊らず。いと事繁しき豪家なりしも。謹愼鄭重にして。心を職事に盡しゝかば。偶困難の障礙あるも。よくその難事に耐へてこれに克ちたり。さてこそ華聖頓ハ當時世界無比の芳名をからもし。その他の兒子も長じて後。こゝな

き（起）　た（多）　か（可）

幸福(サチ)ありて身をたつるに至り。克く父母の名を顕はしたれ。児子をしてさる幸福の地位に導びけるは他なし。このたふとく善良なる母の賜(タマモノ)にして。この賜をうけえてそのひかりを顕はしゝは。即ち華聖頓(ワシントン)。その他の児子になんありける。

解読文

華聖頓(ワシントン)の母

亜米利加の華聖頓(ワシントン)が母は、華聖頓(ワシントン)が十一歳になれる時、その夫をさきだてて寡婦となれり。この時華聖頓(ワシントン)が弟にて、いとをさなきもの五人までありしかど、母は類罕(タグヒマレ)[1]なる善良の人なりしかバ、幼児を撫育(ぶいく)教養し、産業を管理し、家政を総掌して、些(イサ)かも秩序(ツイデ)を紊(ミダ)らず。いと事繁しき豪家(ガウカ)なりしも、謹慎鄭重にして、心を職事に尽しゝかバ、偶(タマ〳〵)困難の障礙(しょうげ)あるも、よくその難事に耐(タ)へてこれに克(カ)ちたり。さてこそ華聖頓(ワシントン)ハ当時世界無比の芳名をあらはし、その他の児子(じし)も長じて後、ミな幸福(サチ)ありて身をたつるに至り、克(よ)く父母の名を顕はしたれ。児子をしてさる幸福の地位に導びけるは他(ほか)なし。このたふとく善良なる母の賜(タマモノ)にして、この賜をうけえてそのひかりを顕はしゝは、即ち華聖頓(ワシントン)、その他の児子になん[2]ありける。

▼注

1、罕……音はカン。まれ、希有である。

2、なん……主語を強調する助詞で、「なん……ける」の用法を係り結びという。ここの主語は「華聖頓、その他の児子」。

第二部

かなを頼りに版本・写本を読む

かな読みの復習が出来たら、次はルビ付きの本を読んでみましょう。

江戸時代、庶民向けの本はひらがなでルビが付いていました。寺子屋で**かな**の読み書きを習得した庶民は、ルビを頼りに本を読むことが出来たのです。

ここでは、版本と写本を教材として掲げました。版本とは、版画製作と同じように、手彫りの原版を作り、手作業で刷りあげる木版本です。江戸期の出版物は、なぜか活字印刷の活版本が普及せず、版本や浮世絵版画などが主流となっていました。ここでは『願懸重宝記』を読んでみましょう。

ところで、ごく少数ながら、商品として作られた手書きの写本があります。これは庶民が好む英雄伝記・大事件などを語る講談のタネ本で、「実録物」といわれるものです。原本は講釈師が作ったという説があり、多くは貸本屋に備えられたものです。商品ですから、字体もととのっており、ルビ付きできれいな書体で仕上げられています。

この実録物は、史実にほど遠い内容なので、歴史資料にはなりません。しかし古文書学習の初級段階においては、たいへん良い教材だと私は思います。掲載したのは、「忠臣蔵」と「大岡裁き」の二つですが、講談師になったつもりで、声を出して読み上げてみて下さい。滞りなく朗々と読めるようになれば、自信がみなぎることでしょう。

1 版本『願懸重宝記』……武蔵野市立中央図書館蔵武蔵野文庫

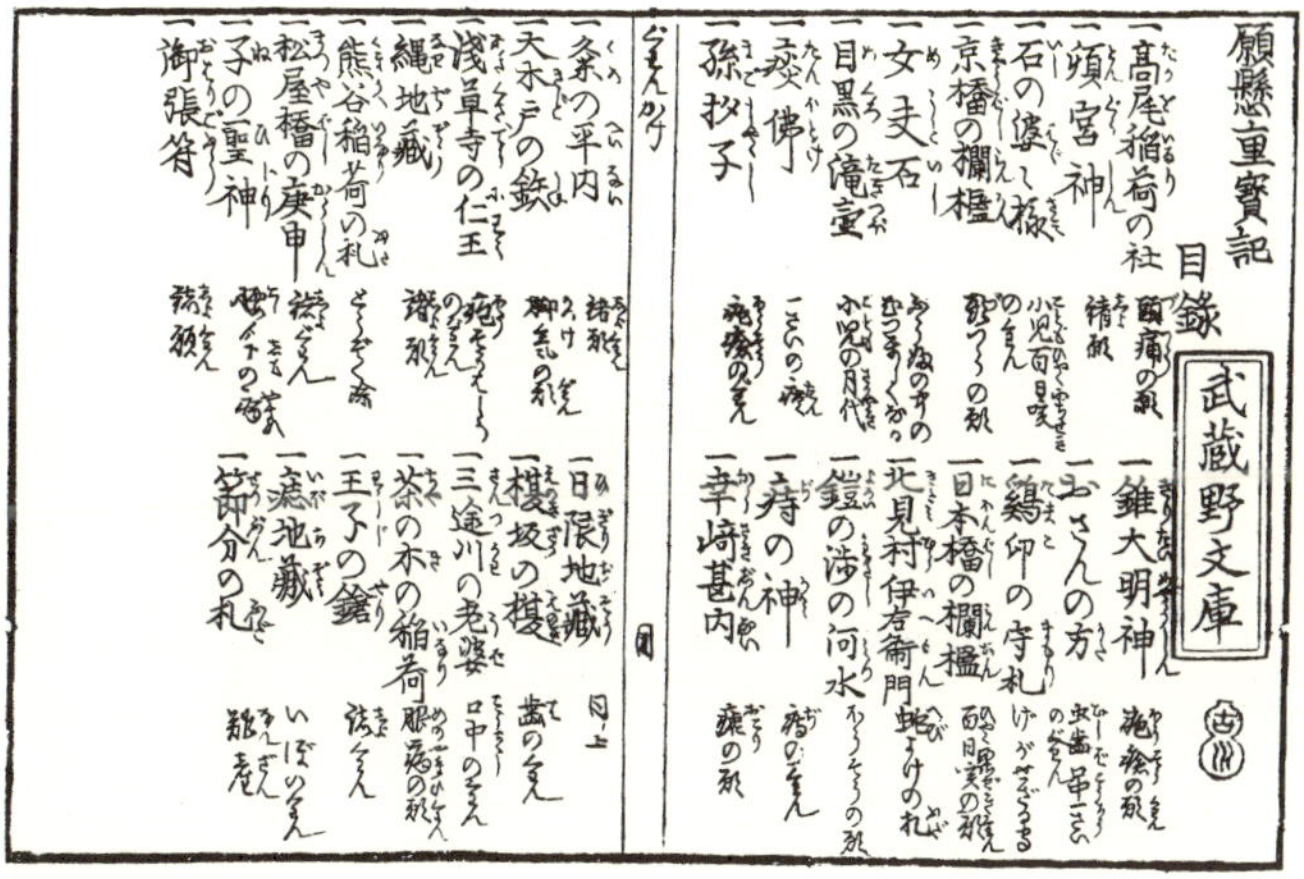

『願懸重宝記』の目次

IT・DNA・クローン技術など、科学の進歩はとどまるところがありませんが、一方では、病気の平癒や入試合格などを祈願して絵馬を納める神頼みが、今なお全国で行われています。

『願懸重宝記』は、江戸周辺の霊験あらたかな神仏等を、三十一例にわたり紹介した版本で、文化十一年（一八一四）に刊行されましたが、評判がよかったようで、巻末広告には、四編までの続編予告が出ています。

その後、百年近くたってから、『東京朝日新聞』が「東京の迷信」と題して、願掛けの神仏を、明治四十年（一九〇七）から翌年にかけて、百回連載記事で紹介しています。

右の二書両方に取り上げられている神仏は多く、今日なお存在するものも多くあって、信心深い人びとによりひっそりと静かに祀られています。そのなかで、南蔵院の「しばられ地蔵」（縄地蔵）だけは、今も広く庶民に知られ、観光スポットにもなっています。

ここでは、『願懸重宝記』のなかから十件余を抜粋してみました。いずれも東京都内に在るものです。

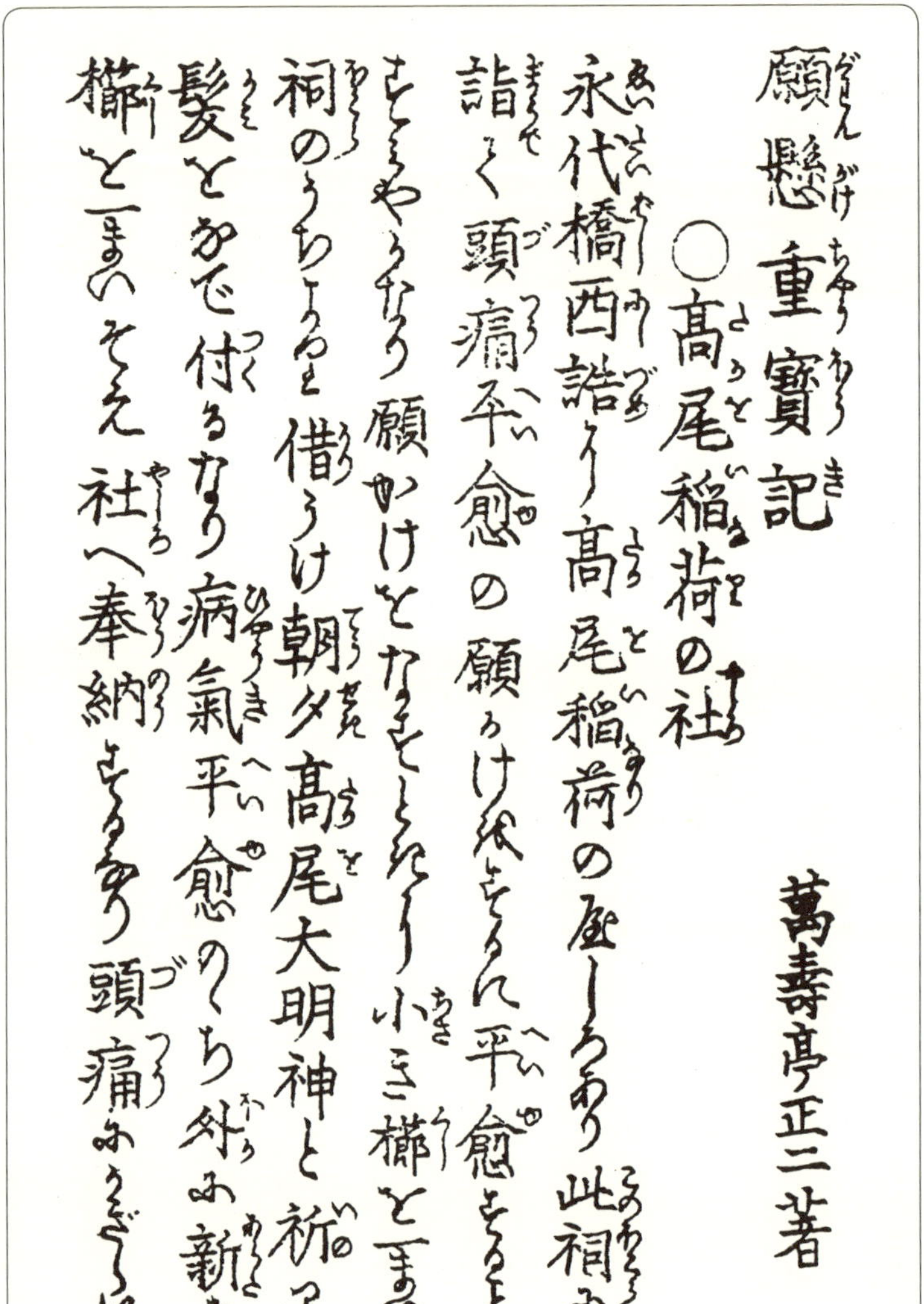

願懸重寶記　萬壽亭正二著

○高尾稲荷の社

永代橋西詰より高尾稲荷の社あり此祠に詣て頭痛平愈の願かけ候ときは平愈するをすみやかなり願かけをなすときハ小さき櫛を一まい祠のうちにあるを借うけ朝夕高尾大明神と祈り髪とかて付るなり病氣平愈のゝち外に新に櫛を一まいそえ社へ奉納するなり頭痛にかぎらず

わ（王）　ほ（本）　に（耳）　や（屋）　て（天）　を（越）　す（春）　な（奈）　に（尓）　す（須）

すべて髪の毛薄き人頭瘡のたぐひあたまの煩
ある人願がけして其験しうたがひなし
縁日

あたま（安多満）

高尾稲荷

解読文

願懸重宝記

万寿亭正二[1]著

○高尾稲荷の社

永代橋西詰[2]に高尾稲荷[3]のやしろあり、此祠に詣て頭痛平癒の願かけをするに、平癒することすみやかなり。願かけをなすときに小き櫛を一まい、祠のうちより借うけ、朝夕高尾大明神と祈り、髪をなで付るなり、病気平癒のゝち、外に新に櫛を一まいそえ社へ奉納するなり、頭痛にかぎらすすべて髪の毛薄き人、頭瘡のたぐひ、あたまの煩ある人、願がけして其験しうたがひなし。

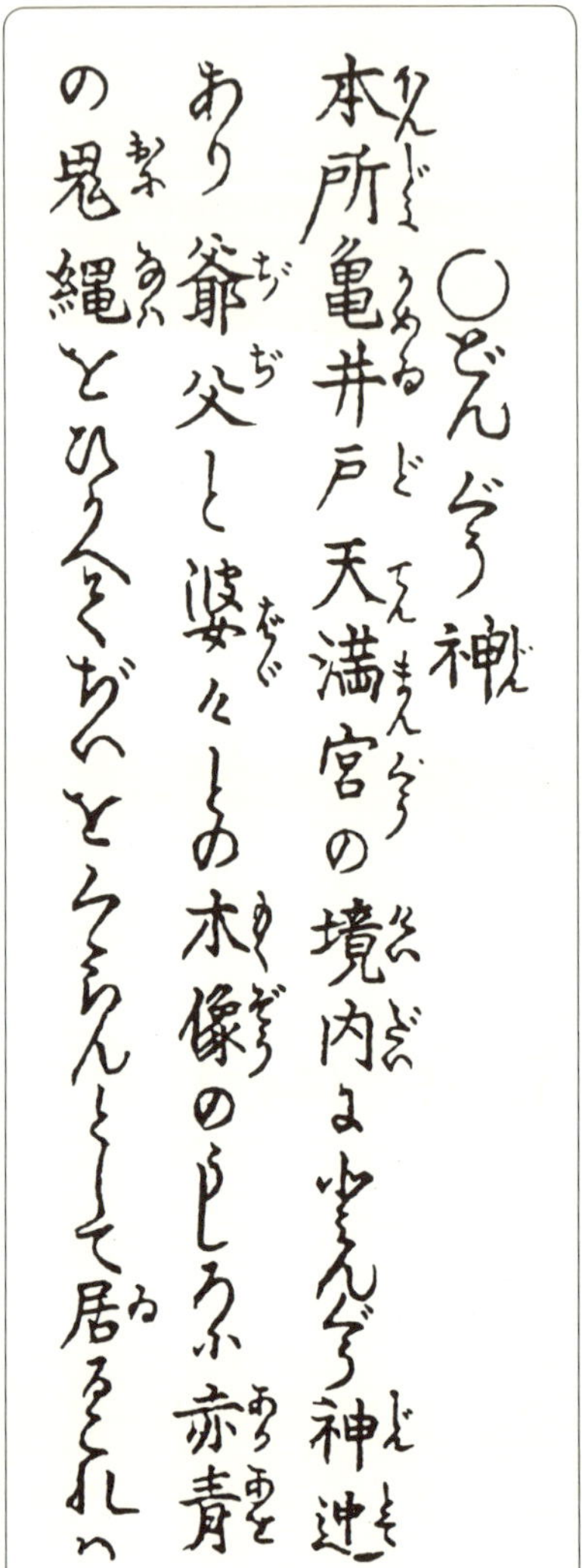

と（登）

て（天）

現在の高尾稲荷　東京都中央区日本橋箱崎町10

▼注

1、万寿亭正二……歌舞伎脚本・小説・随筆等を著す。別名葛葉山人。明和五年（一七六八）生まれ。文政二年（一八一九）没。

2、永代橋西詰……東京都中央区日本橋箱崎町に現存する。

3、高尾稲荷……吉原で高名の遊女。仙台藩主伊達綱宗に無理やり身請けされ、藩邸へ船で移動中、なびかなかったため切殺されたという。また首の流れ着いたと伝わる地に社が建てられたが、小移動して現在地にある。

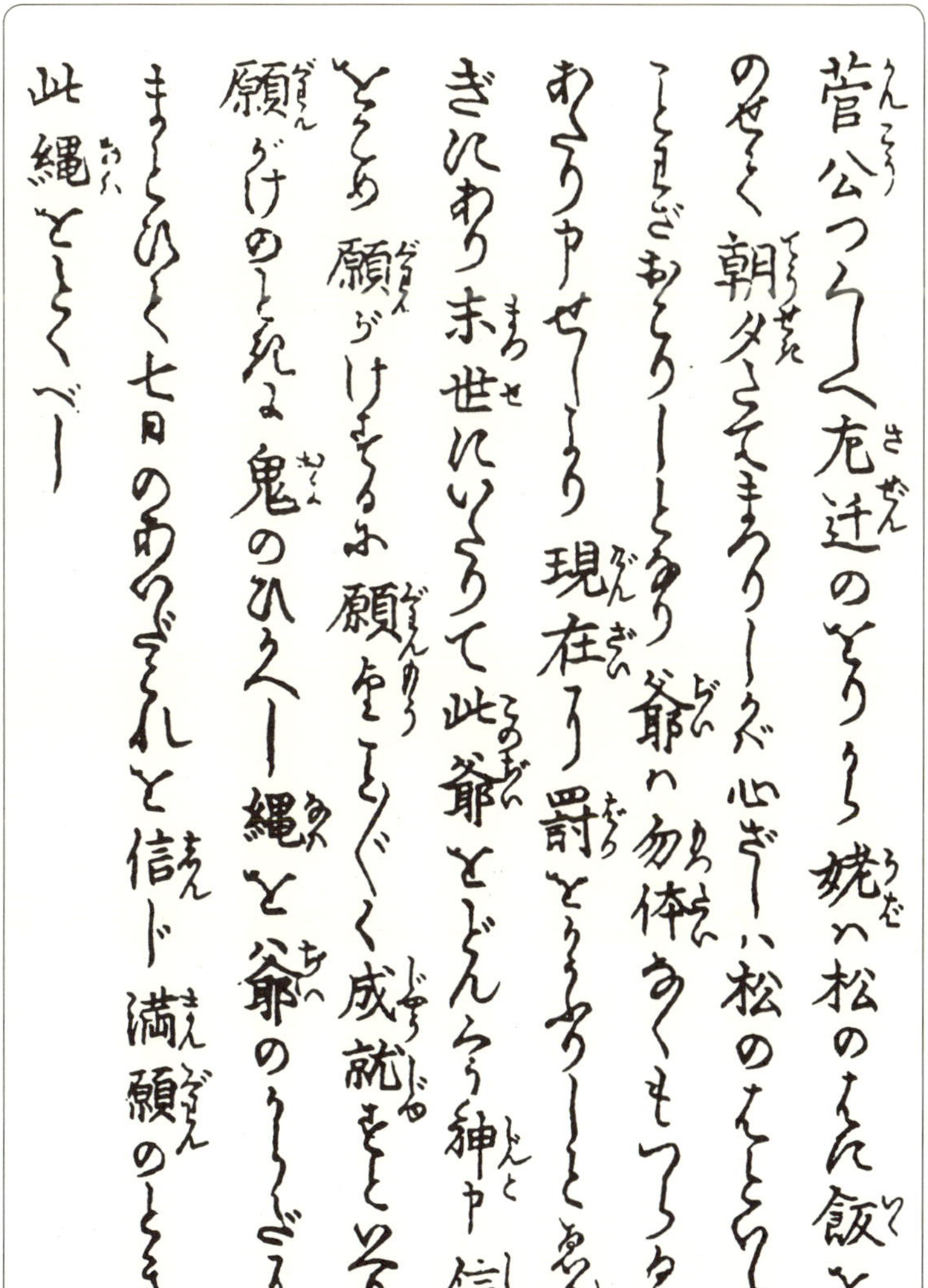

は(者)　た(多)　わ(王)　く(具)　き(起)　し(志)

解読文

○[1]どんぐう神
本所亀井戸天満宮の境内にとんぐう神迚
あり、爺父と婆々との木像のうしろに、赤青
の鬼、縄をひかへて、ぢいをくゝらんとして居る。

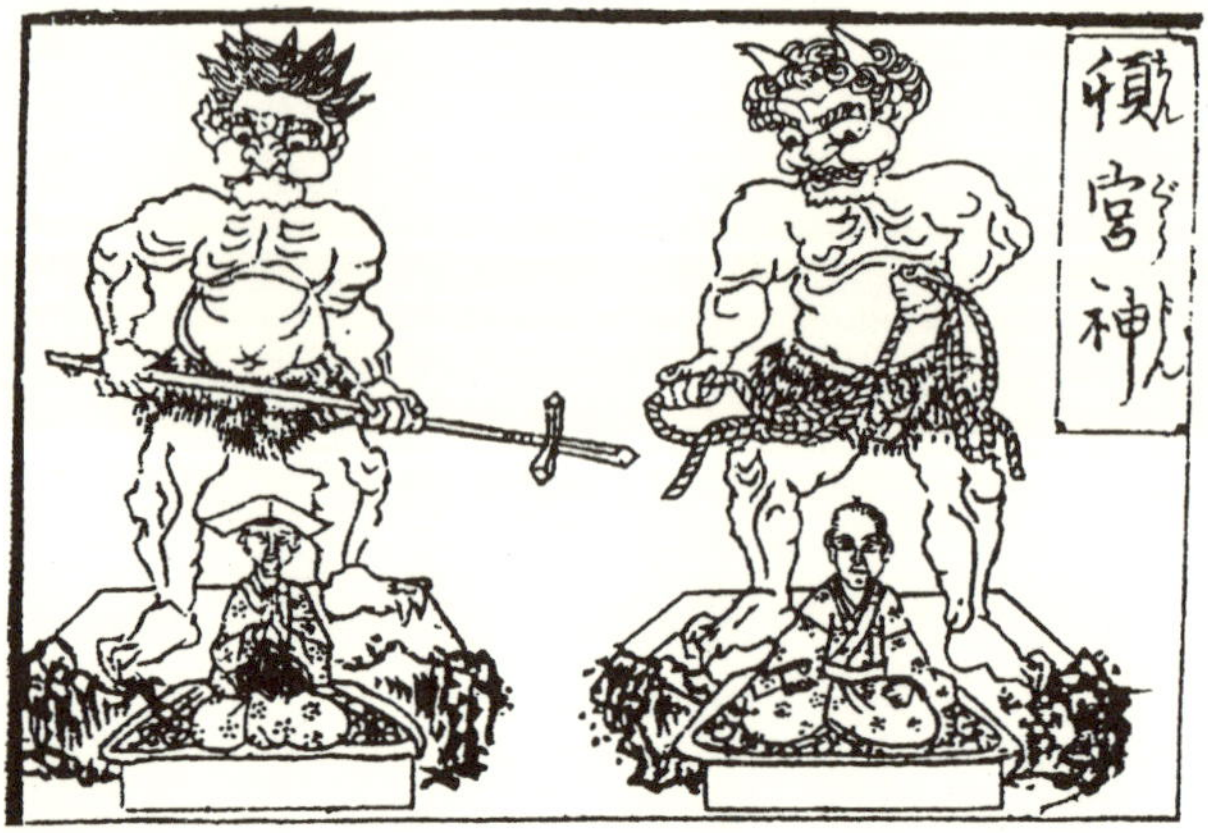

頓宮神

これハ
菅公つくしへ[2]左迁のをりから、姥ハ松のはに飯を
のせて朝夕たてまつりしかバ、[3]心ざしハ松のはといふ
ことわざおこりしとなり、爺ハ勿体なくもつらく
あたり申せしより、現在に罰をかうふりしとゐん
ぎにあり、末世にいたりて此爺をどんぐう神と申、信
をこめ願がけするに、願望こと〴〵く成就すといへり、
願がけのときに、鬼のひかへし縄を、爺のからだに
まとひて、七日のあいだこれを信じ、満願のとき
此縄をとくべし。

▼注

1、頓宮神……頓宮とは、かり宮（仮の宮）のこと。亀井戸天満宮（東京都江東区亀戸三‐六‐一）には現存しない。神職の田中さんに伺ったところ、境内東側の植込み辺にあったのではないかとのこと。

2、左迁……左遷。迁は遷の俗字。

3、心ざしハ松のは……心ざしは「待つ」にかける。

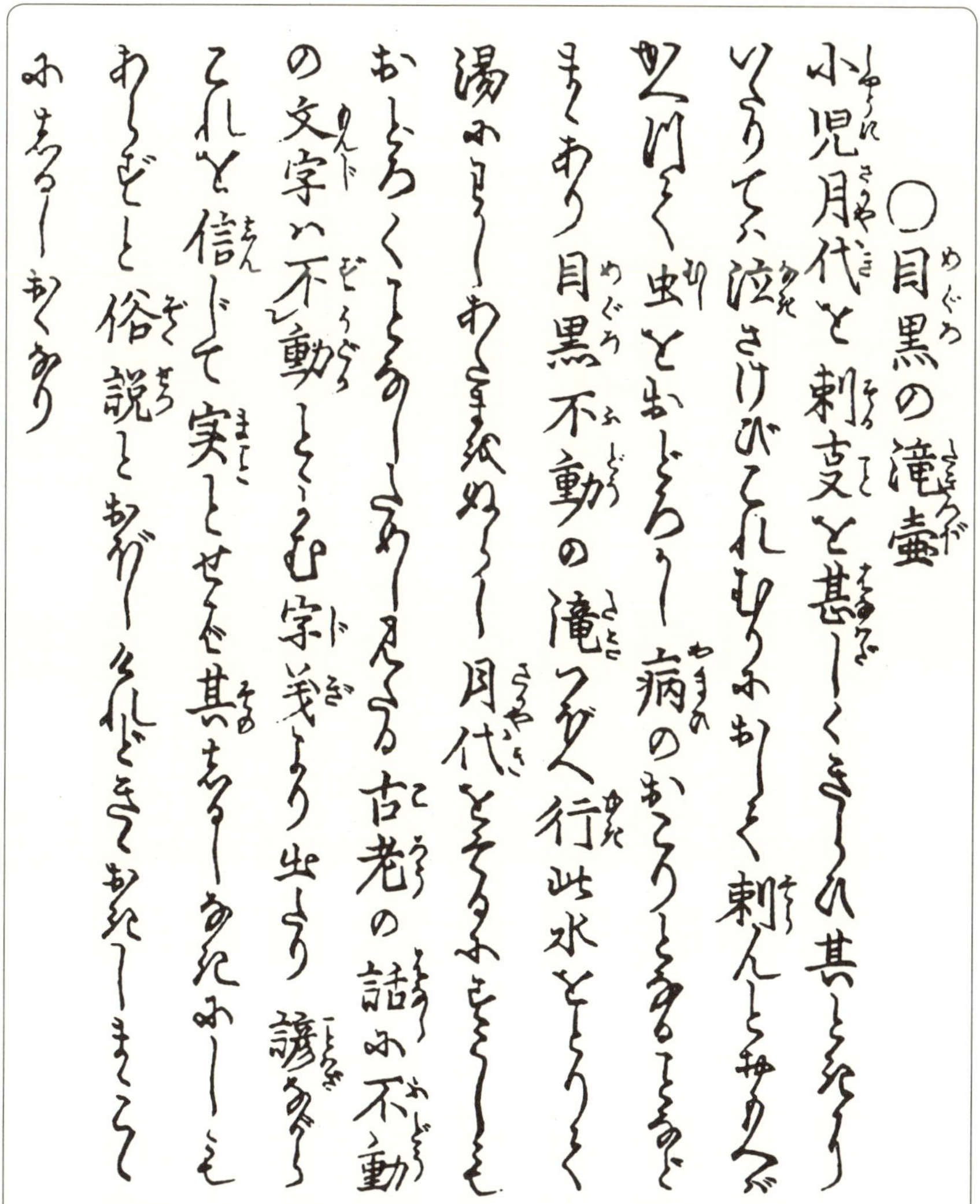

○目黒(めぐろ)の滝壺(たきつぼ)
小児(せうに)月代(さかやき)を剃(そる)事(こと)を甚(はなは)だしくきらへれ其しとえり
いかりてハ泣(なき)さけびこれむりにおしく剃(そ)んとすれバ
ひきつく虫(むし)とおどろかし病(やまひ)のおこりとなる事も
まゝあり目黒(めぐろ)不動(ふどう)の滝(たき)つぼへ行(ゆき)此水をとりて
湯にわかしわたにぬらし月代(さかやき)をそるにさらにいたみも
おどろくこともなしといひつたへたる古老(こらう)の語に不動
の文字(もんじ)ハ不動(ふどう)とよむ字義(どぎ)より出より謬なるぞ
これを信(しん)じて実(まこと)とせしぞ其(その)しるしなきにしも
あらずと俗説(ぞくせつ)とおもひしけれどもきゝおきしまゝこゝ
にしるしおくなり

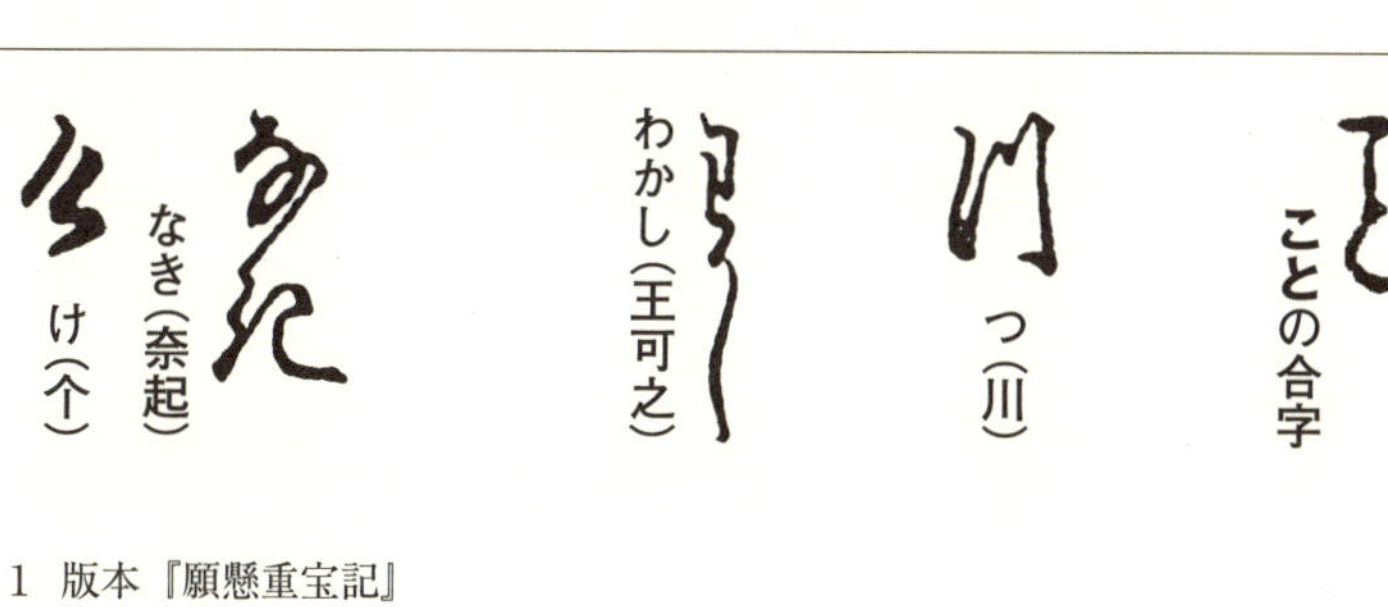

ことの合字
つ（川）
わかし（王可之）
なき（奈起）
け（个）

目黒の滝壺　東京都目黒区下目黒3-20-26

解読文

○[1]目黒の滝壺

小児月代を[2]刺事を甚しくきらひ、其ときにいたりてハ泣さけび、これむりにおして刺んとおもへバ、かへつて虫をおどろかし、病のおこりとなることなどまゝあり、目黒不動の滝つぼへ行、此水をとりて湯にわかし、あたまをぬらし、月代をそるにすこしもおどろくことなし。ためし見たる古老の話に、不動の文字ハ不レ動とよむ字義より出たり、諺ながらこれを信じて実とせば、其しるしなきにしもあらずと、俗説とおぼしけれど、きゝおきしまゝこゝにしるしおくなり。

▼注

1、目黒の滝壺……東京都目黒区の目黒不動境内に現存する。

2、刺事……「刺」は、「剃」の誤りであろう。「叓」は「事」の古字。

○金龍山の　仁王尊

金竜山浅草寺の仁王尊右乃方の一体を拝しいまだ疱瘡せざる小児を此ところへ連行此股ぐらをくゞらさすれバ疱瘡かろくいたすよしよく遠近より聞つたへ此所にきたる平常ハ錠をおろして内へ入る事を禁ずれども

毎月　八日　十八日

右の日ハ人を入るなり猶此わきなる茶やにて承りて委細問べし

○三途川の老婆

纟

を（越）

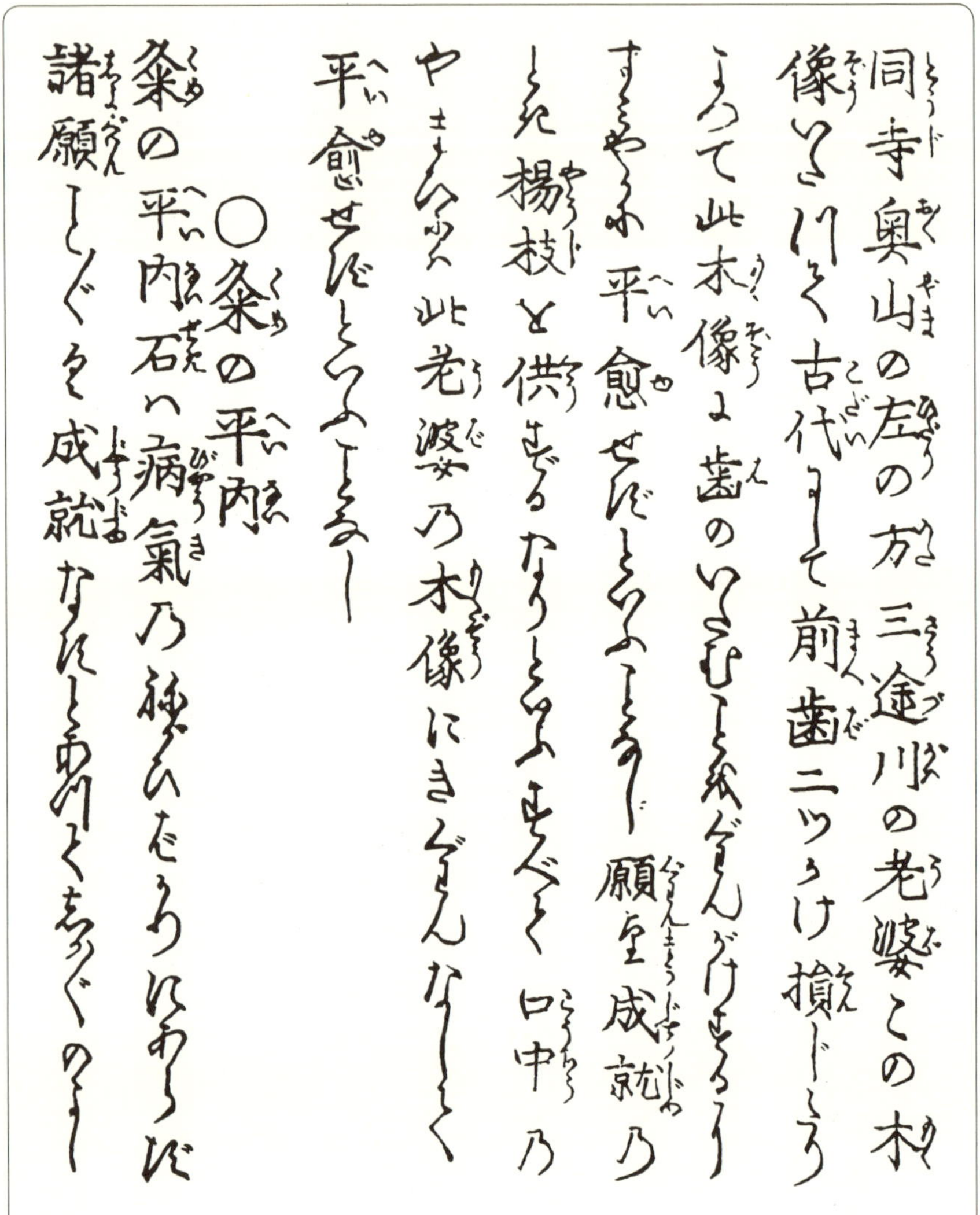

同寺奥山の左の方三途川の老婆この木
像にていと古代にして前歯二ツかけ損じたり
よつて此木像に歯のいたむ人立願かけするとき
すみやかに平愈せずといふことなし願望成就の
しるし楊枝と供ずるなりとぞまた口中の
やまひあらば此老婆の木像にきぐわんなしなば
平愈せずといふことなし
○灸の平内
灸の平内石は病氣の[illegible]
諸願しるしを成就[illegible]

するに（春留耳）

こうちう

ばかり（者可利）

く（具）

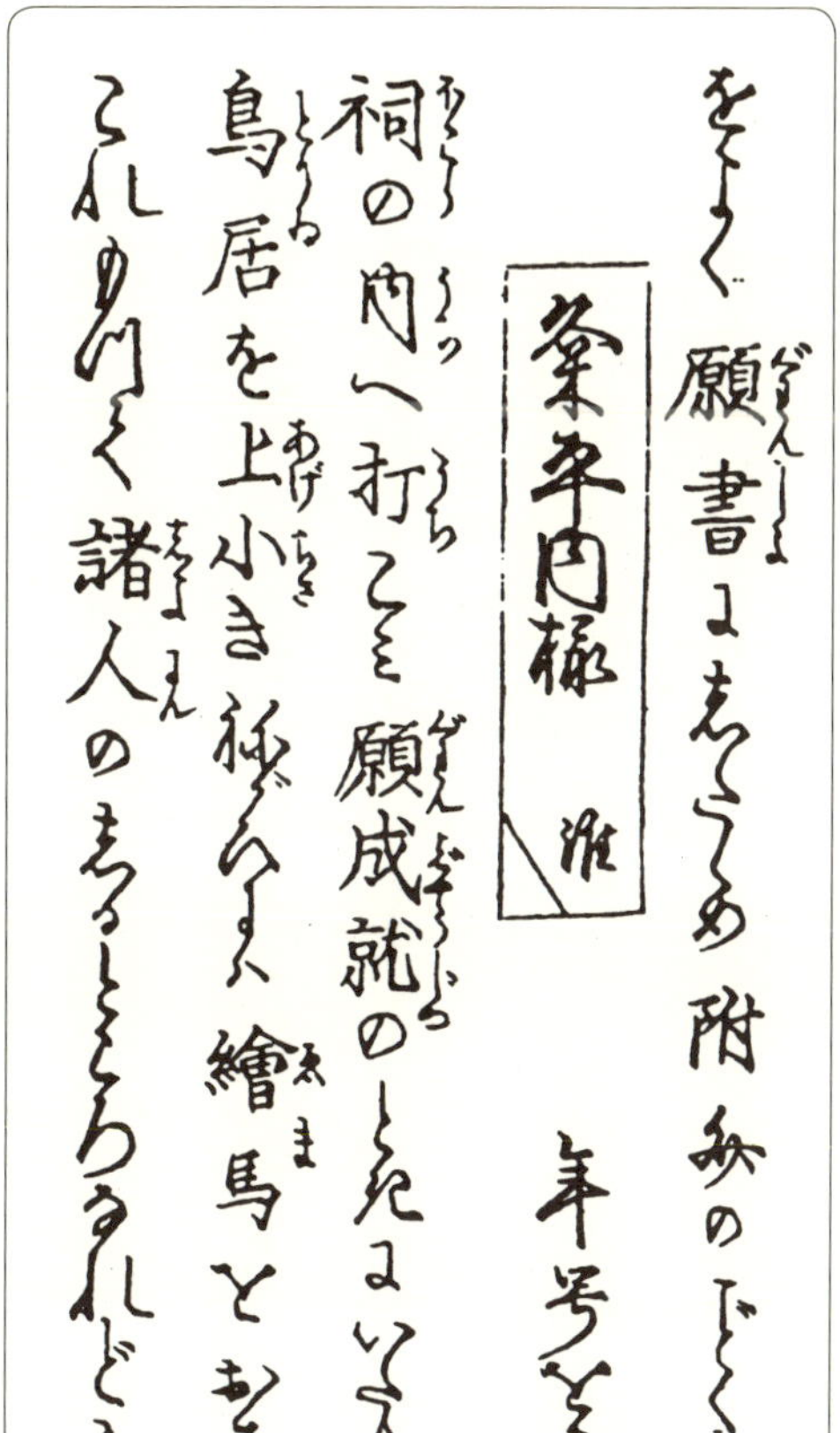

は（盤）

解読文

○金竜山の仁王尊

[1]金竜山浅草寺の仁王尊、右のかたの一体を拝し、いまだ疱瘡せざる小児を此ところへ連行、此股ぐらをくゞらすれば、疱瘡・はしか、いたつてかるし

とて、遠近より聞つたへ、此所にきたる、平常は錠をおろして内へ入ことを禁ずれども、

毎月　八日　御ゑん日

右の日に八人を入るなり、猶此あたりなる茶ミセにいたり、たつね問べし。

○[2]三途川の老婆

同寺奥山の左の方、三途川の老婆、この木像いたつて古代にして、前歯二ッかけ損じたり、よつて此木像に歯のいたむことをぐわんがけするに、すみやかに平癒せずといふことなし。願望成就のとき楊枝を供ずるなりといふ、すべて口中のやまひにハ、此老婆の木像にきぐわんなして、平癒せずといふことなし。

○条[3]の平内

条の平内石ハ、病気のねがひばかりにあらず、諸願こと〴〵く成就なすとあつて、しか〴〵のよしをよく願書にしたゝめ、附文のごとくなして

条平内様　誰

年号をしるし

祠の内へ打こミ、願成就のときにいたり、大望は鳥居を上、小きねがひにハ絵馬をおさむること、これもつて諸人のしるところなれど、こゝにしるす。

▼注

1、金竜山浅草寺の仁王尊……太平洋戦争で仁王門・仁王尊ともに焼失。ともに再建されている。

現在は八日の御縁日でも股くぐりは行われていないが、もし股くぐりが許されたら、浅草の新名所として連日大行列が出来るほどの人気をさらうことだろう。

2、三途川の老婆……奪衣婆とも言われる。冥土に行く途中にある三途の川にいて、死者の衣服を剥ぎ取ると信じられている。戦災で焼失、現在は跡形も無い。

『浅草寺志巻四』に記事あり。

「三途川嫗　閻魔王像と共に寅薬師堂に安置す。愛児の延壽長久を祈ふもの身代として人形を納めこれを祈る。（中略）。浅草の婆王尊としてその名高く、遠近信ずる人頗る多し。」

奪衣婆は閻魔王とともに、全国各地に木像や石像の形で祀られ、伝説も多く残っていて、小児の咳・虫封じ・乳不足の解消などに願掛けが行われてきた。これらは柳田国男著『日本の伝説』のなかに、「咳のをば様」の題で紹介されている。参考までに、東京新宿、太宗寺の奪衣婆尊像を掲げた。

3、条の平内……石像を納める久米平内堂が、仁王門の東南側にあり、多くの幟が立っている。入り口の案内板によれば次のような伝承がある。

「平内は剣の道にすぐれ、多くの人をあやめた。その供養のため、仁王座禅の法を修業し、後年、浅草寺内の金剛院に住んで禅に打ちこみ、自らの座禅の姿を刻ませ、お堂に祀った。臨終にのぞみ犯した罪を償うため、この像を人通りの多い浅草寺

境内に埋め、多くの人に踏んでもらい、その後、お堂に納めたという。

「踏付け」が「文付け」に転じ、願文をお堂に納めると願い事が叶うとされ、江戸中期以降、特に縁結びの神として庶民の信仰を集めた」

また「東京の迷信」（『東京朝日新聞』、明治四十年）に次の記事がある。

「浅草公園弁天山下の粂の平内様といへば古来から有名なものだ。至って六ケしい顔をしてござるが、諸願の内の縁結びなどにも御利益があるといふので、芸妓などの参詣が中々多い。以前は願書を納めたもので、それが附文やうの封書になって「粂の平内様まゐる　誰より」など、記したイケふざけたものであったが、今は絶えてなくなった。（後略）」

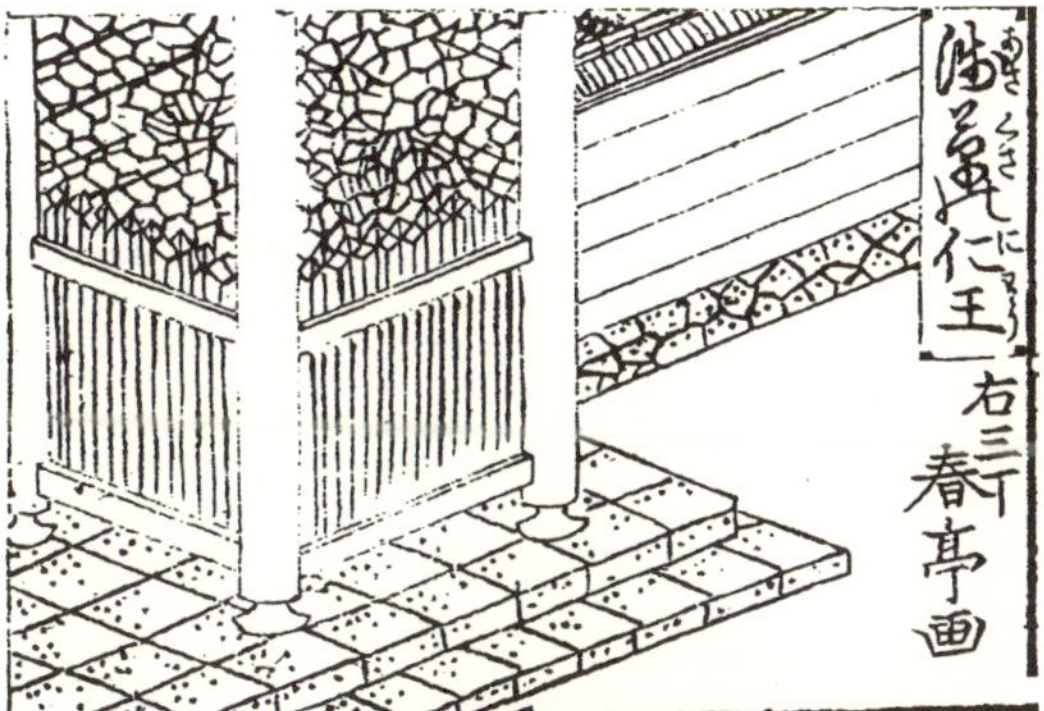

金竜山の仁王門
東京都台東区浅草2−2

参考：三途川の老婆、奪衣婆尊　東京都新宿区太宗寺に鎮座。写真提供：新宿歴史博物館

現在の粂の平内堂

○南蔵院の縄地蔵

本所中の郷業平橋西詰南蔵院に石の地蔵尊あり心願あるものこれにゆるさくなよしとてねがひ縄をもつて地蔵尊のからだとらへまゐるとき一七日があひだに願を成就なさしめ給へと祈念をなしまゐらせ願を成就の時まてある縄をときてまゐらせんと願をかけく其後願成就のときは縄をときて其おほく花を供じて拝する事あり別して毎月廿四日にぐわんがけする人多しといふ

からた（可良多）

給へ

業平橋の地蔵

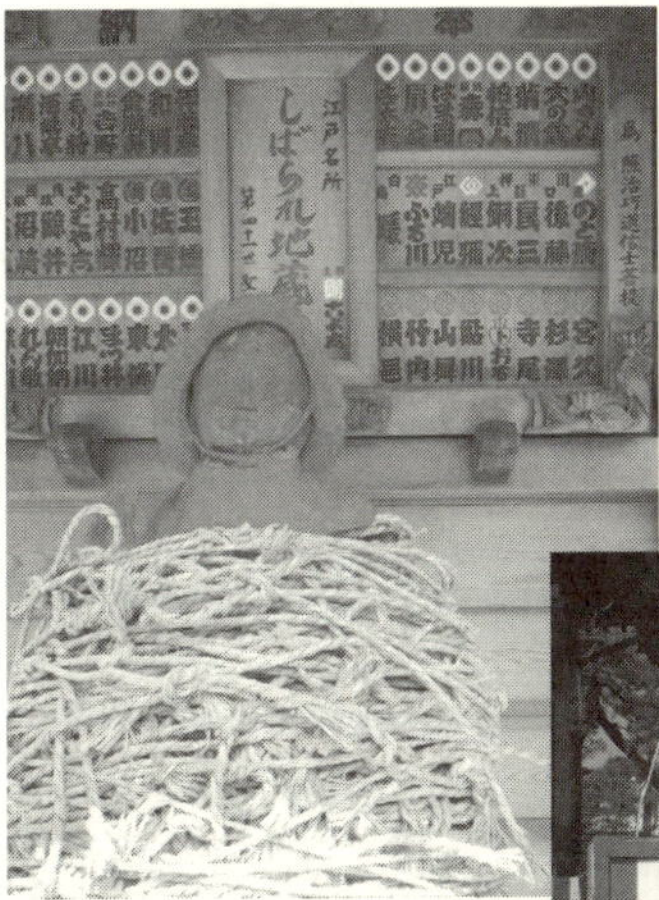

縄地蔵写真(上)と願かけ縄(右) 東京都葛飾区東水元2-28-25

解読文

○南蔵院[1]の縄地蔵[2]
本所中の郷業平橋西詰、南蔵院に石の地蔵尊あり、心願あるものこゝにゆきて思ふことをねかひ、縄をもつて地蔵尊のからたをくゝり、かへるとき、一七日があいだに願望成就なさしめ給へと祈念なし、また、願望成就の時に、くゝりたる縄をときまゐらせんと願をかけて、其後願成就のとき、縄をとき、其うへにて花を供じて拝するなり、
別して毎月廿四日にぐわんがけする人多しといふ。

▼注

1、南蔵院……業平山南蔵院。在原業平ゆかりの地、本所にあったが関東大震災に遭遇し、現在地の葛飾区東水元に移転した。境内広く、観光スポットとなっている。常磐線金町駅下車、バス停「しばられ地蔵」。

2、縄地蔵……今は「しばられ地蔵」と呼ばれ、昔ながらの信仰を集めている。願人は縛り縄を分けてもらって地蔵を縛り、満願で解く。大岡政談に、この石地蔵を召捕ってお白洲で裁き、犯人を探し出す話がある。

○瘊佛（えぼとけ）

本所押上村法恩寺境内に瘊の佛とてあり
えんせきのあるもの此ほとけに平愈を祢がふに
其しるしすみやかなり一七日精進して塔婆を
供じて礼拝す これを法恩寺の瘊仏といふ

○痔乃神

山谷寺町乃入口に痔運霊神あり此ところに
来りて痔疾のいえざるを祢がふに其しるしたちまち
なり俗にこれをさんやの痔の神といふ浅草
山谷にいへりて是をよろづの人などあまねく痔乃

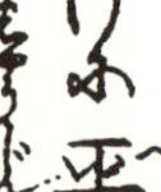
ね（祢）

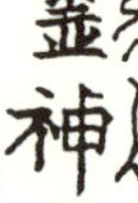
れ（連）

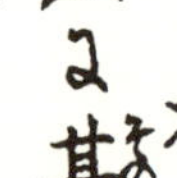
ろ（路）

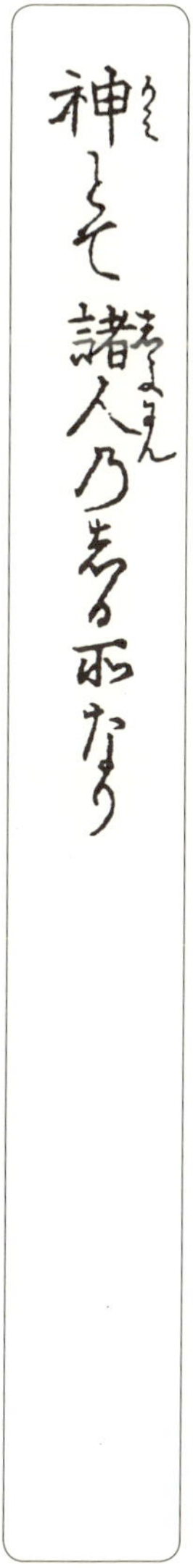

解読文

○痰仏

[1]本所押上村法恩寺境内に、痰の仏とてあり。たんせきにくるしむもの、此ほとけに平癒をねがふに、其しるしすみやかにあり。一七日精進して、塔婆を供じて礼拝す、これを法恩寺の痰仏といふ。

○痔の神

[2]山谷寺町の入口に[3]痔運霊神あり。此ところに来りて痔疾のいたミをねがふに、其しるしたちまちなり、俗にこれをさんやの痔の神といふ。浅草山谷にいたりて是をたづぬれば、あまねく痔の神とて諸人のしる所なり。

千栄院門前の「たんぼとけ」の碑

▼注

1、本所押上村法恩寺……現住所は東京都墨田区太平一―二四―二。痰仏は千栄院（法恩寺の塔中）本堂内に現存する。信者には護符を授けている。

2、山谷寺町……現住所は東京都台東区清川一―一―二。本性寺境内の題目堂に霊神が鎮座し、敷地内に岡田孫右衛門の墓がある。

3、痔運霊神……江戸の酒問屋・岡田孫右衛門、法名秋山自雲霊神。悪性痔疾により延享元年（一七四四）

○幸崎甚内
元禄の昔幸崎甚内といへるもの瘧をわづらひ
浅草鳥越橋にて命をおとしたるが死に臨く
死後に瘧のわづらひある人我に祈ばよかのは忽

も（毛）

つ（川）

本性寺、岡田孫右衛門の墓

死去。臨終に際し「痔疾に苦しむ人が一心に題目を唱えたならば、必ずこれを守護し、平癒させる」と誓願を立てた。その後同病の縁者が題目堂に祈念したところ、たちまち快癒したことから信仰を集め、東北や関西地方にも分霊されている（本性寺パンフレットから）。

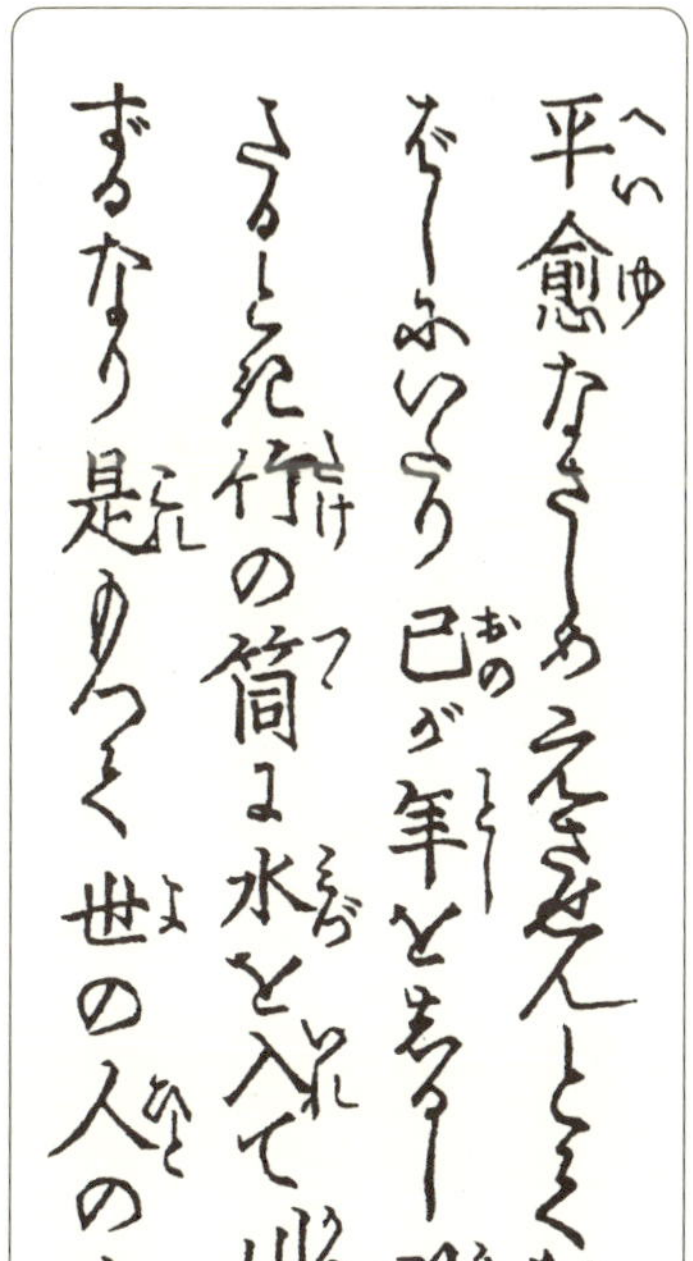

平愈なさしめえさせんとてむなしくなる今鳥越
ばしにいたり己が年をしるし川へ流し平愈な
したるとき竹の筒に水を入て川へながし茶を供
ずるなり是もつて世の人のしる所なれどこゝに記

か（可）

す（須）

甚内神社　東京都台東区浅草橋3-11-5

解読文

〇1幸崎甚内

元禄の昔、幸崎甚内といふもの瘧をわづらひ、ちかつて浅草鳥越橋にて命をはたしけるとき、死後に瘧のわづらひある人我にねがふものは、忽平癒なさしめえさせんとてむなしくなる。今鳥越ばしにいたり、己が年をしるし川へ流し、平癒なしたるとき竹の筒に水を入て川へながし、茶を供ずるなり。是もつて世の人のしる所なれどこゝに記す。

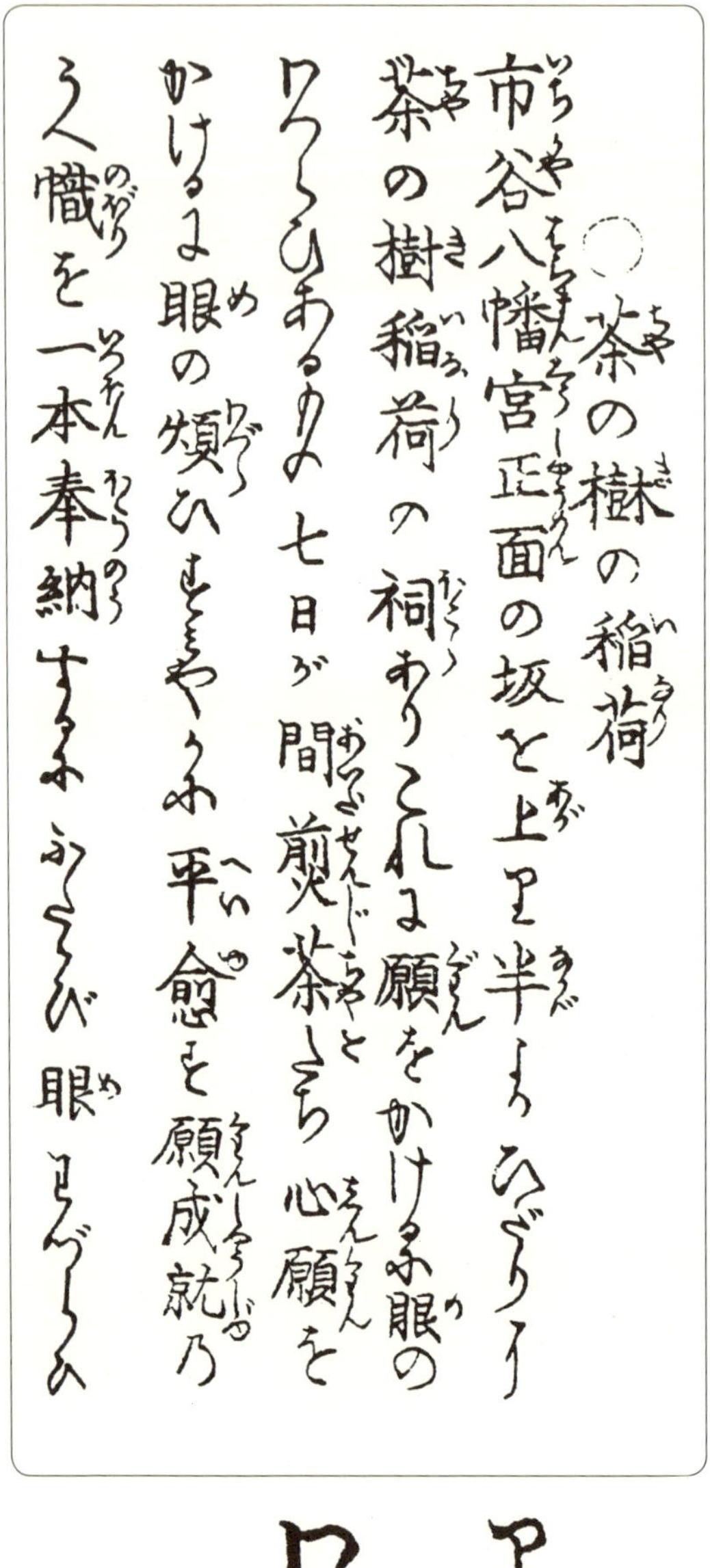

り（里）

わ（和）

▼注

1、幸崎甚内……神社の案内板によれば次の通り。

「当社は『甚内霊神』の名で、江戸時代初期に創建された。伝承によれば、甚内は武田家の家臣高坂弾正の子で、主家滅亡後、祖父に伴われ諸国を行脚するうち宮本武蔵に見出されて剣を学び奥義を極めた。武田家再興をはかり、開府草々の江戸市中の治安を乱したため、瘧（マラリア）に苦しんでいたところを幕府に捕えられた。

鳥越の刑場で処刑されるとき『我瘧病にあらずば何を召し捕れん。我ながく魂魄を留、瘧に悩む人もし我を念ぜば平癒なさしめん』といったことから、病の治癒を祈る人々の信仰を集めたという。（以下略）」

社殿は関東大震災で焼失、その後小移動して現在地にある。

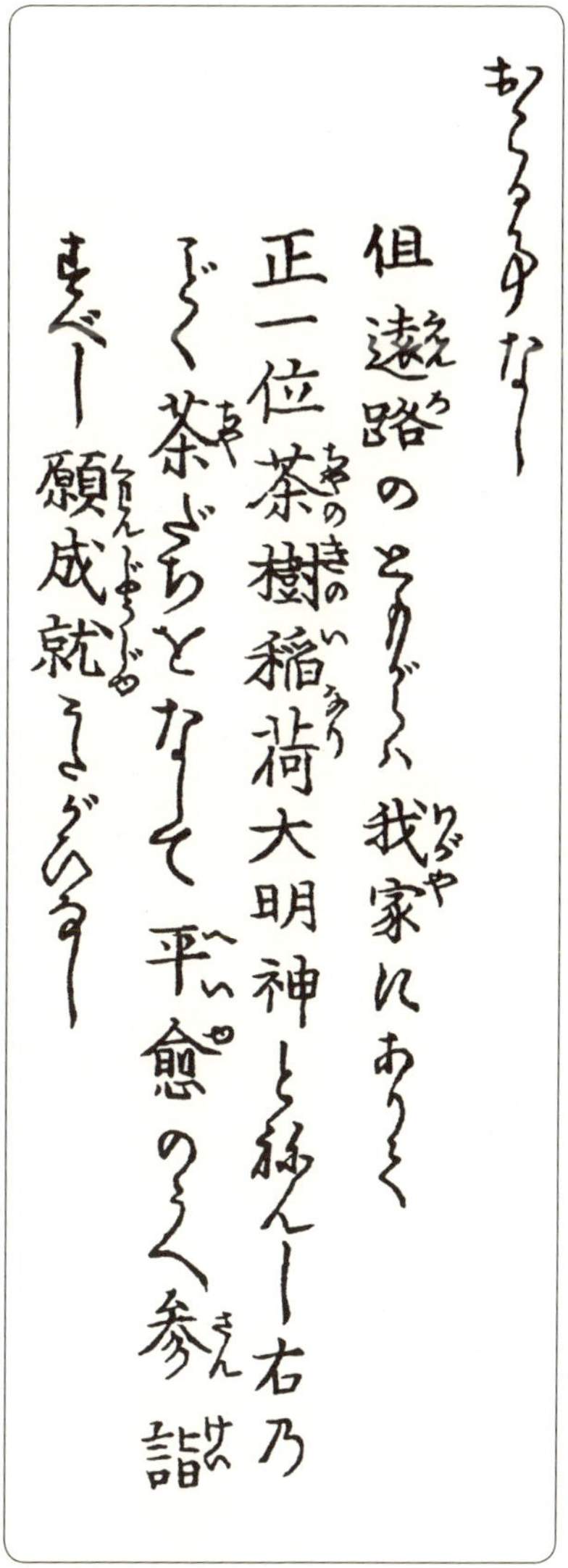
おこる事なし
但遠路のともがらハ我家にありて
正一位茶樹稲荷大明神とねんし右乃
ごとく茶だちをなして平愈のうへ参詣
すべし願成就うたがひなし

解読文

○[1]茶の樹の稲荷

市谷八幡宮正面の坂を上り、半よりひだりに茶の樹稲荷の祠あり。これに願をかけるに、眼のわつらひあるもの七日が間煎茶たち、心願をかけるに、眼の煩ひすミやかに平癒す、願成就のうへ幟を一本奉納するに、ふたゝび眼わずらひおこる事なし

但、遠路のともがらハ我家にありて正一位茶樹稲荷大明神とねんし、右のごとく茶だちをなして、平癒のうへ参詣すべし、願成就うたがひなし。

▼注

1、茶の樹の稲荷……東京都新宿区市谷八幡町に鎮座する。参道入口階段下から見上げた風景は、当時の絵（次頁）と変らない。

茶の樹稲荷

茶の樹稲荷の現状　東京都新宿区市谷八幡町15

2 実録『精忠義士実録』……筆者蔵

おなじみ忠臣蔵、四十七士討入りの部分を抜粋しました。筋書きは皆さん周知の場面ですから、細かな説明は省略します。

まず「目録」をご覧ください。この本は第十九巻ですから、たいへんな長編物であることが分かります。また冒頭 古安 の印影は、写本筆者の証でしょう。商品としての写本作りを内職でしている、字の上手な貧乏武士の姿が想像されます。

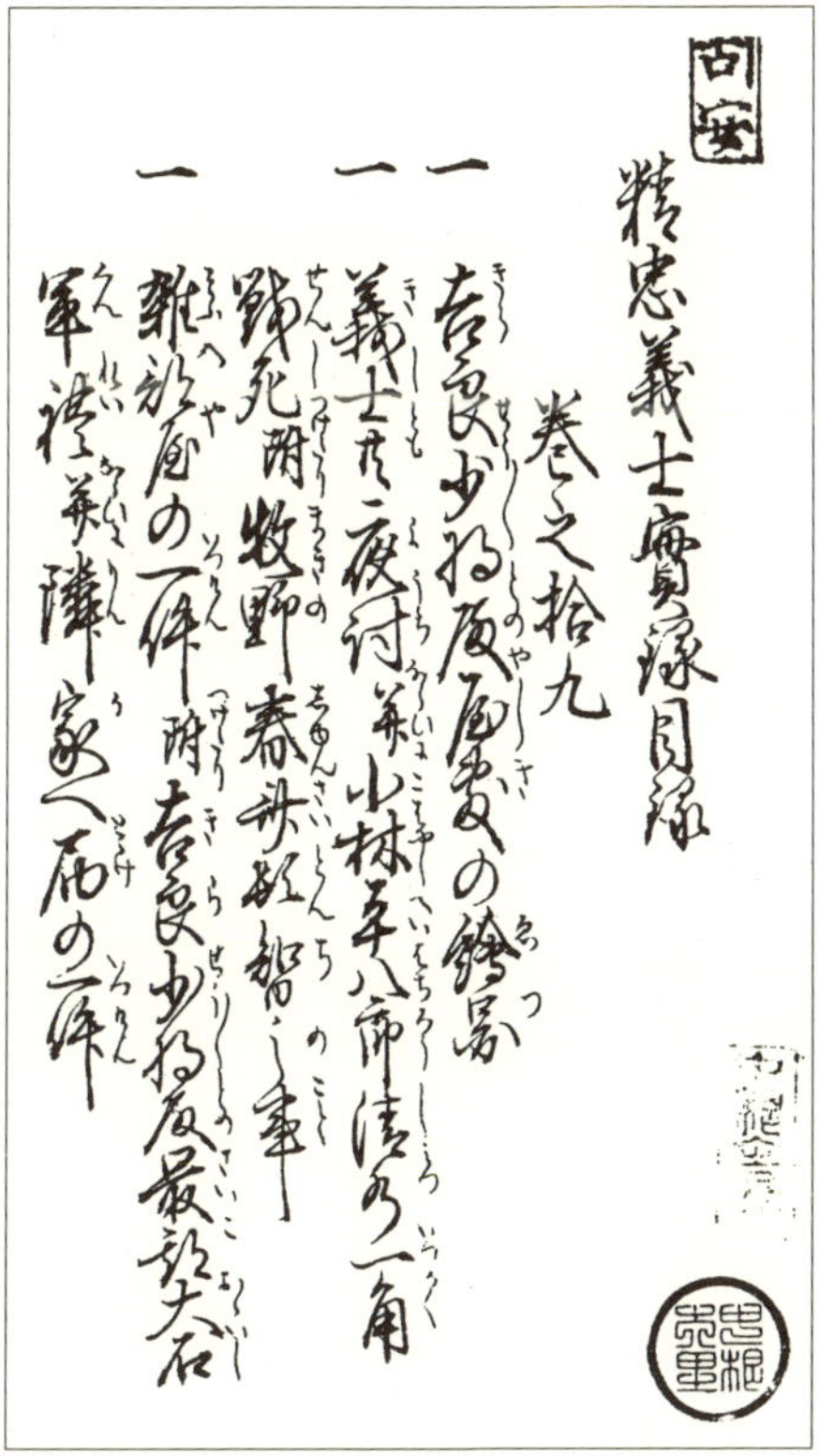
精忠義士実録目録
巻之拾九

『精忠義士実録』目録

実録が「語り物」である特性を生かして、解読文は次のように記述し、また書き下し文は省略しました。

解読文には、句読点および濁点等を付し、カタカナの助詞や送りがなはそのままとしました。改行位置には」を付け、会話文は括弧でくくりました。カッコ内のルビは編者が付したものです。

雛部屋の一件

安永三庚而しと二庵かしまれて拵置
の中に奴所新(へや)部屋し奥(おく)しき所(ところ)より
大(おゝたら)たる燐光(りんこ)の鑓(やり)の尻(しり)月(つき)までに戸(と)をさし
転(まろか)しりぬ中(うち)より炭(もえこ)薪(まき)小サ箱(たこ)
如(いかめ)くのごとくなりし放出(おみいくし)、後(うし)ろみへ
又(また)其(そうよ)方(うちえりん)燐(しこう)火(よしへりん)より光(ひかり)その
炭(もえこ)の中(うち)より飛(とびいて)出(で)大(おゝたら)たる燐光(りんこ)よ

わたりあふ大高（おゝたか）ハもとより大太刀（おゝたち）の
つかひて剣（けん）のその上手二人（にん）を相手（あいて）よ
切（きる）むねふ後（うしろ）度ら大刀（たち）をもう帯接（ちん）し
大高（おゝたか）ハ肩（かた）先（さき）三寸（ちん）切込（きりこま）れ少（すこ）し大高（おゝたか）
見きえその所（ところ）へ千（せん）石（ごく）三郎（ろう）兵衛（へい）が鉄（てっ）矢（や）
り後（うしろ）度ら指（ゆび）板（いた）を打れたおる
刹を後（うしろ）より由（ゆ）遂（りん）後（うしろ）度を刎之大刀（たち）
をさふりて大高（おゝたか）まわり合（お）ふ寄（くつ）縛（し）

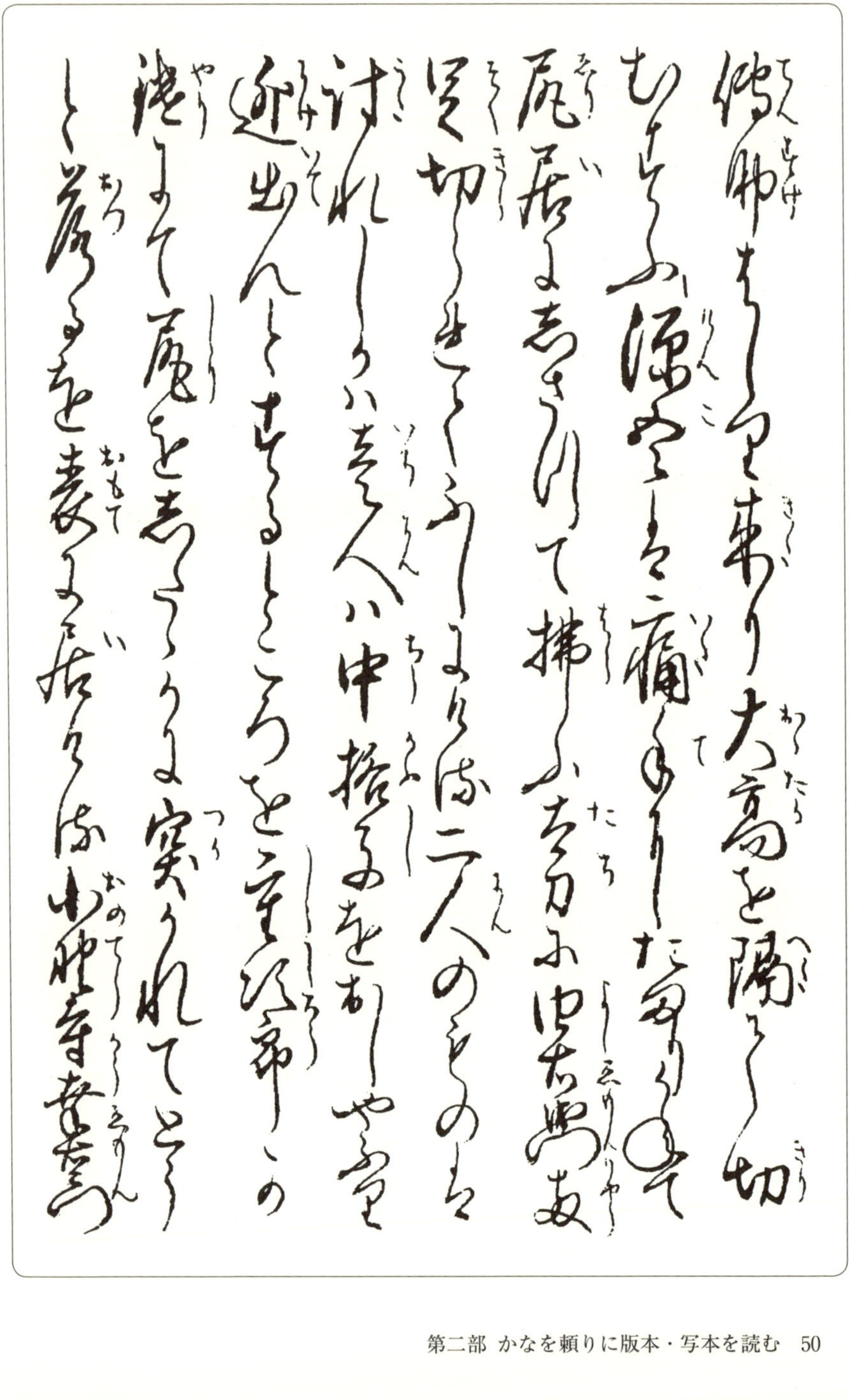

刻限(こくげん)ありとて丁(ちやう)と切(きれ)ば綱(つな)切(きれ)て
乱(みだ)れ入(いり)ける所へ一人(いちにん)隠(かく)れて居
居(い)たりしが抜出(ぬけいで)つゝ中々もあへ池(いけ)田
炭(すみ)をいれて置(どう)の如(ごと)くに投(なげ)いてこの
炭火(すみび)ひとゝなへしせしめてこゝろ不(ふ)審量(しんりやう)不(ふ)
そ投出(なげだ)しける炉(ろ)中(ちう)に埋(うづ)みて芦屋(らうや)屋(うま)
を焚(たき)切(きり)しにいきほひあまり飛(と)びさつて矢(や)
の一ツまでもあかしハしそ亭(てい)二亭(てい)とまち

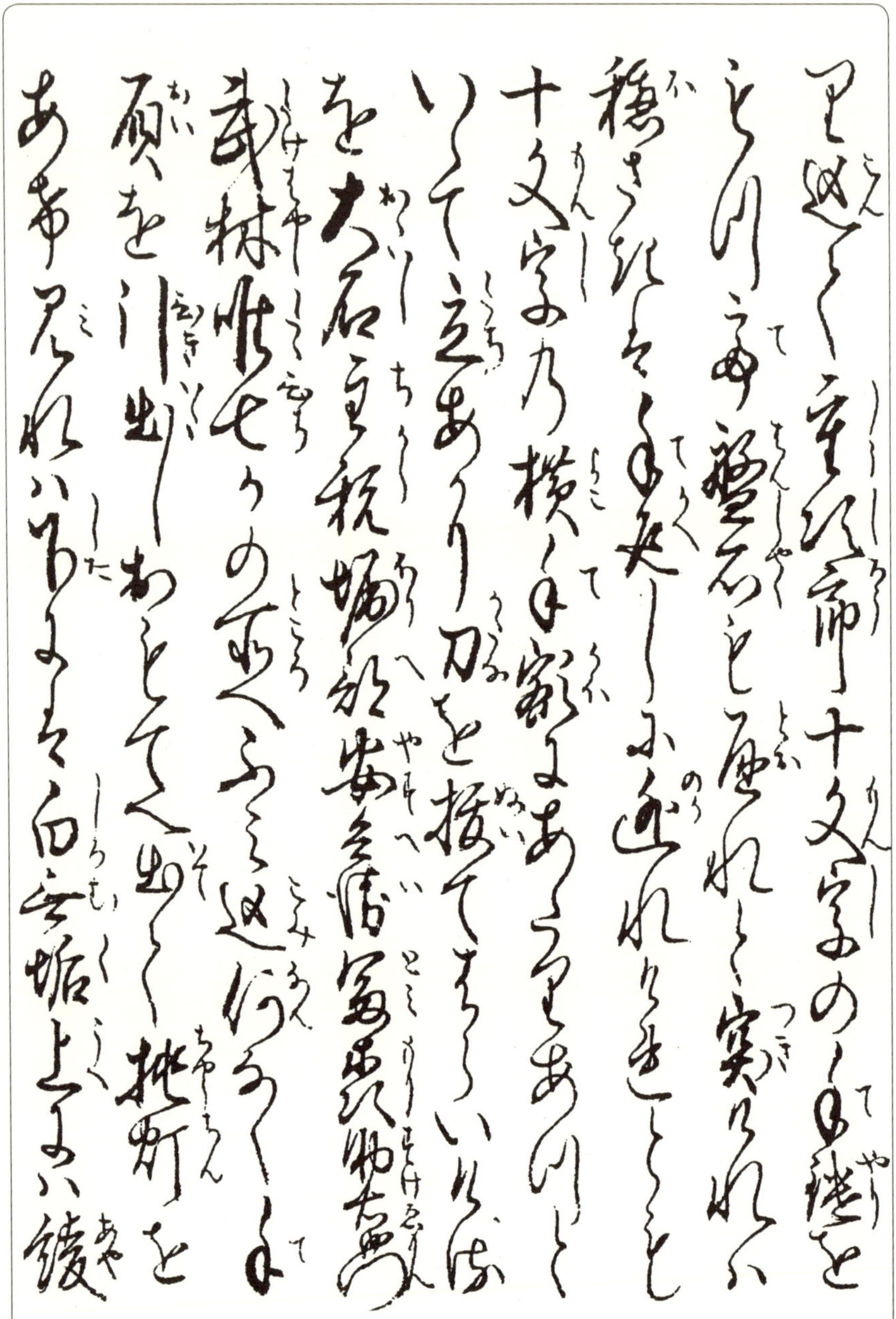

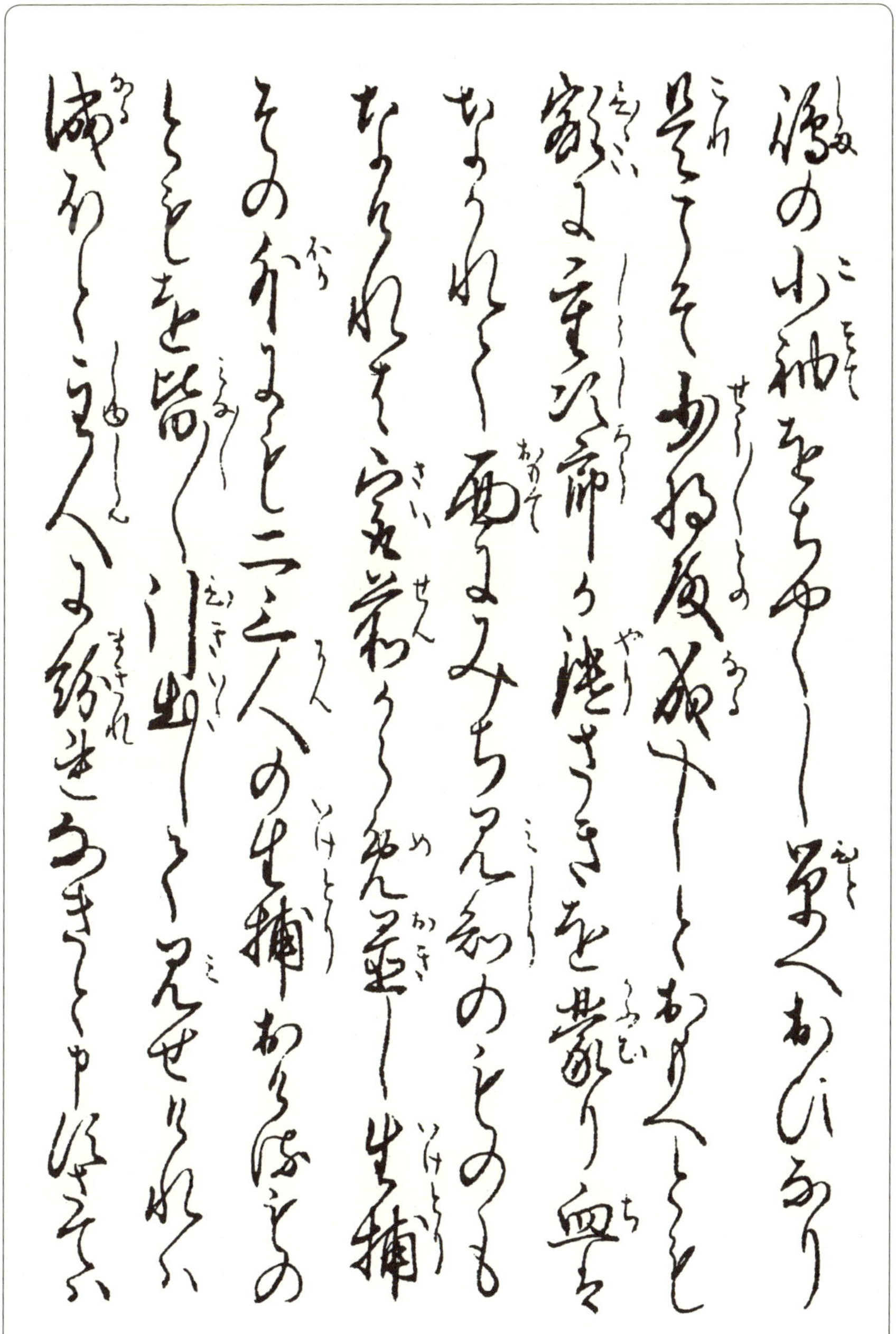

廊下(らうか)なりしに肩(かた)を[illegible]て見(み)れハ[illegible]祇園(ぎおん)
内匠頭(たくみのかみ)殿(との)太刀(たち)[illegible]浪(らう)人(にん)見(み)え[illegible]
大石(おほいし)主税(ちから)[illegible]の[illegible]の笛(ふえ)を吹(ふき)しまして
まつハ一味(みい)[illegible]笛(ふえ)をあはせつ四十七人(にん)
一同(いちどう)に並(なら)びかく後(うしろ)に内蔵助(くらのすけ)威(い)儀(ぎ)を正(ただ)し
あ[illegible]ハ[illegible]を[illegible]つゝしんで中(なか)け[illegible]浅野(あさの)
内匠頭(たくみのかみ)家来(けらい)ともまでハ心(こころ)よきなりし
に[illegible]機嫌(きげん)をなをし大望(たいもう)いよいよは
なりし[illegible]いかなる悪(あく)[illegible]までもはや

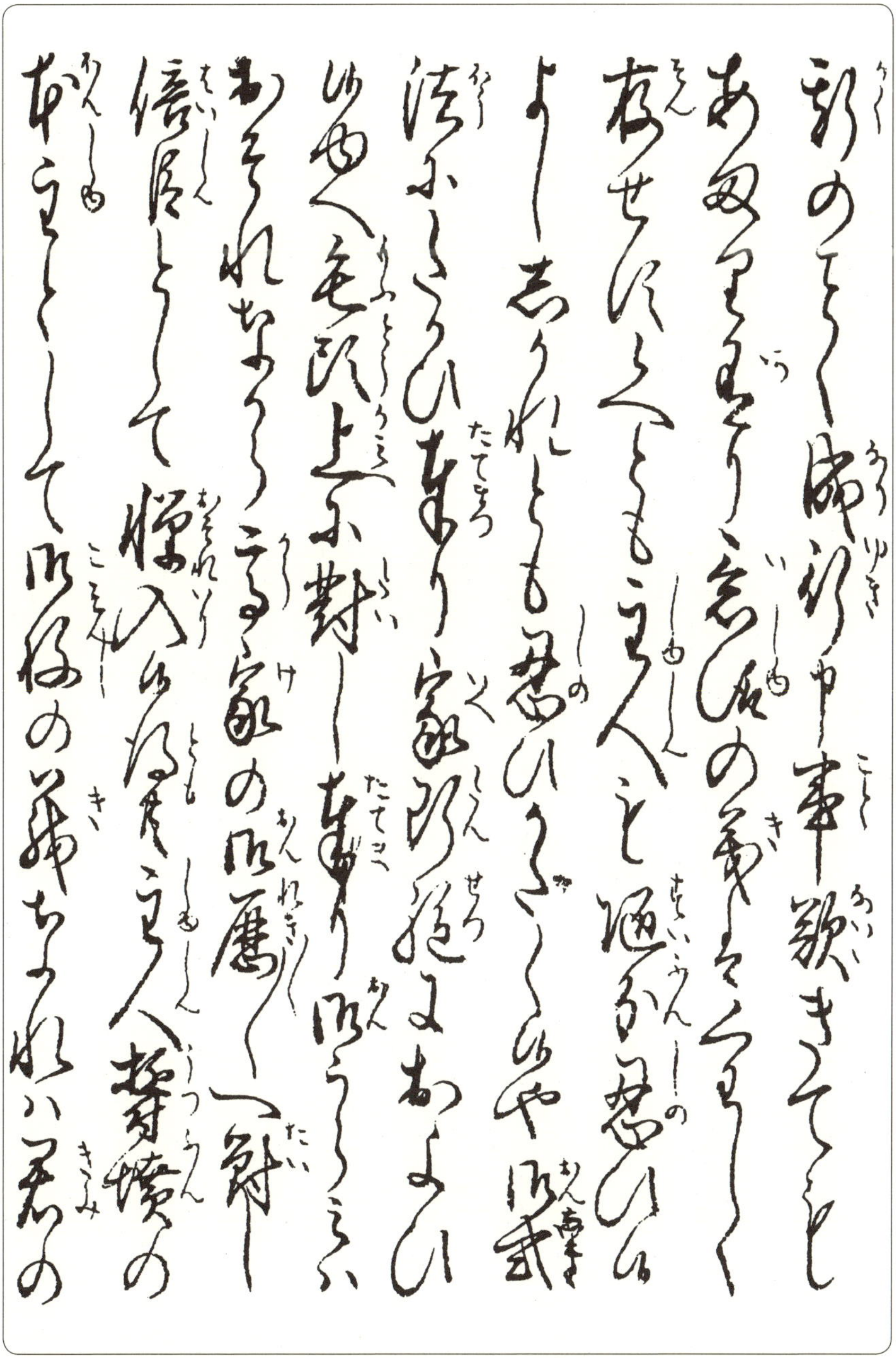

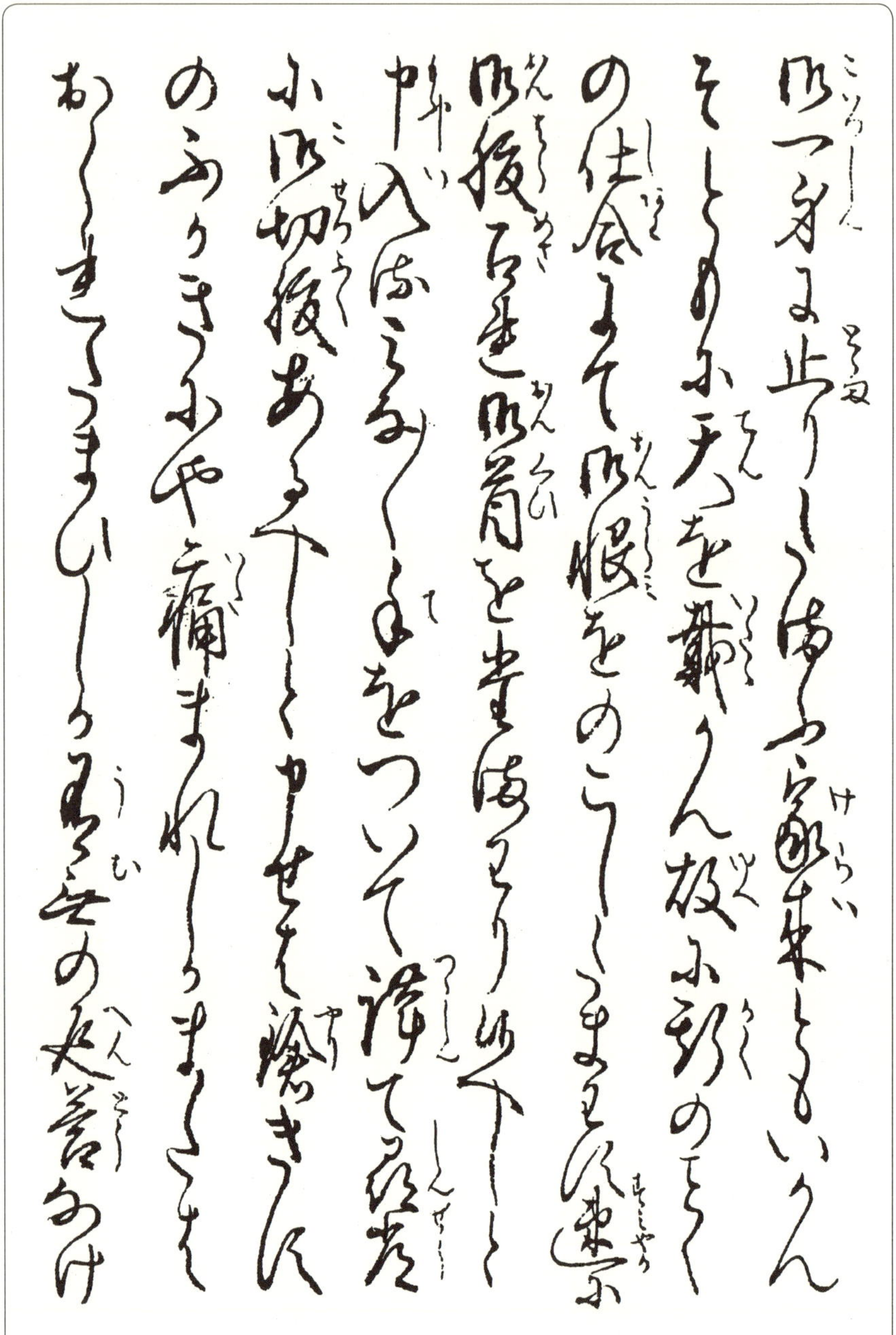
御身に止りし家来どもいかん
[illegible]

然ハ斯て時ありつるなれハ唯七御免
といふ侭に手燭をうしろへなけすて
抜打に二尺八寸行光の刀をもつてあま
さす切けれハうしろさまへ
倒れける唯七首を討んとしける所
十次郎大きにいかりやまて〳〵一番
鑓を突しつれハ首をとらんとて
二人声高にあらそひけり所へ内蔵助押
あつかひさせその手に所望あり間敷ハ

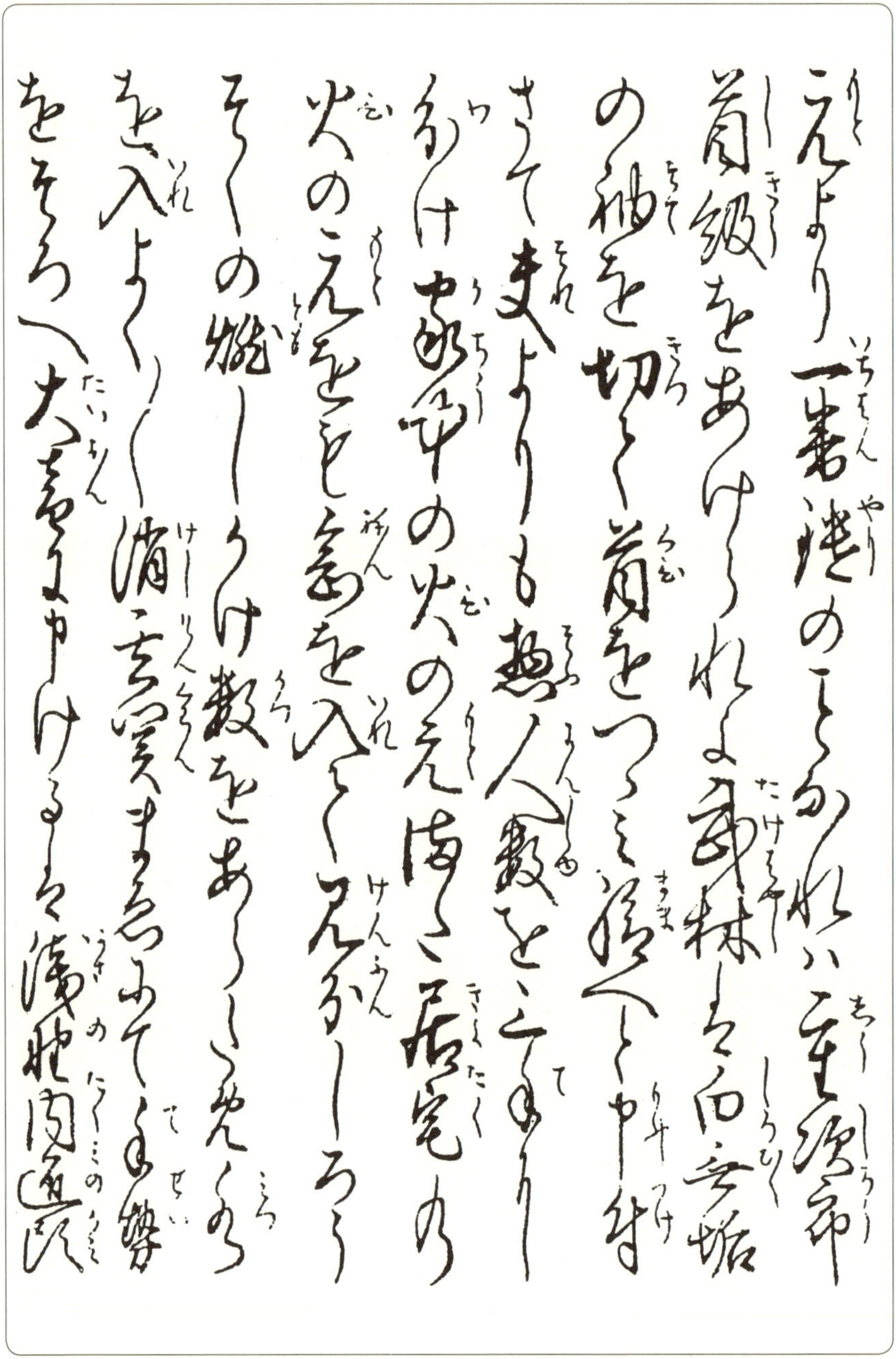

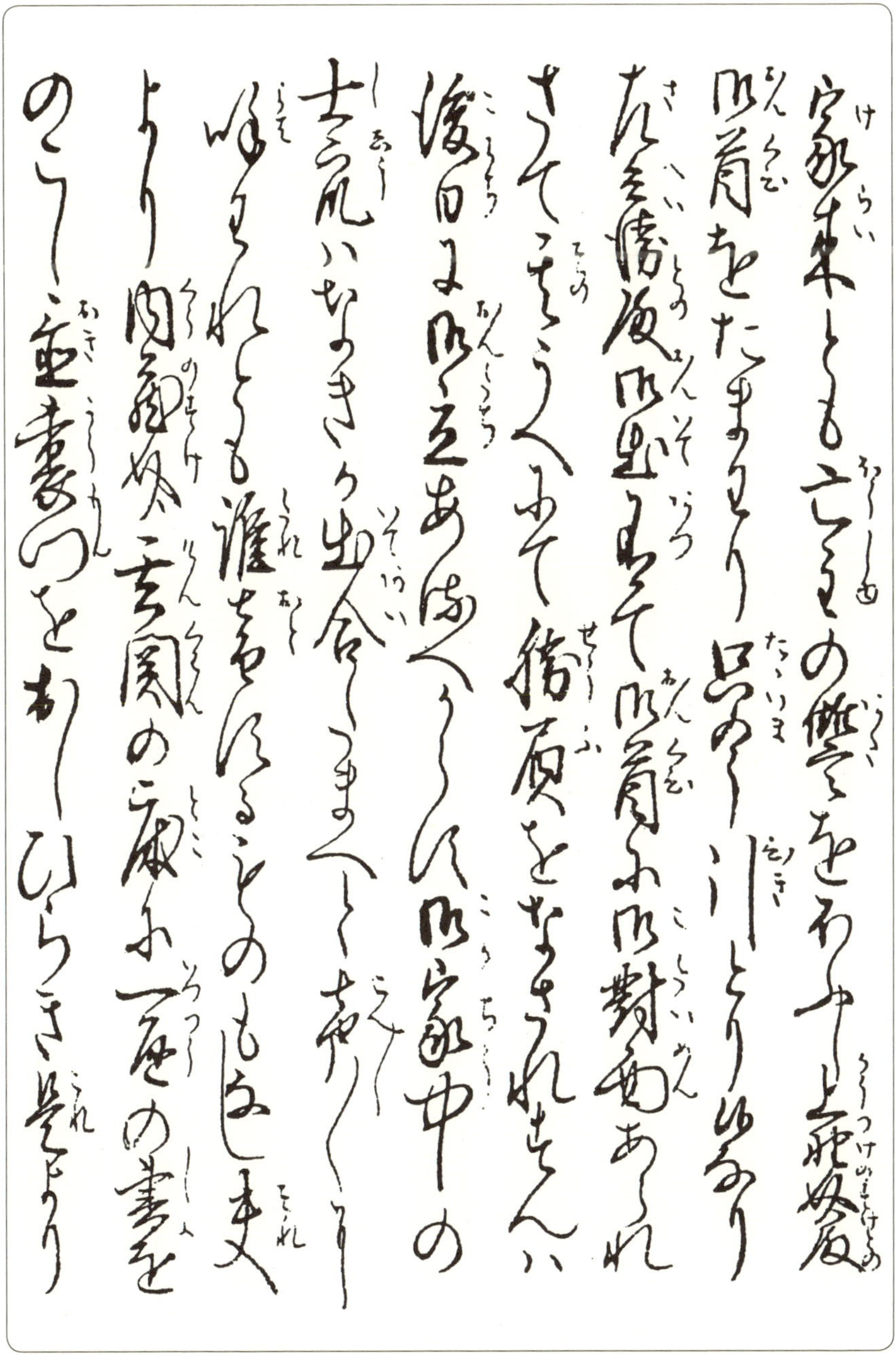
家来とも亡主の鬱[illegible]上野介殿
御首をたまはり只今引とり[illegible]
[illegible]殿御[illegible]にて御首ニ御対面あれ
さてこそ[illegible]ふて誓[illegible]をなされけれ[illegible]ハ
後日ニ御賞あるへしとて御家中の
士卒ハなみ〳〵出合[illegible]
[illegible]とも誰[illegible]も[illegible]
より内蔵助ハ[illegible]の庭に[illegible]の書を
のこし置[illegible]をおしひらき是より

解読文

[1]雑部屋の一件

爰に台所と庭少しはなれて物置」のやうなる雑部屋と覚しき所あり。大高源吾鑓の石突にて戸をおし」放しけれバ、中より炭薪小サき箱」など雨のごとくに投出し、後ろにハ」須藤与一右衛門・清水由右衛門といふもの」炭の中より飛て出、大高源吾に」わたりあふ。大高もとより大太刀の」つかひて剛のものにて、二人を相手に」切むすぶ。須藤が太刀をうけ損じ、」大高ハ肩先三四寸切込れければ、大高」危きその所へ、千馬三郎兵衛が放つ矢」に、須藤が胸板をゐられてたおる丶」処を、清水由右衛門、須藤を刎こへ太刀」をふって大高にわたり合ふ。倉橋」伝助はしり来り、大高を隔て切」むすぶ。源吾は痛手にたまりかねて」尻居にしさって払ふ太刀に、由右衛門両」足切られてふしにける。二人のものは」討れしかバ、壱人ハ中格子をおしやぶり」逃出んとするところを重次郎が」鑓にて尻をした丶かに突かれて、とうと落るを、表に居ける小野寺幸右衛門」心得たりとて丁と切れバ、胴切にぞ」成にける。しかるに今一人壁ぎわに」居たりしが、逃出べきやうもなく[2]池田」炭を取て雨のごとくに投いだし、

「この」炭火炎とならせ給へ」

と、[3]こくふ無量に」ぞ投出しける。炉中に埋ミて[4]芦屋釜」を焚切らすいきほひにハ替りさび矢」の一ッにもあたらバこそ、無二無三にはし」り込で重次郎、十文字の手鑓を」もって磐石も通れと突けれバ、」穂さきは手返しに逃れけれども」十文字の横手額にあたり、あっと」い丶て立あがり、刀を抜てはらいける」を、大石主税・堀部安兵衛・富森助右衛門・」武林唯七かの所へふミ込、何なく手」

負を引出し、おもてへ出て挑灯を」あげ見れバ、下には白無垢、上に八綾[5]」嶋の小袖をちゃくし、単へおびなり。」是こそ少将殿成べしとおもへども」額に重次郎が鑓さきを蒙り、血は」ながれて面にみち、見知のものも」なければ、最前からめ置し生捕」その外にも二三人の生捕おけるもの」どもを皆々引出して見せけれバ」

「成ほど主人に紛れなき」

と申す。さてハ」疑ひなしと肩をまくり見れバ、去年」内匠頭殿太刀跡まがひなく見へけれバ、」大石主税相図の呼子の笛を吹たて」れバ、互に笛をあわせつゝ、四十六人」一同に並ゐて後に内蔵介、威儀を正し」両手を突、つゝしんで申けるは

「浅野」内匠頭家来どもにて候処に、はから」ずも貴顔をはいし大悦いたし候」なり。亡主といかなる悪縁にて候や」斯のごとく成行申事、歎きても」あまり有り。意趣の義はくわしく」存ぜず候へども、主人も随分忍び候」よし。しかれども忍びがたく候や、御式」法にしたがひ奉り、家断絶におよび」候ゆへ、毛頭上に対し奉り御うらみハ」おそれながら、高家の御歴々へ対し」陪臣として憚入候得共、主人鬱憤の」本主として御存の義なれバ、君の」御一身に止りたまふ家来ども、いかん」ぞともに天を戴かん故に、斯のごとく」の仕合にて御恨をのこしたまわす。速に」御腹召れ、御首をたまわり候べし」

と」申入る。ミな〱手をついて

「謹で尋常」に御切腹あるべし」

と申せば、鑓きず」のふかきにや痛まれしか、または」おくれたまひしか、有無の返答なけ」れバ、斯て時うつりけれバ、唯七御免」といふまゝに手燭をかしこへかっぱと」投、弐尺六寸行光の刀をもっておゝ」げさに切けれバ、かしこへかっぱと」倒れける。唯七首を討んとするを」重次郎大きにいかり

「われこそ一番」鑓を突たれば、首をとらん」

とて」二人声高にあらそひける。内蔵助押」しづめ

「さやうの争ひ御無用なり、間氏ハ」元より一番鑓のことなれバ、重次郎」首級をあげられよ、武林は白無垢」の袖を切て首をつゝみ給へ」

と申付。」さて夫よりも惣人数を三手に」分け家中の火の元また居宅の」火の元をも念を入て見分し、

ろう」そくの燃しかけ数をあらため、水」を入、よく／＼消、玄関まゑにて手勢」をそろへ、大音に申けるは、

「浅野内匠頭」家来ども、亡主の讐をほふじ上野介殿」御首をたまわり、只今引とり候なり。」左兵衛殿御出有て御首に御対面あられ、」さて其うへにて勝負をなされずんバ、」後日に御立あるべからず、御家中の」士衆ハなきか、出合たまへ」

と声々に」呼われども、誰音するものもなし。夫」より内蔵介玄関の床に一通の書を」のこし置、裏門をおしひらき、是より」人数を引とりけり。（後略）

▼注

1、雑部屋……納戸、屋内の物置部屋

2、池田炭……現大阪府池田市の名を冠する。かつて清酒と木炭で有名。

3、こくふ無量……虚空無量。あたり一面に限りなく。

4、芦屋釜……福岡県芦屋町から鋳出した茶釜。

5、綾嶋の小袖……綾縞か、不詳。

文字あそび❶

滑稽本『奇妙図彙』（山東京伝作画、享和三年）より

山東京伝（一七六一～一八一六）は天明・寛政期に活躍した戯作者で、絵の才能もありました。多くの著作のなかには、文字絵の『奇妙図彙』や文字意匠の『小紋雅話』など、ユニークな作品があります。これから五回にわたって面白い文字絵・文字意匠を紹介します。何と書いてあるか分かりますか（答えは二〇八頁）。

3 実録『大岡美談』

筆者蔵

実録物は、英雄伝記の『真書太閤記』に始まり、武勇伝・仇討物・お裁き物・お家騒動など講釈のテーマとなるものが版本・写本ともに作られましたが、写本は手書きの、少数限定発行ですから、現存するものも多くはありません。

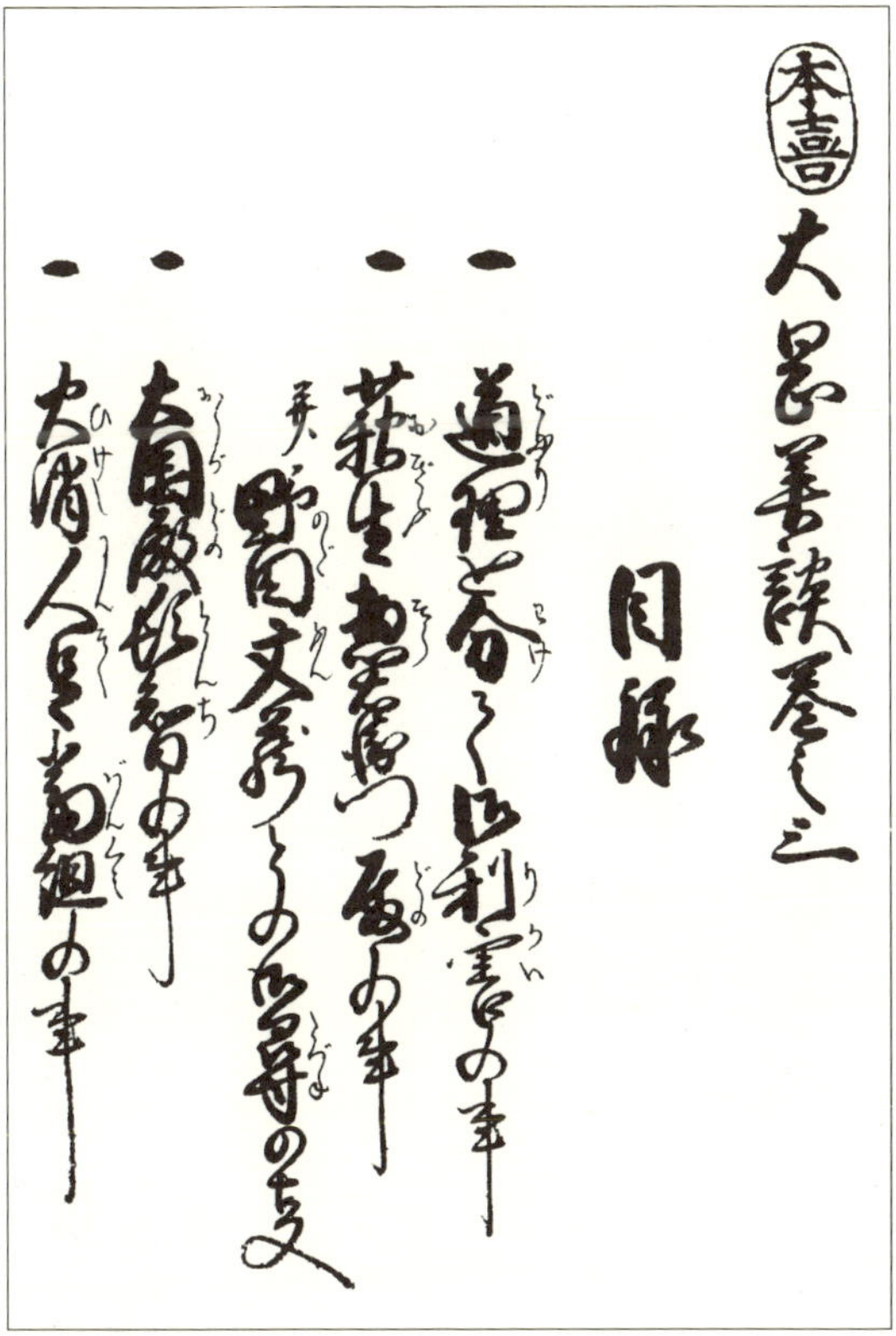

『大岡美談』目録

講談大岡裁きは庶民に大うけでしたから、実録本も多種類作られ、いずれも長編物です。冒頭目録に(本喜)の筆者印が認められます。

なお、解読文の記述要領は『精忠義士実録』と同様です。

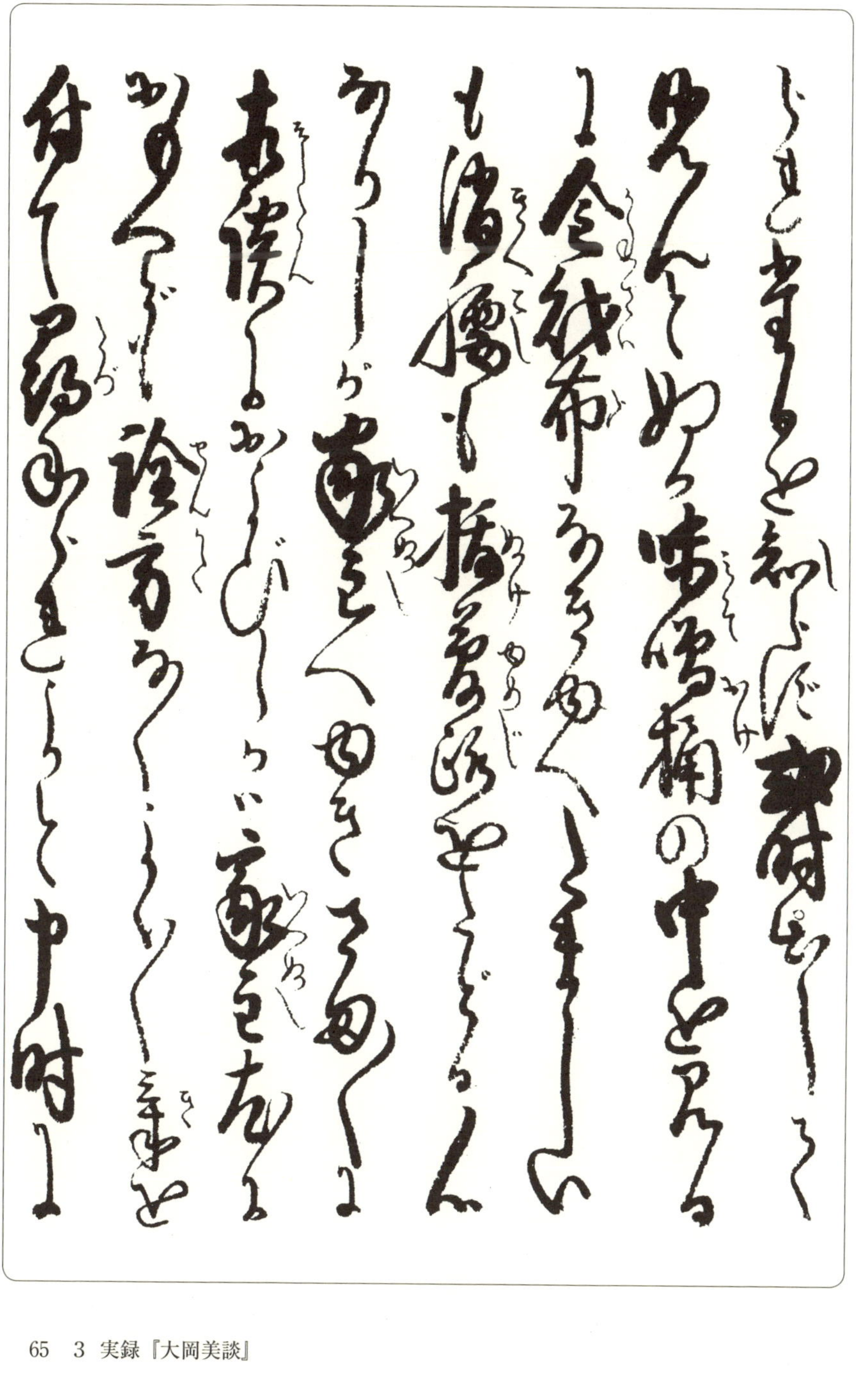

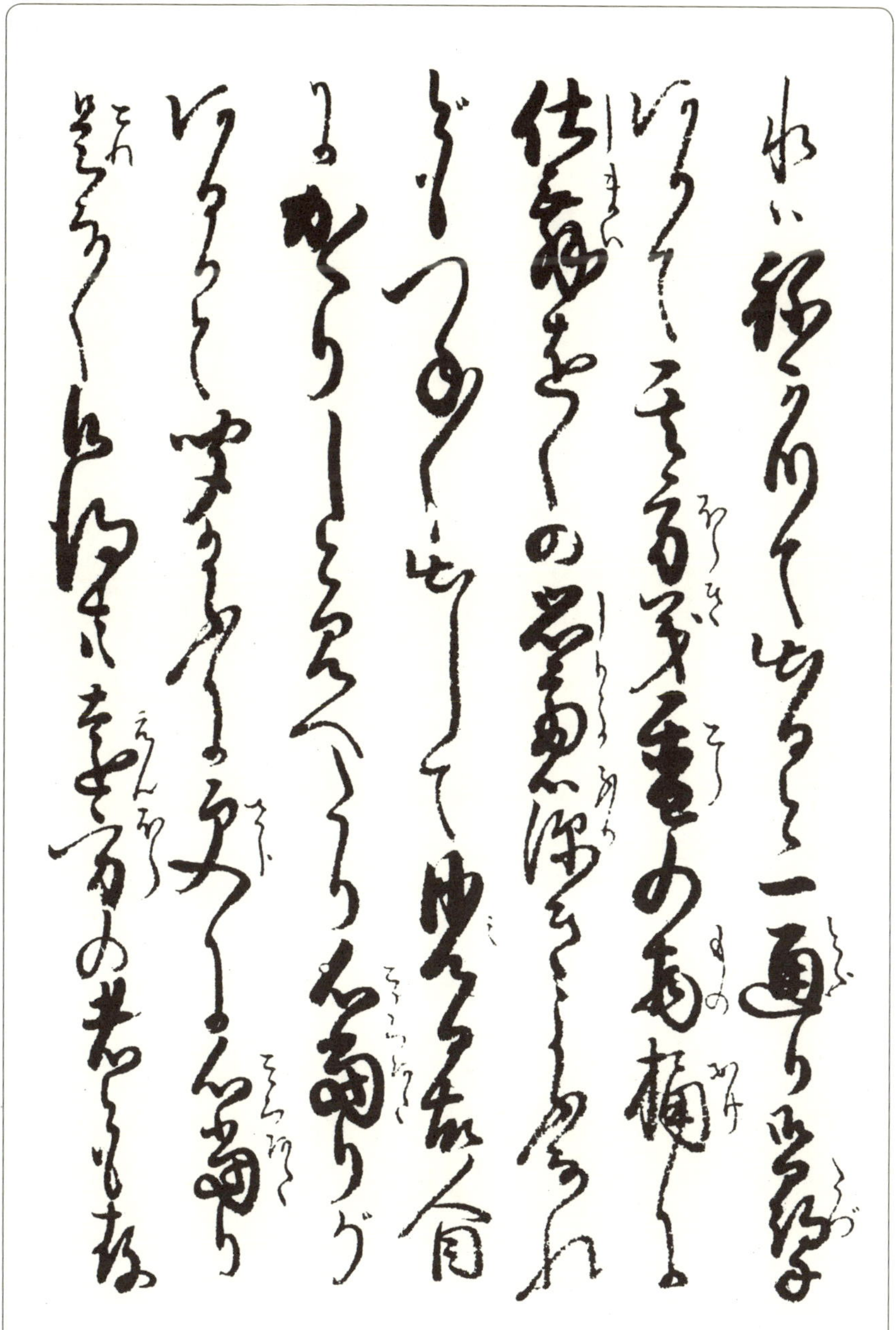

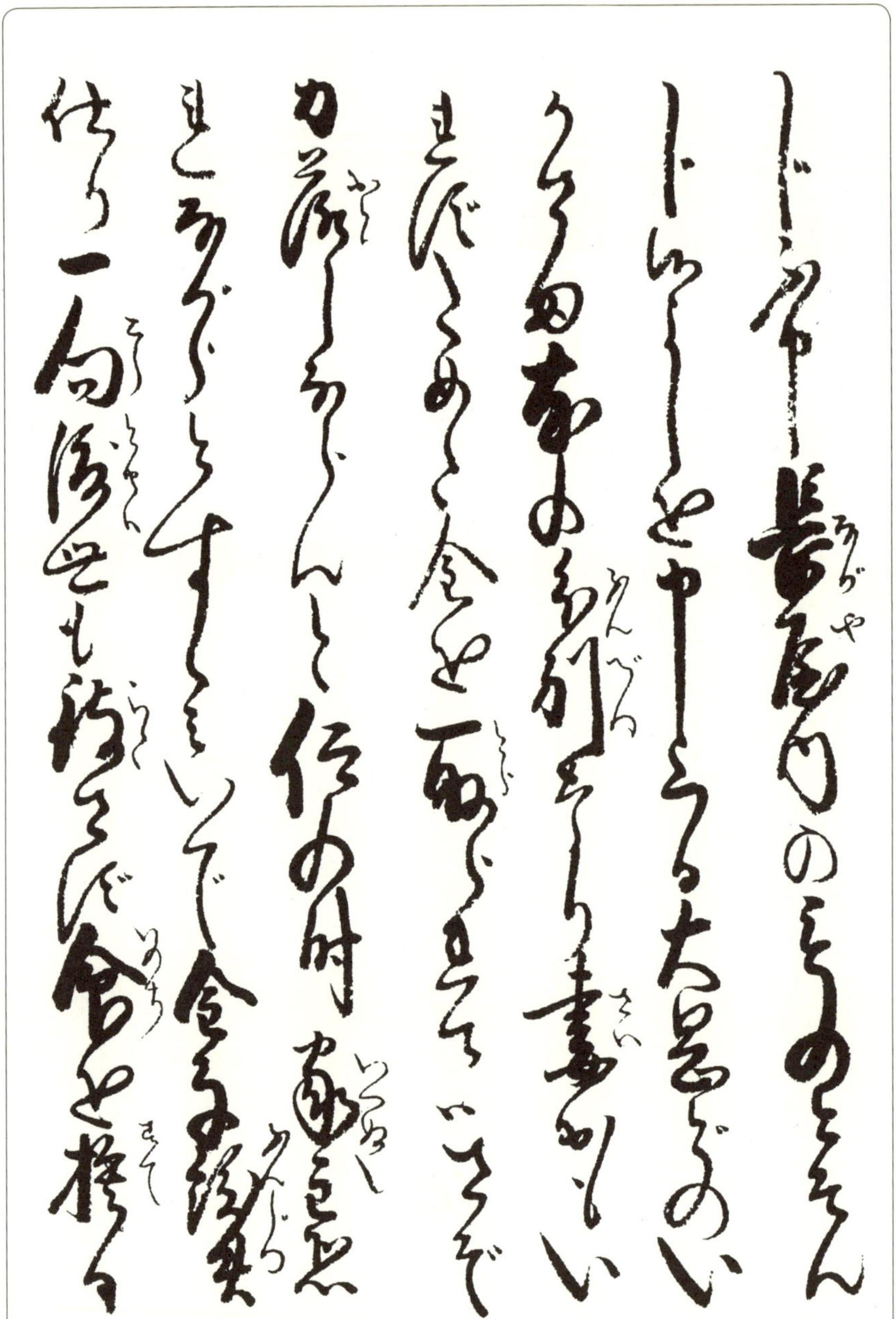

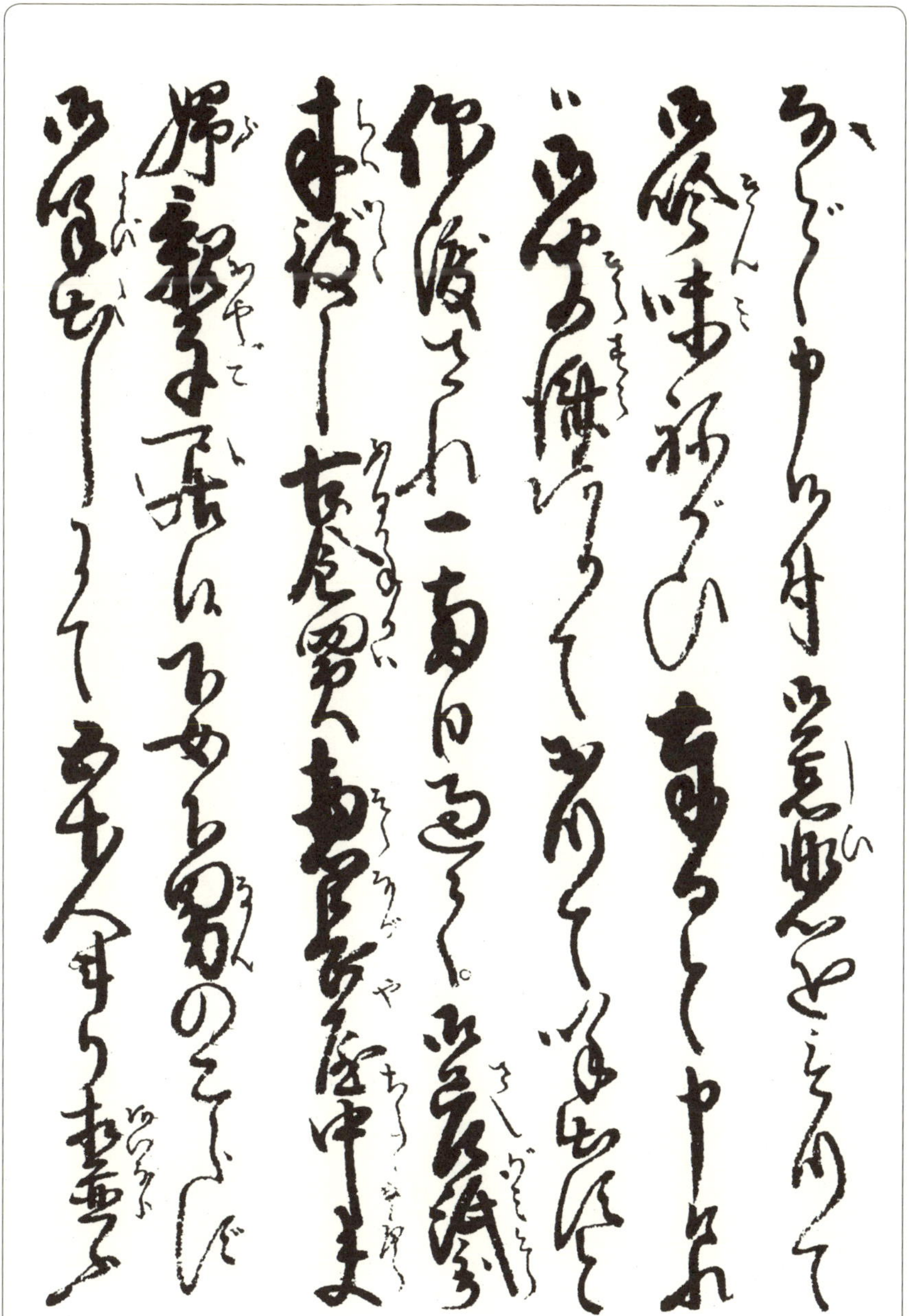

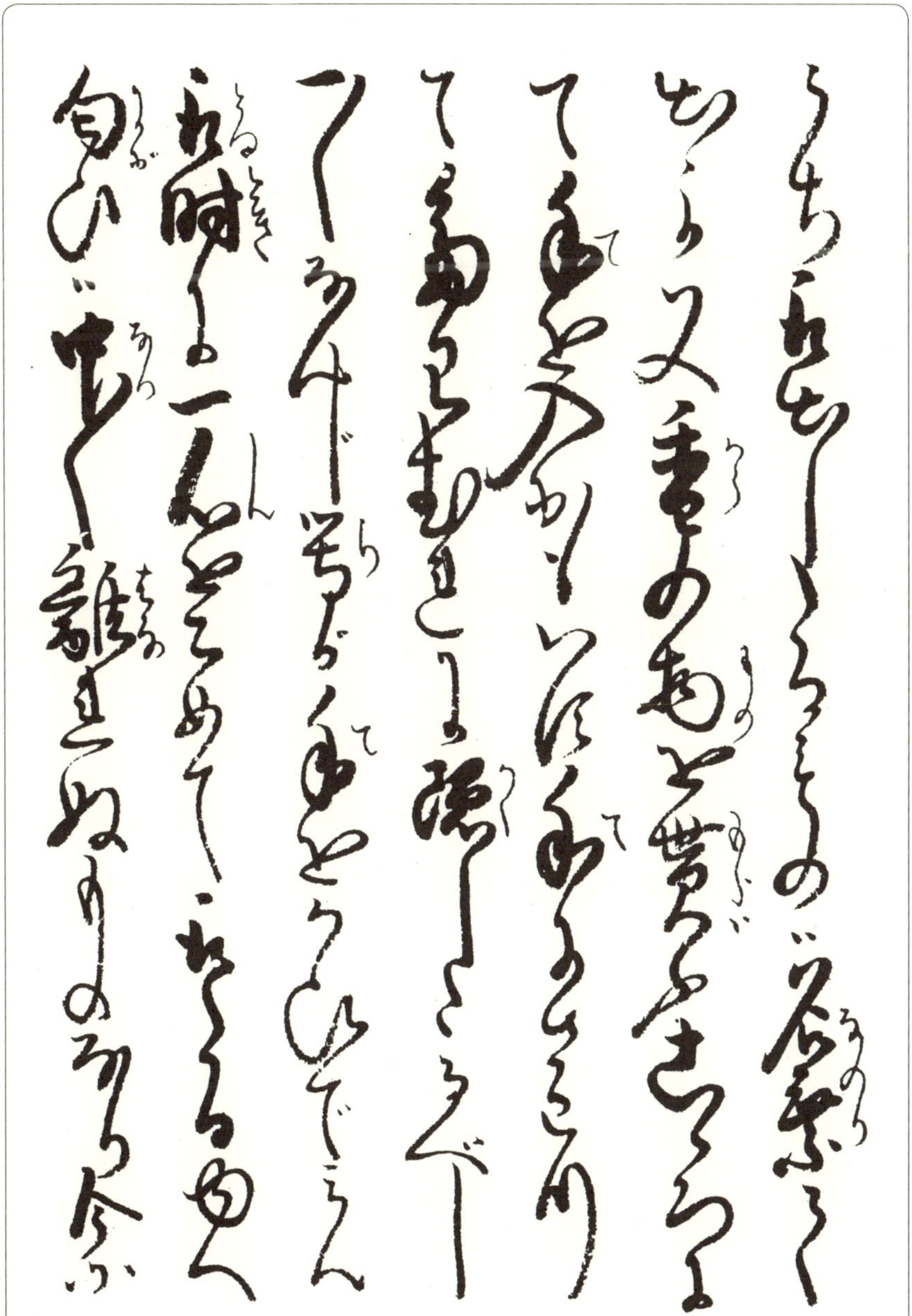

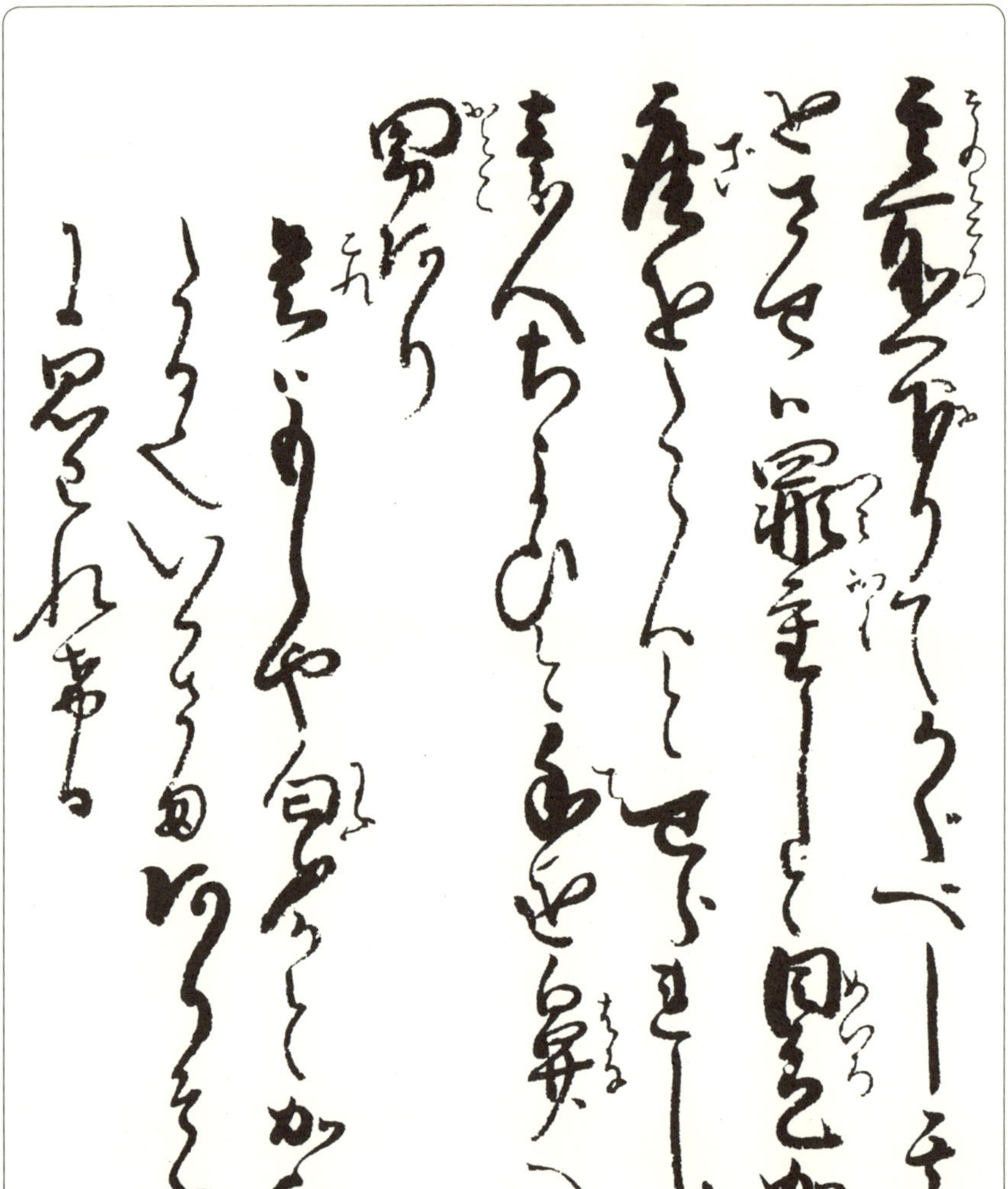

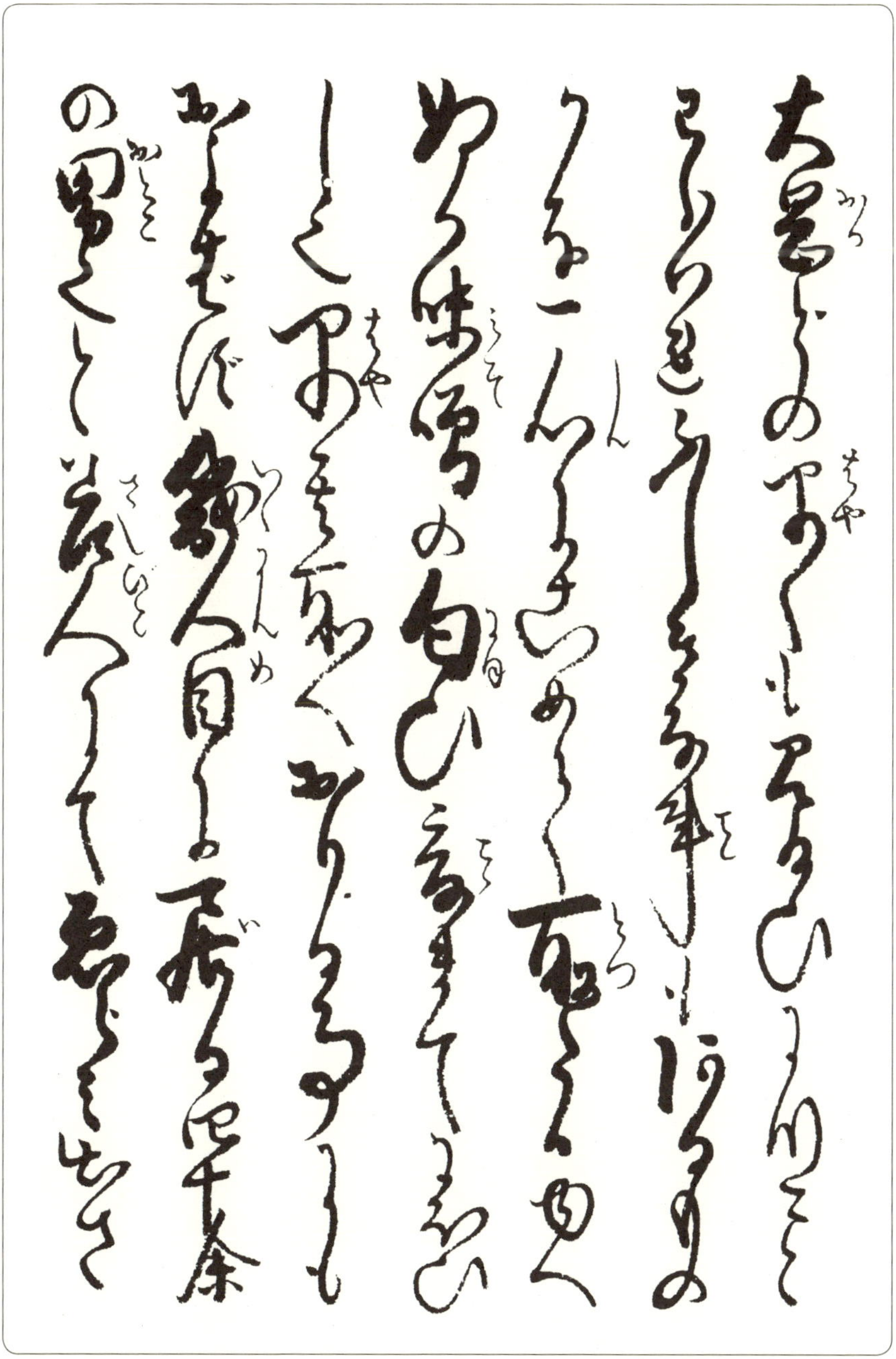

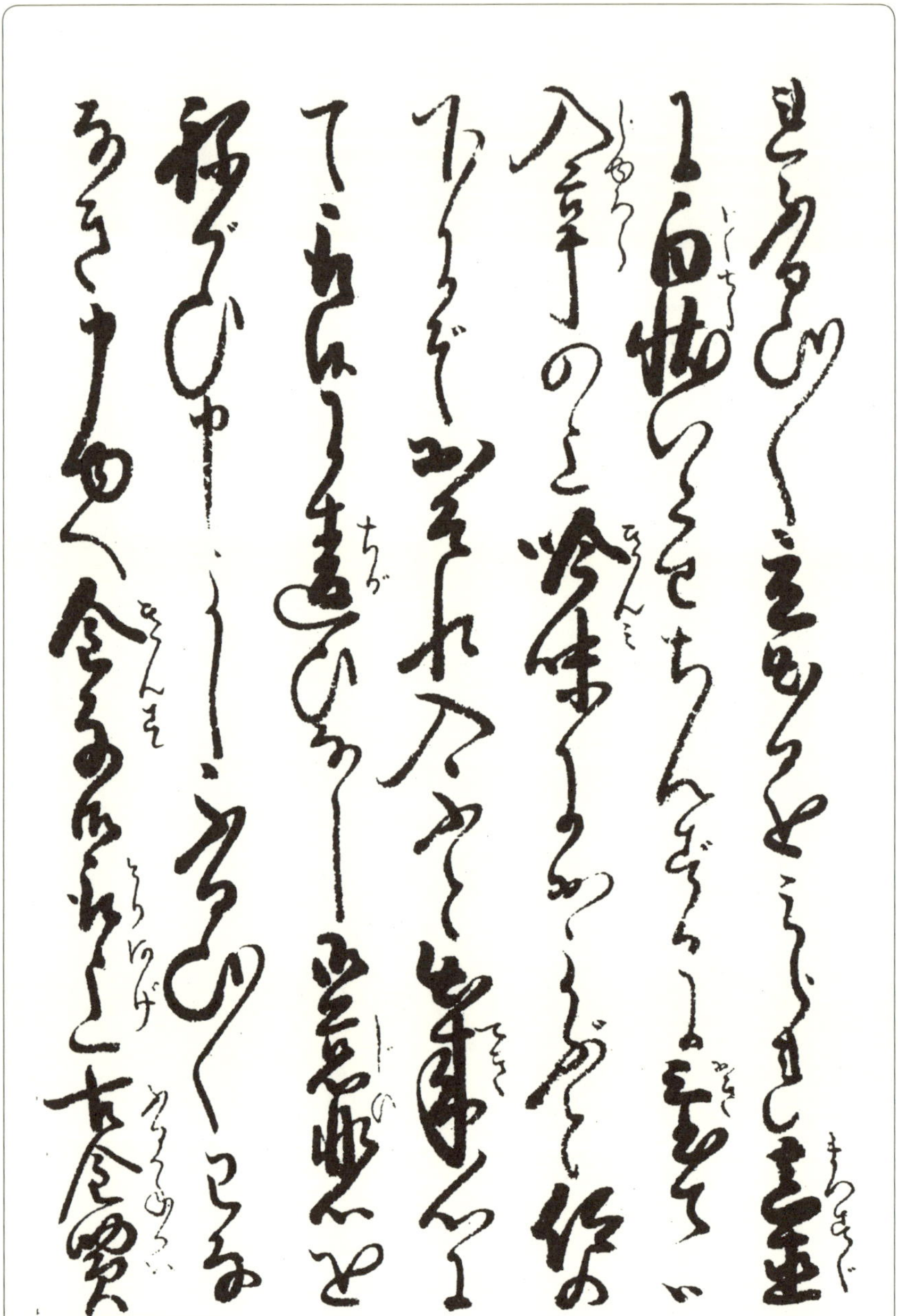

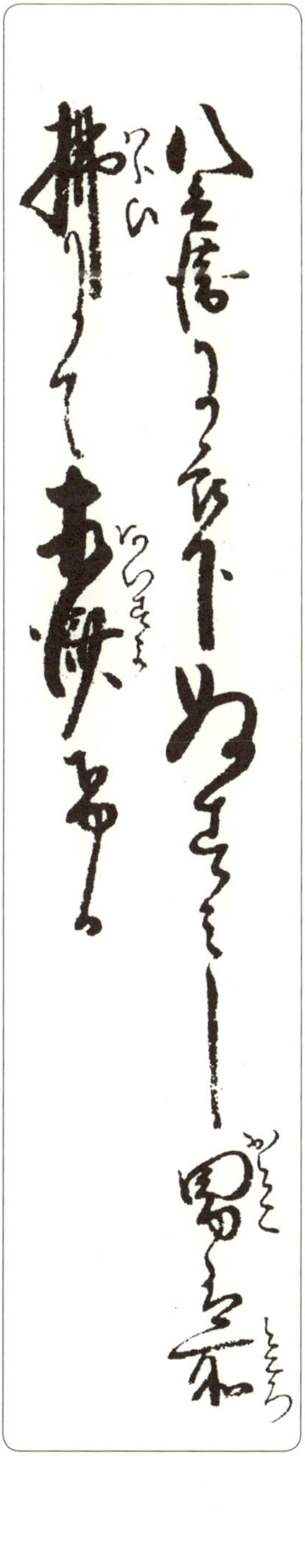

解読文

大岡殿頓智の事
神田於玉が池に、裏住居に古金」かひ独りものにて、
金子五拾両」をたくわへ、仕舞所なきゆへ、ぬか」
味噌の中へ入れ、折々出してミて」楽しミけるが、
長屋内のものに」見付られ、いつの間にか奪ひと」
られたるを知らず、或時出して」見んとぬか味噌桶
の中を見る」に、金財布なきゆへ、たましい」も消、
腰も抜、夢路をたどる心」なりしが、家主へゆき、
さま〳〵に」相談におよびしかハ、家主尤に」おも
へども詮方なく
「よく〳〵気を」付て尋ねられよ」
と申時に、」古金買
「[1]ねがつて出ん」
といふを」
「いや〳〵御届ハ格別、ねがつたり」とて急に御せ
んき（詮議）あるべきや」
と」申をきゝいれず
「私、其金がなく」なり、商売もてにつかず」
と、顔色」もおとろへ、ひとすじに申ゆへ、名」
主へ届け、大岡どの[2]御月番な」れバ、ねがつて出る
と、一通り御尋ね」ありて
「其方義、香の物桶に」仕舞をくの、思慮深きよふ
なれ」ども、つね〳〵出して見る故、人目」にかゝ
りしと見へたり、心当りが」あるか」
と聞給ふに

「更に心当り」是なく候得共、遠方の者とも存」じ不申、長屋内のものとぞん」じ候」
よしを申上る。大岡どの
「い」かさま尤の分別なり、[3]妻おもい」れず、ためた金を取られてハ、さぞ」力落しならん」
と仰の時、家主
「恐」れながら」
とすゝミいで
「金子紛失」仕り、一向渡世も致さず、命を捨る」
など、申候付、御慈悲をもつて」御吟味ねがひ奉る」
と申けれ」バ、御聞済ありて
「おつて呼出す」
と』仰渡され、一両日過て御[4]差紙到」来致し、古金買物長屋中、夫」婦・親子・居候・下女・下男のこらず」御呼出しにて、五十人計り相並ぶ」所に、おふせ渡さるゝにハ
「古金買」八兵衛、五十両木綿財布にいれ」、ぬか味噌桶の中へ入置たる所」、紛失いたしたるゆへ、盗賊の」業とハいへども、計らず見つけて、」ほしくおもひとりたる金なれバ、」出来心といふ物也、其方

どもの」うち取出したるものハ名乗て」出よ、又香の物を貰ふこゝろに」て手を入、おもハず手にさわつ」て、たわむれに隠したるべし、」一々なんじ等が手をかひでミん、」取時に一心をこめて取たるゆへ、」匂ひハ中々離れぬものなり、今に」其所へ下りてかぐべし、其時名」をさせバ罪重し」
と目色かわり、」座をたゝんとせられし時、中に」壱人ちよひと手を鼻へあてたる」男あり、
是ハもしや匂ふかと、かひでミ」たる也、いかさまありそふなこと」に思われける。
大岡どの早くも見給ひ、につこと」わらハれ
「ふしぎな事もあるもの」かな、一心にこめて取たるゆへ、」ぬか味噌の匂ひ爰までにほひ」し也、早其所へおりる事にも」およばず、幾人目に居る四十余の男也」
と差人にてゐらミ出さ」れ、ふるひ〳〵立出るをミられ
「真直」に白状いたせ、[5]ちんずるに置てハ」入牢の上吟味におよぶ」
と仰」の下にぞ

「おそれ入候、ふと出来(でき)心に」て取候に違(ちが)ひなし、
御慈悲(じひ)を」ねがひ申」
よし、ふるひ〳〵わな」なき申ゆへ、金子(きんす)御取上(とりあげ)、
古金買(ふるかねかい)」八兵衛に被」下、ぬすミし男(おとこ)は所(ところ)」払(はらい)にて
相済(あいすみ)ける。

▼注

1、ねがつて出ん……役所（町奉行所）へ請願する。
2、御月番なれバ……南北町奉行は月交代で勤務する制度のもとで、この月は大岡が当番だったので。
3、妻をもいれず……妻もめとらず。
4、差紙……出頭命令書
5、ちんずる……陳ずる。嘘を言う。

文字あそび❷

山東京伝『奇妙図彙』からです。何と書いてあるか分かりますか（答えは二〇八頁）。

第三部
解読実践

1 ご褒美頂戴のこと
吉田家蔵

奥州道中の郡山宿（現福島県郡山市）は、二本松藩（十万石）に属し、宿場また市場として活気があり、藩のドル箱的存在でありました。藩ではここに代官所を設け、有力商人を宿場役人に登用して統治していました。

郡山宿の商家（私の実家）に伝わる藩の賞詞四通から藩政を推察してみましょう。江戸後期から維新にわたり二本松藩は凶作（天保七年）・江戸城の修復手伝い普請（嘉永元年）・江戸大地震にともなう藩からの献上金（安政二年）など財政的苦難が続き、戊辰戦争に敗れて石高は五万石と減じられ、壊滅に瀕しました。こうした状況下、藩では有力商人の協力に頼らざるを得なかったと察せられます。賞詞はいずれも献金に対するものであり、うち三通（ＡＢＣ）は受賞順に一軸に収められ、一通（Ｄ）は単独軸装となっていますが、これらを読めば、表彰の都度処遇が高くなっていることが分かります。

Ａ　天保八年（推定）　地形二石と永代苗字御免を受ける
　受賞者は孫四郎、住所・苗字とも無し

Ｂ　嘉永二年（推定）　一代御城下検断格と永代帯刀御免を受ける
　受賞者は住所無しの吉田孫四郎

Ｃ　安政六年（推定）　永代御城下検断格を受ける
　受賞者は住所無しの吉田孫四郎

D　明治元年　　　　　　　染木綿一反を頂戴する
　　　　　　　　　　　　受賞者は郡山宿下町の吉田孫四郎

右の四通にはどれも発行者名が書かれていません。また、受賞者の住所が記されているのはDだけです。このことから、ABCの賞詞三通は居住地郡山の代官から伝達されたものと察せられます。Dは二本松の藩庁から発せられました。木綿一反とは軽いように見えますが、そうではありません。この木綿で裃（かみしも）を作り、着用のうえ藩主に拝謁することが許されるのです。孫四郎が、拝謁時の御下問に、正しく答えられなくて引き下がった次第を、私は少年時代にしばしば祖母から聞かされた思い出があります。

文化十三年（一八一六）に書かれた『世事見聞録』（武陽隠士著）に、困窮の武家が町人・百姓などに用金を無心する姿が出ていますが、まさに左の記述通りの称誉が行なわれていたようです。

「用立て・上ケ金（あげきん）の多少に従ひ褒美の高下を付け、あるいは紋付の服をくれ、または切米。扶持方など与へ、または苗字帯刀を免（ゆる）し、または格式を授けなどするなり。」

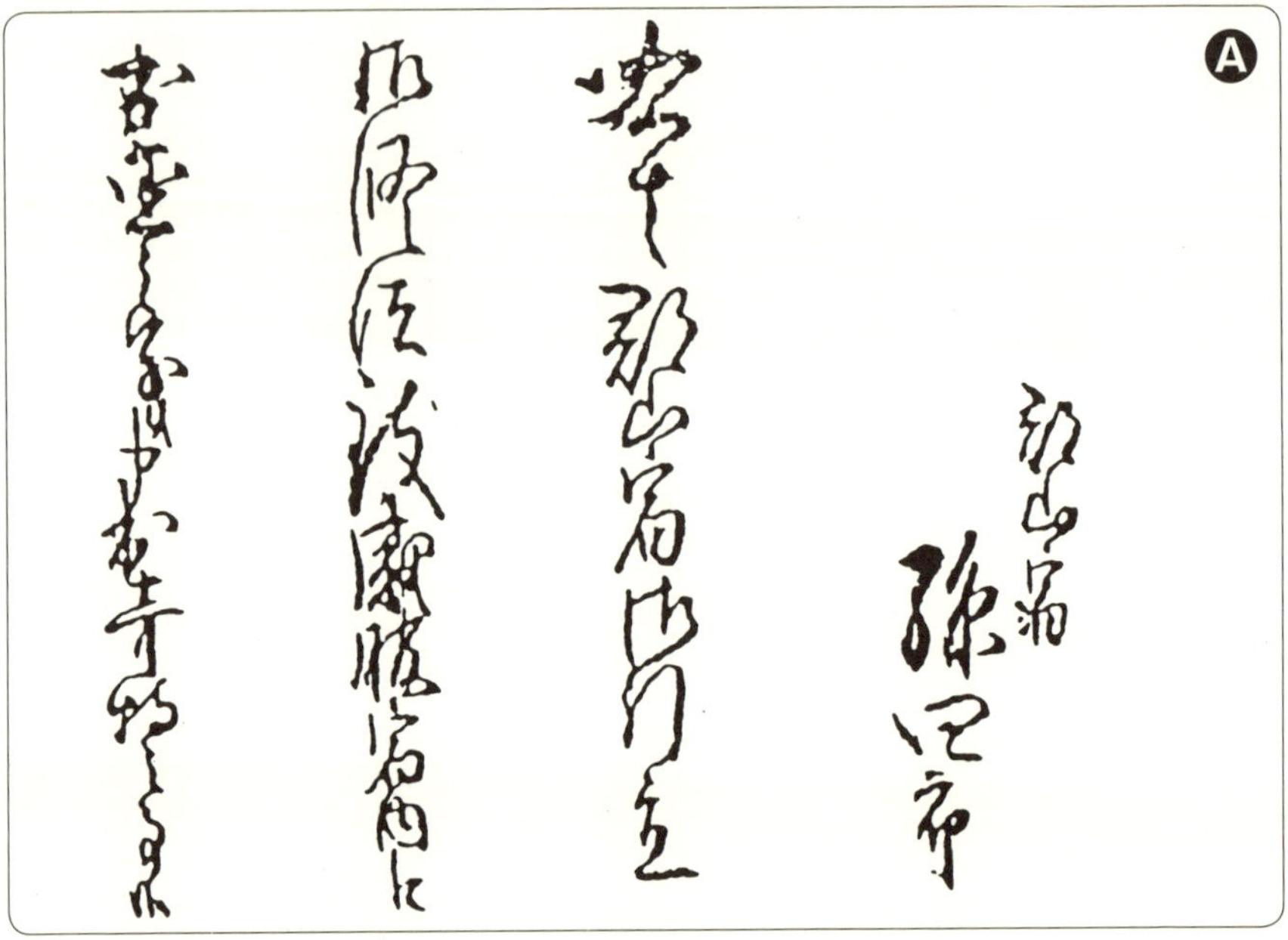
A

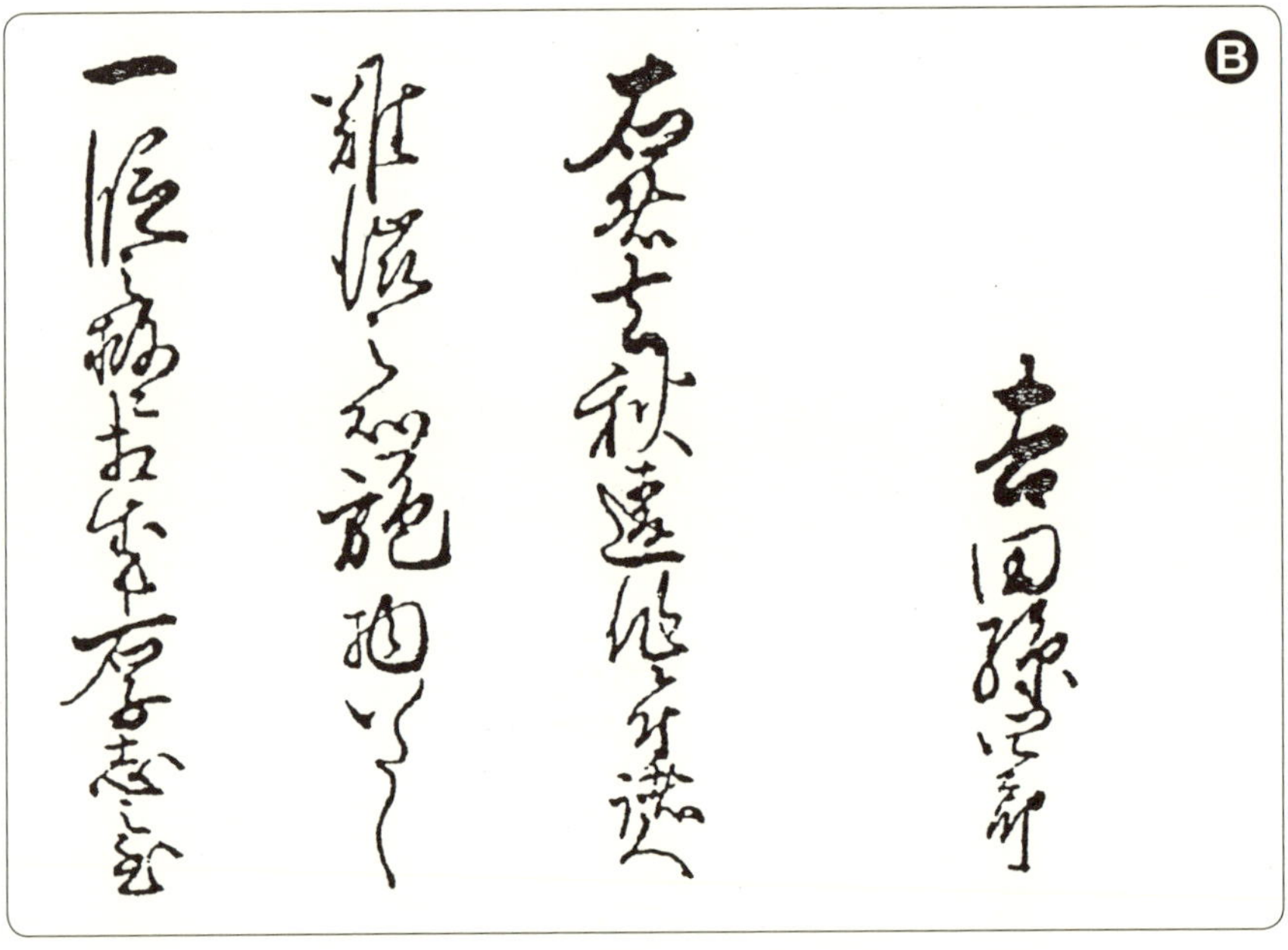
B

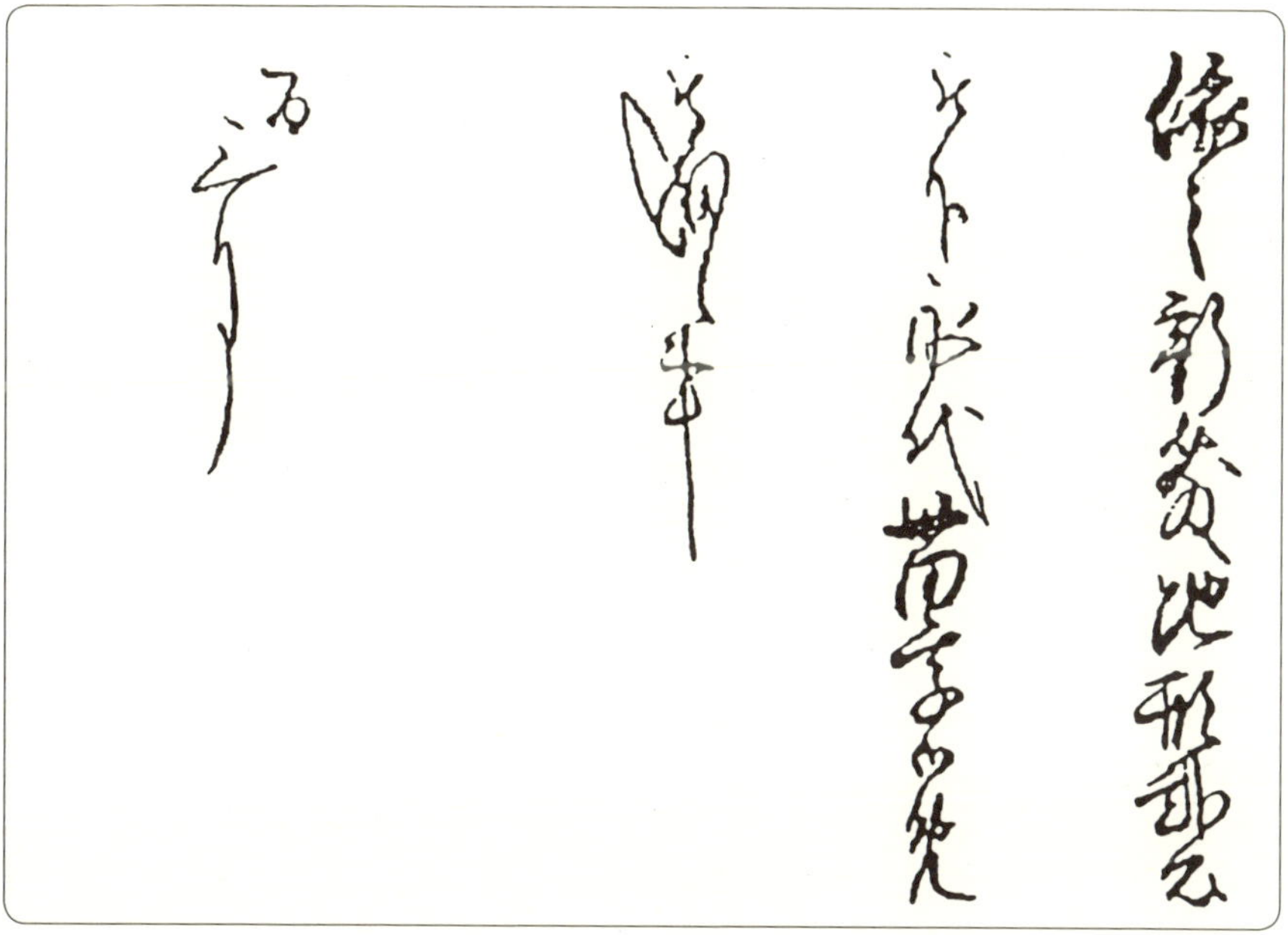

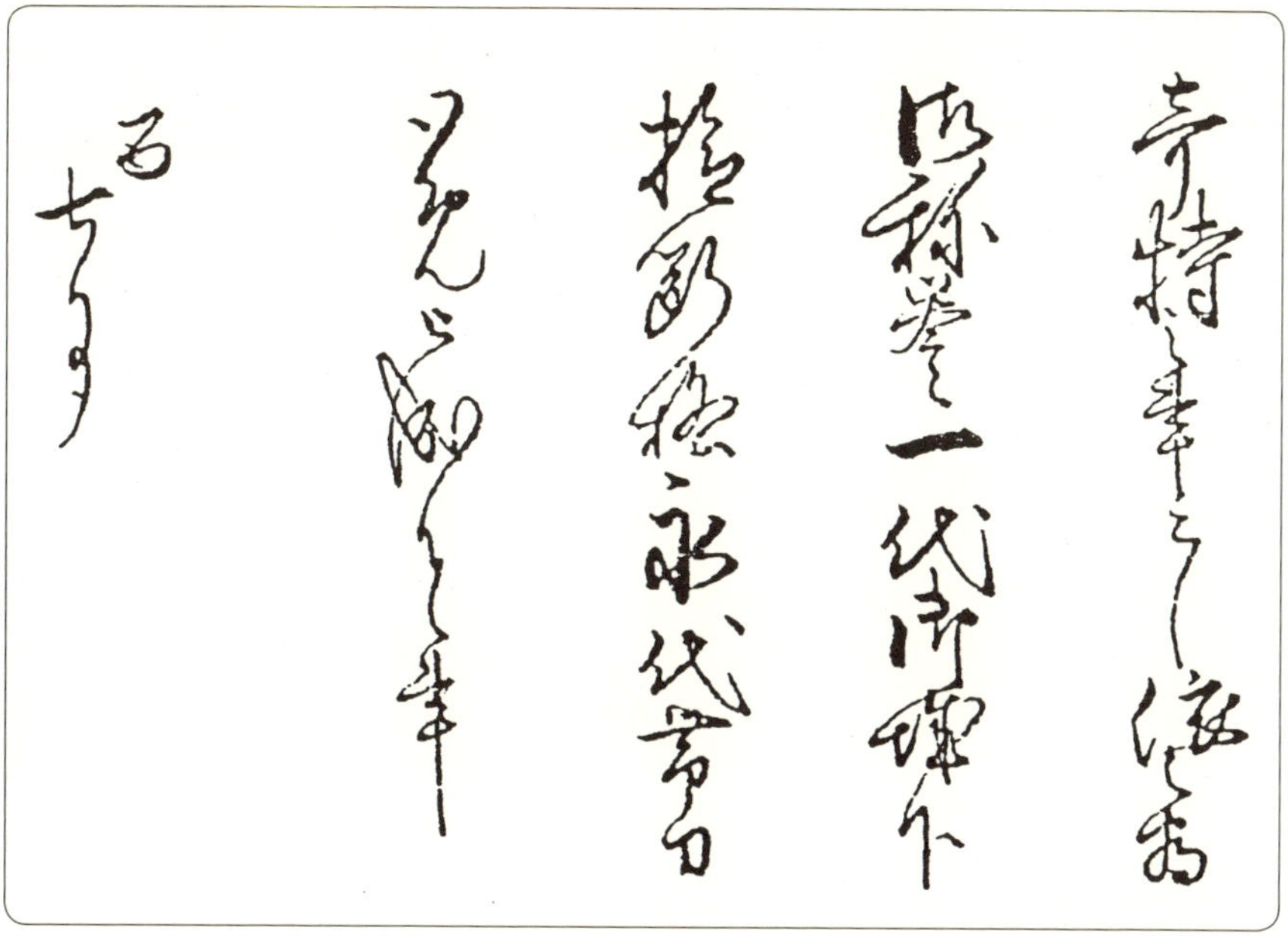

解読文A

郡山宿
孫四郎
右者郡山宿御引立[1]
御修法感服致、宿内江
出金之義申出、奇特[2]之事候、
依レ之新発地形弐石[3]
被レ下、永代苗字御免
被レ成候事
酉三月

▼注

1、宿御引立御修法……藩主導のもと、町人が出資して貸付などを行なった金融制度。修法とは無尽のようなもので藩も加入した（『郡山の歴史』〈郡山市、昭和四十年〉による）。

2、奇特之事……すぐれて珍しく、賞すべきこと。

3、新発地形弐石……二本松藩では、あらたに開発してもよいと認めた土地（開墾地）を地形（知行）として与える場合と、現に持っている土地のうちから指定石数分の年貢を免除する場合があった（郡山市史編纂委員、草野喜久氏談）。ここでは「新発地形二石」と記してあるので、前者の場合であろう。

読みA

郡山宿　孫四郎
右は郡山宿御引立て御修法（しゅほう）感服致し、宿内へ
出金の義申し出、奇特の事に候。
これに依り新発知行弐石下され、永代苗字御免
成され候事。
酉三月

解読文B

吉田孫四郎
右者去秋違作ニ付諸人
難渋之処、施物いたし
一段之救ニ相成、厚志之至、
奇特之事ニ候、依レ之為二
御称誉一、一代御城下
検断格[4]、永代帯刀

御免被$_{二}$成下$_{一}$候事

西七月

▼注

4、検断格……二本松藩では宿場役人を検断・目付・長町人と定めていた。村役人の名主にあたる。検断格とは実権の伴わない名誉称号。

読みB

右は去る秋違作に付き諸人難渋のところ、施し物いたし一段の救いにあい成り、厚志の至り、奇特の事に候。

吉田孫四郎

これに依り御称誉として、一代御城下検断格（けんだんかく）、永代帯刀御免成し下され候事。

西七月

文字あそび❸

引き続き、山東京伝の『奇妙図彙』からです。何と書いてあるか分かりますか（答えは二〇八頁）。

Ⓒ

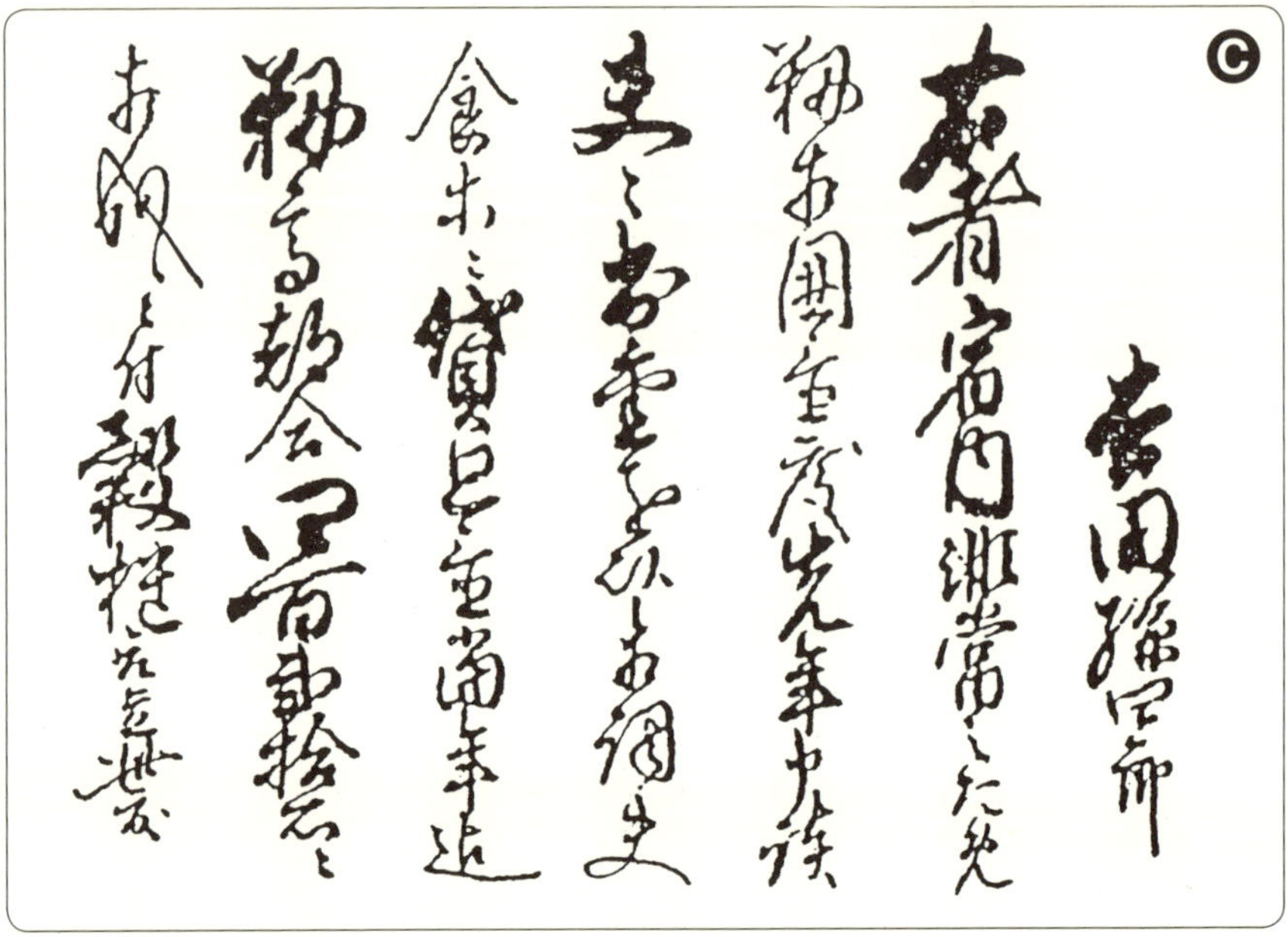

Ⓓ

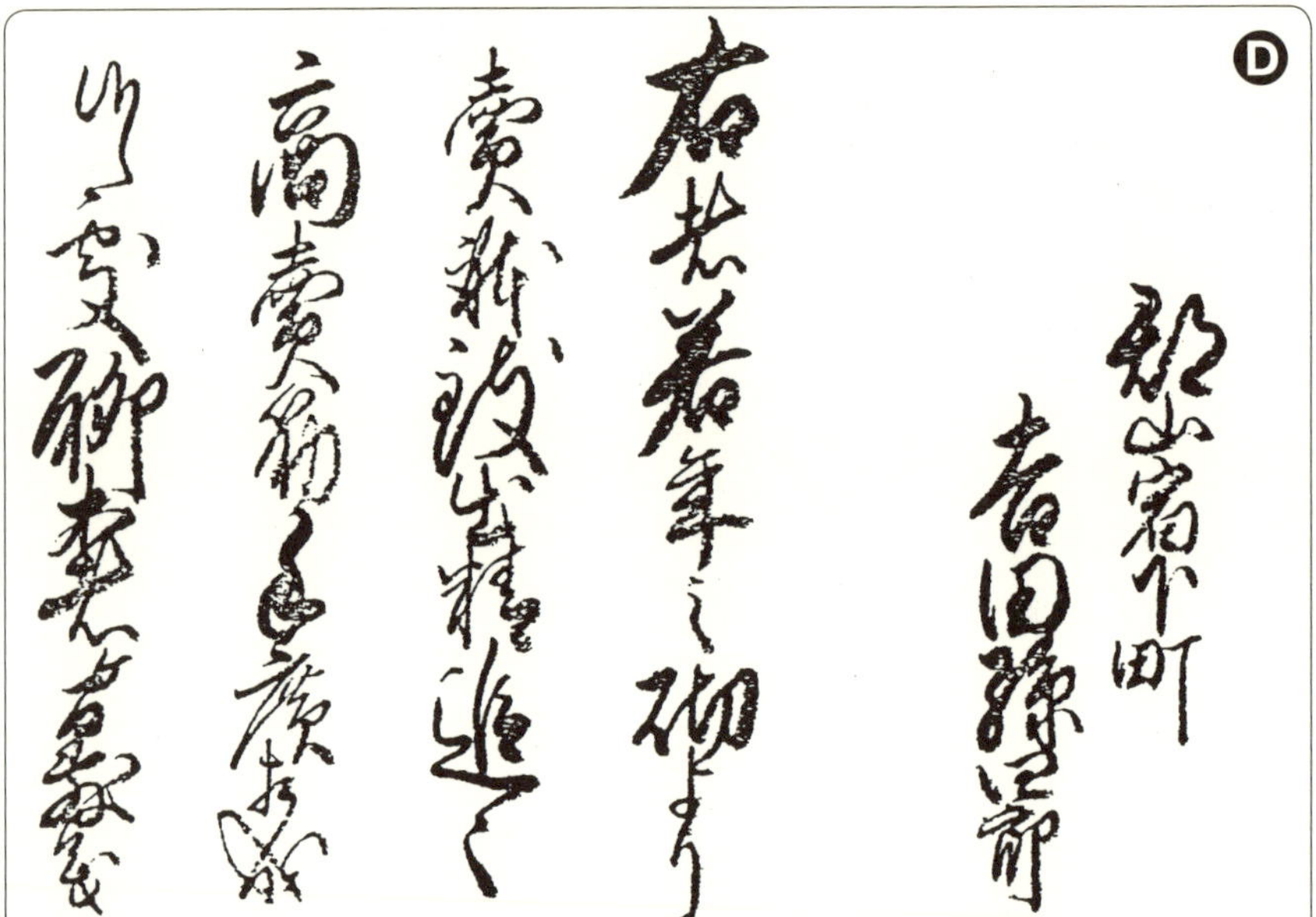

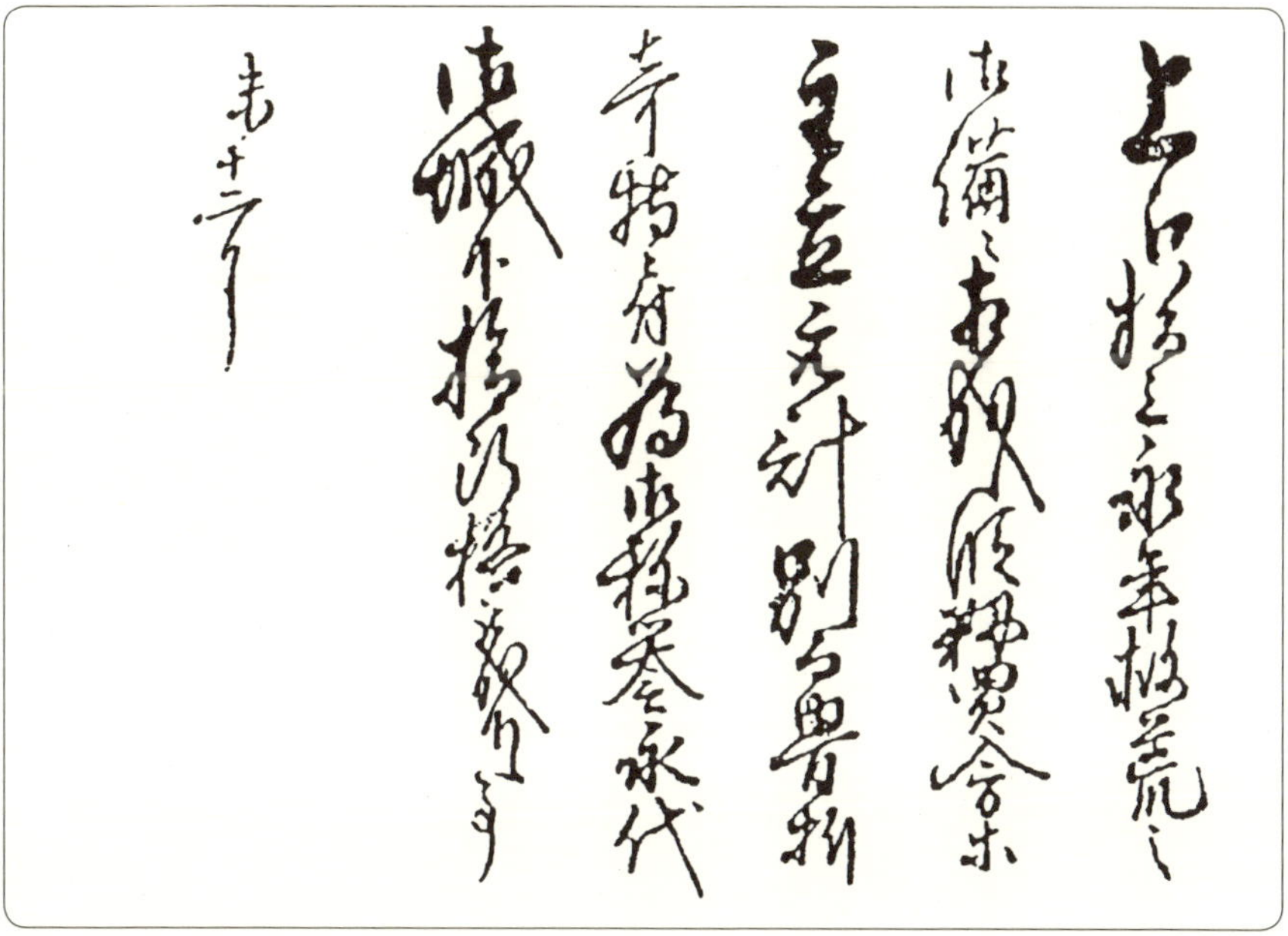

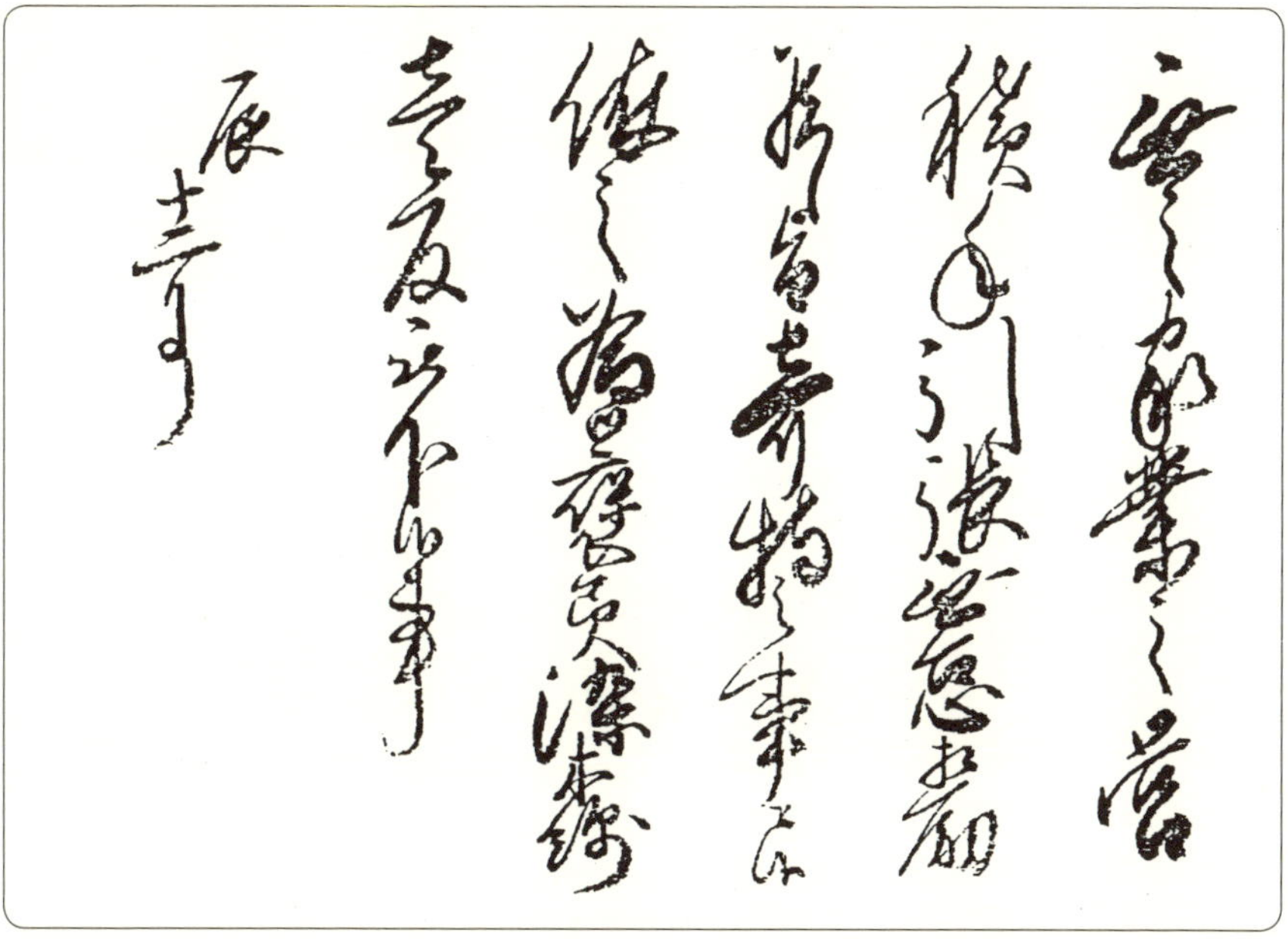

解読文C

吉田孫四郎
右者宿内非常のため
籾相囲置度、先年申談、
夫々出金を以相調、[5]夫
食等ニ貸廻置、当年迄
籾高都合四百弐拾石ニ
相成候ニ付、[6]穀櫃取立、此度
上江指上、永年救荒之
御備ニ相成候段、籾買入方等
主立取計、別而骨折
奇特ニ付、為二御称誉一、永代
御城下検断格被二成下一候事
未十二月

▼注

5、夫食……凶作時などに農民に貸し付けた米穀。

6、穀櫃取立……非常用の籾保管庫を建設し、お上へ寄贈した。

読みC

吉田孫四郎

右は宿内非常のため籾(もみ)あい囲い置きたく、先年申し談じ、それぞれ出金を以てあい調え、夫食(ぶじき)等に貸し廻し置き、当年迄籾高都合四百弐拾石にあい成り候に付き、穀櫃(こくびつ)取り立て、此のたび上(かみ)え指し上げ、永年救荒の御備えにあい成り候段、籾買入方等主立(おもだ)ち取り計らい、別して骨折り奇特に付き、御称誉として、永代御城下検断格成し下され候事。

未十二月

解読文D

郡山宿下町
吉田孫四郎
右者若年之砌より
[7]売躰致ニ出精一、追々
商売筋手広相成
候処、聊奢ヶ間敷義
無レ之、家業之営
積年引張、無レ怠相励
候旨、奇特之事ニ候、
依レ之為ニ御褒美一染木綿
壱反被レ下候事
辰十二月

▼注

7、売躰致出精……商売に精を出し

読みD

郡山宿下町　吉田孫四郎

右は若年の砌(みぎり)より売躰出精(うりていしゅっせい)致し、おいおい商売筋手広くあい成り候処、いささか奢(おご)りがましき義これ無く、家業の営み積年引き張り、怠り無くあい励み候旨、奇特の事に候。

これに依り御褒美として染木綿壱反下され候事。

辰十二月

▼参考

献納金に対する称誉の例

慶応元年十月、二本松藩に対し、京都警衛の幕命が下った。すでに警衛勤務中の会津藩の増援である。藩ではこの費用調達を領民からの強制的な上納金と、商人からの多額の献納金に頼った。

次表は郡山宿上町の商人たちが行なった献納に対する藩の称誉である。

献納金額は不明であるが、嫡男や次男に苗字帯刀が許されたり、婿に土地や苗字帯刀を許すという称誉が見え、かなりの金額を献納したものと考えられる。表中にある郡奉行支配または代官直支配とは郷士に取り立てることの意である。

（『郡山市史』巻三より趣旨抜粋）

京都警衛献納金に対する称誉

氏　名	称　　誉
阿部茂兵衛	・紋付盃 ・縞大綿１反
鳴原弥作	・紋付袖 ・家内人別除 ・永代与力格 ・次男永代検断格永代苗字帯刀
川口半右衛門	・紋付盃 ・袖綿入
橋本万右衛門	・新発地形25石 ・永代２日御礼 ・永代郡奉行支配 ・悴永代代官直支配 ・悴新発地形５石永代城下検断
滝田専七郎	・新発地形40石 ・永代父子代官直支配 ・家守御免
佐藤伝兵衛	・地形12石 ・永代代官直支配 ・家守御免
横山貞吉	・地形９石
遠藤太一郎	・地形28石 ・永代父子苗字帯刀 ・永代父子代官直支配 ・家守御免 ・聟地形５石永代苗字帯刀
五十嵐安吉	・永代町年寄格 ・永代父子帯刀 ・聟永代検断格 ・新発地形２石 ・永代苗字帯刀
橋本藤左衛門	・地形５石 ・永代町年寄格 ・永代父子帯刀
阿久津藤七	・地形２石 ・永代苗字帯刀
柏木喜兵衛	・永代町年寄並 ・地形４石 ・永代苗字帯刀
古川市之介	・永代町年寄並 ・地形５石 ・永代苗字帯刀

2　幕末浪人横行

百万都市江戸の裏側には、浪人の徘徊する姿がありました。無頼の徒と化した浪人たちを取締る触書は、安永三年（一七七四）、文化九年（一八一二）に発せられていますが、これらの浪人は幕末動乱期になると急激に増え、明治維新後は武士全員の失職で国中に浪人が溢れます。

とくに江戸では市中・周辺農村ともに浪人が徘徊し、ときには集団行動で物乞い・ゆすり・たかりをするため、幕府は村々を組織化して治安を維持する施策をとります。すなわち「関東取締出役」を設け（文化二年）、さらに関東一円の村々を地域ごとにまとめた「組合村」を組織させ（文政十年）、関東取締出役から組合村を通じて各村に至る命令・意図の徹底を図ったのです。

浪人取締りの触書は繰り返し何度も発せられましたが、尊攘運動にはじまる国内混乱とともに浪人の動きも過激になってきたので、村々の自治活動だけでは治めきれず、農兵と称する、農民で編成する在宅の軍隊まで作られました。触書には、乱暴狼藉の度が過ぎて他に手段が無ければ「打ち殺し候よう致すべし」との文言が出てきます。

本項では浪人取締りの触書のほか、連日村方に訪れる物乞い浪人の姿、新政府の応急浪人対策、江戸の治安状況を知らせる手紙などを紹介します。

❶ 悪党取締り議定書

下田家文書／西東京市中央図書館蔵

慶応四年四月一日、多摩郡勝楽寺村（現所沢市）の城山へ暴徒が集結し、不穏の状況を呈したため、近隣の村からも農兵が出動して鎮圧するという事件が起きました。ここに掲げた議定書は、事件の翌月（閏四月）、幕領組合村の村役人一同によって取り決められたもので、集会は寄場（中核の村）の田無村で行われたものと思われます。議定書には参加者全員の名印が記されていますが、ここでは掲載を略しました。紙継ぎ箇所に裏から押印した影が表に出て読みにくくなっています。

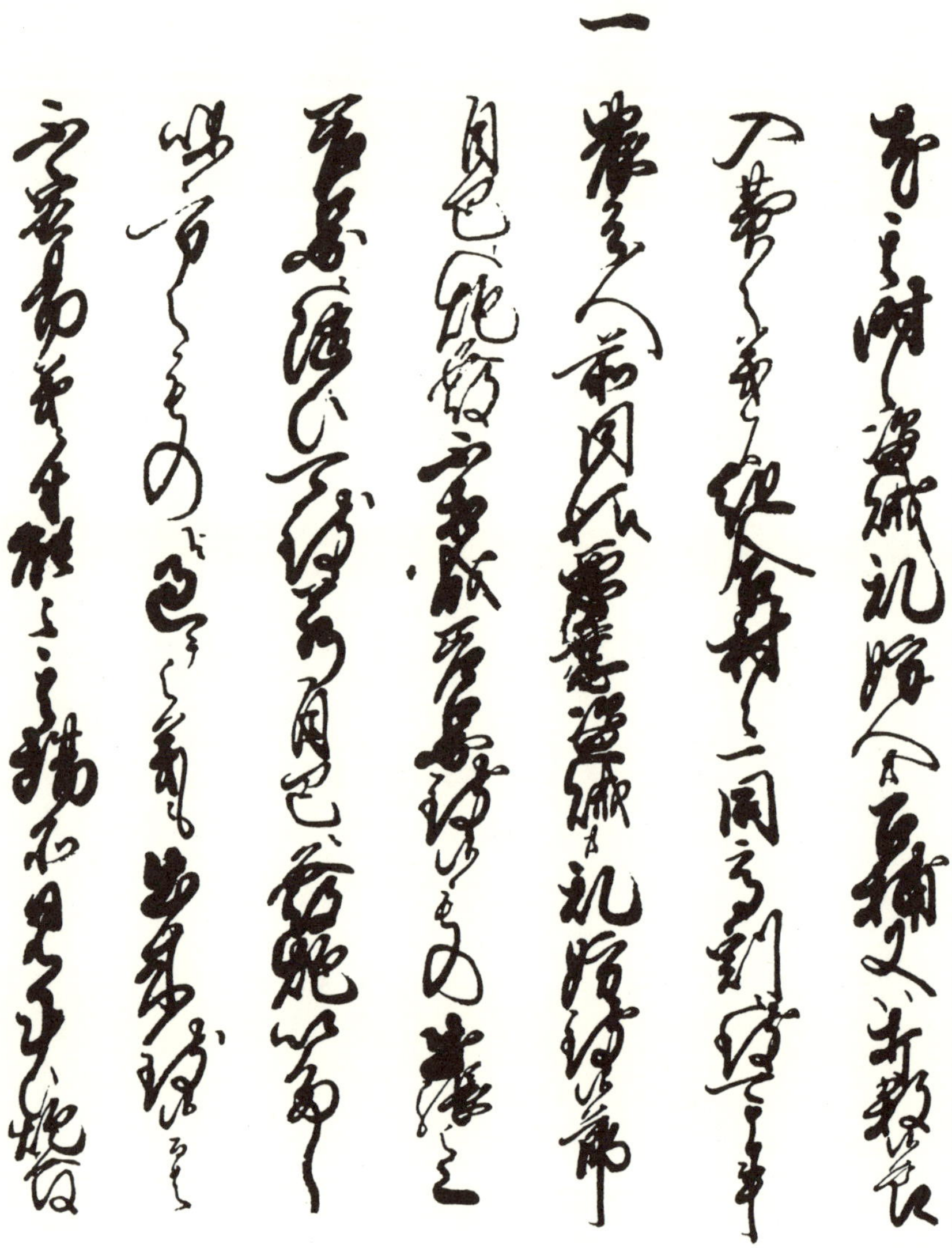

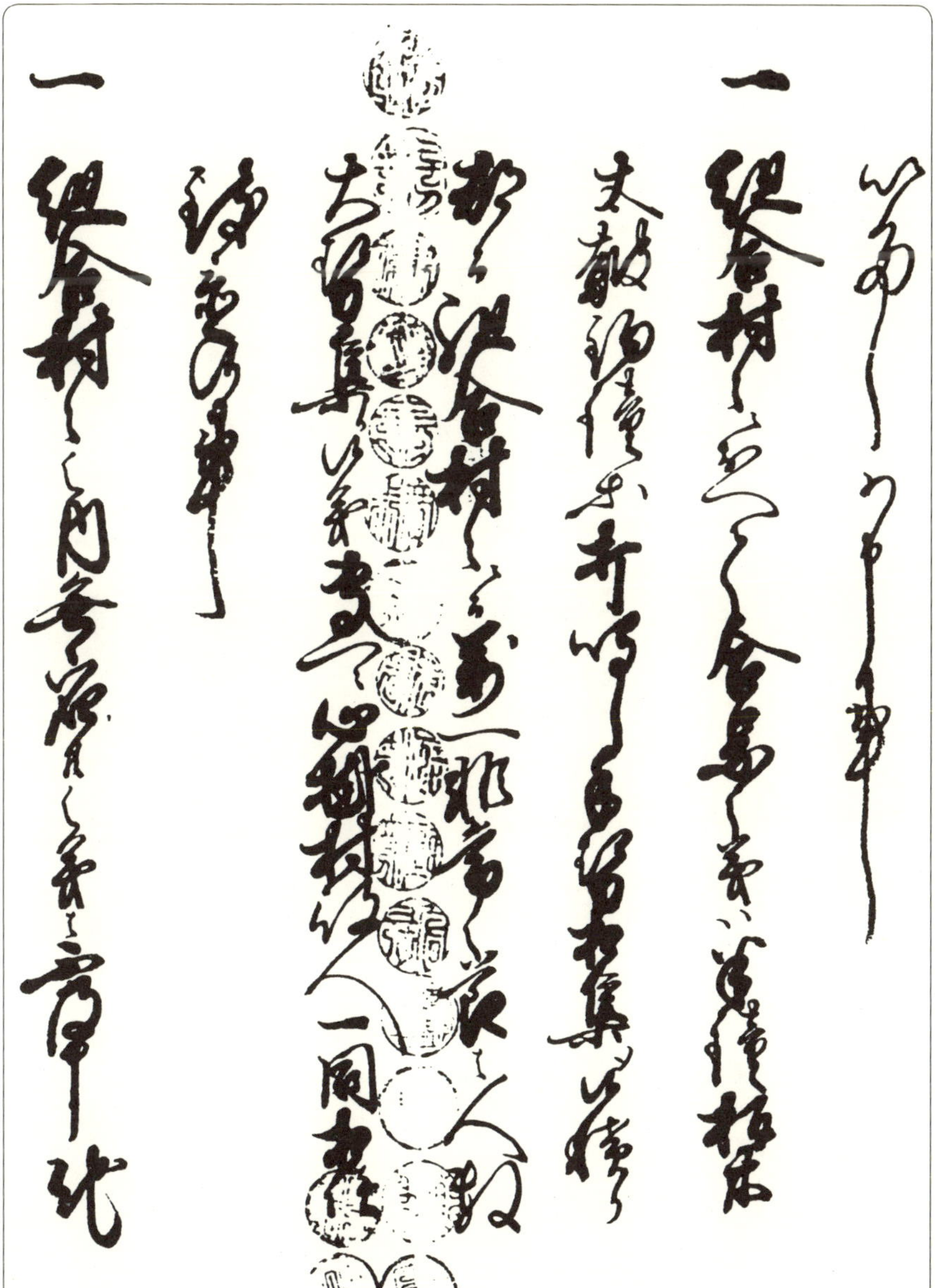

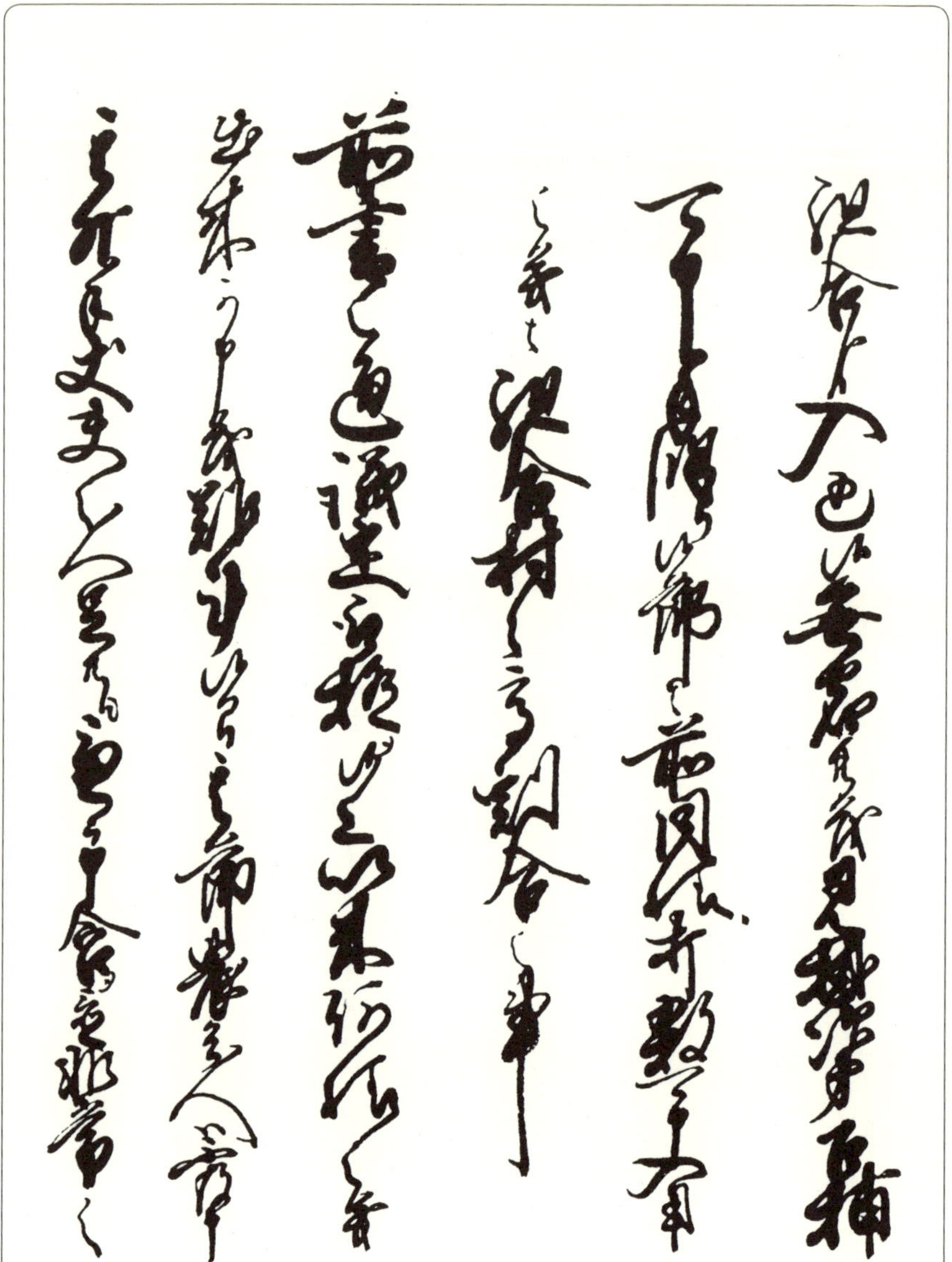

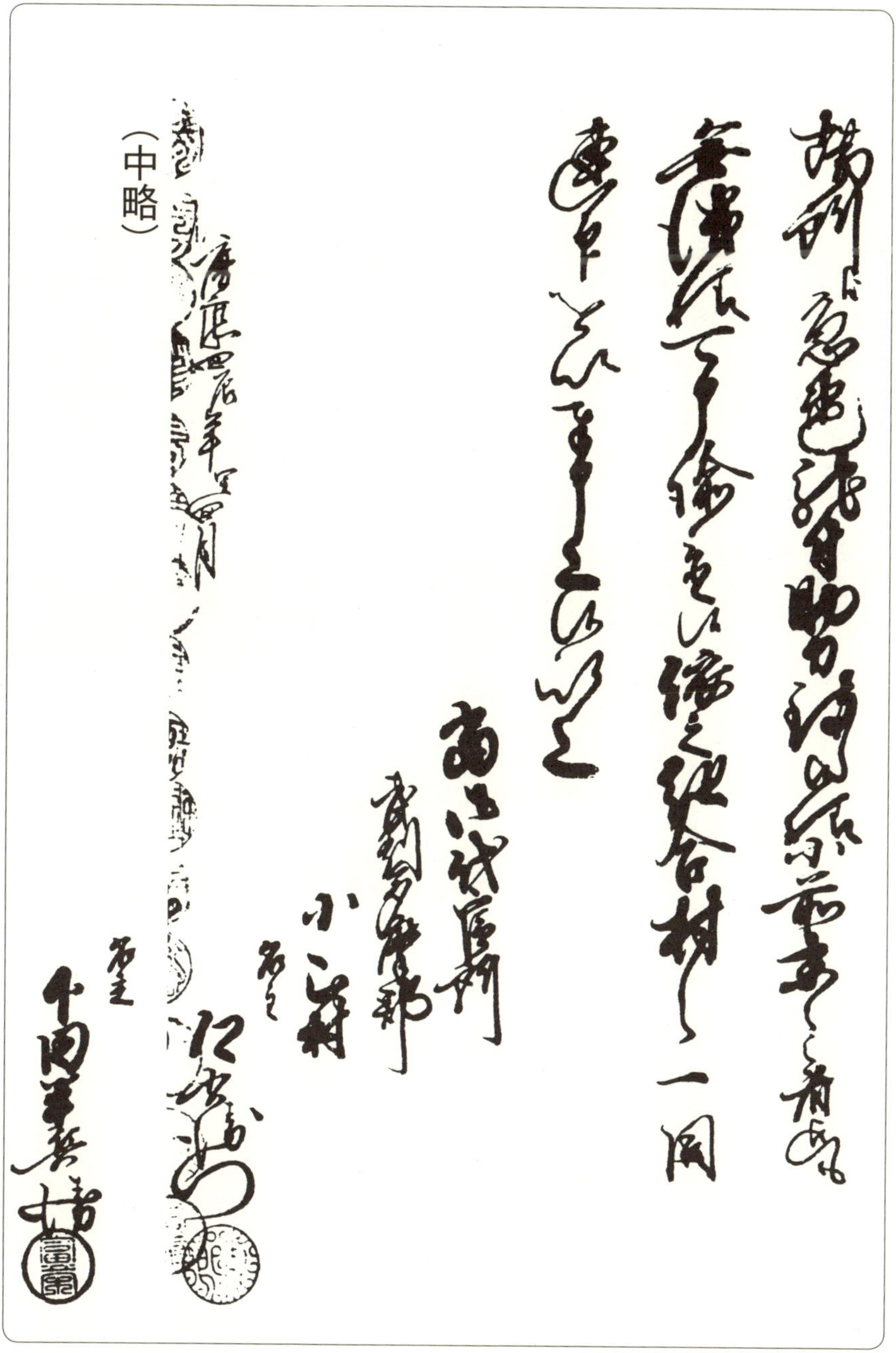

（中略）

解読文

乍レ恐組合村々議定取極候趣奉ニ申上一候

一、当今之御時勢ニ付、虚ニ乗し組合村々之内江悪
党共
立廻り、強盗横行致し、乱妨相働き候節ハ、早速
其寄場江注進致し、手勢相集メ召捕候様手筈
致し置可レ申、尤手余り候節者打殺候様可レ致、
若其時々手過ニ而手勢之内疵を負、又者
絶命およひ候もの者、組合村々ゟ相談之上
手当致し遣可レ申候事

一、何村何之誰江盗賊又ハ乱妨人押込、金銭・(※[1])
衣類等被ニ奪取一候品々者其家之災難、次ニ

……………………………………………

家内之者手疵を負候もの有レ之候節者、
前同様一同相談之上見舞手当等差遣可レ申、
尤其時之盗賊・乱妨人共召捕又ハ打殺候節、
入費之義ハ組合村々一同高割ニ致可レ申候事

一、農兵人、前同様悪党・盗賊共乱妨致候節、
[2]自己ニ砲発不ニ相成一、差図致候もの出張之上
差図ニ随ひ可レ致、若自己ニ発砲いたし、
味方之もの江過チ之義も出来致候而者
不ニ容易一義ニ付、能々其場所見計ひ砲発
いたし可レ申候事

一、組合村々ニおへて合図之義ハ、半鐘・板木・
太鼓・釣鐘等打鳴し、手勢相集メ候積り、

都而組合村々ニ而万一非常之節者、人数
大勢集メ候義専一ニ心掛、村役人一同相談（※）
致置候事

一、組合村々之内無宿共之義ハ不レ及レ申、他
組合ゟ入込候無宿共茂見掛次第召捕
可レ申、手余り候節者前同様打殺可レ申、入用
之義者組合村々高割合之事

前書之通議定取極メ候上、以来何様之義
出来可レ申茂難レ計候間、其節農兵人ハ不レ及レ申、
其外手丈夫之人足共江兼而申含メ置、非常之
場所江急速駆付、助力致し候様、小前末々之者迄も
無レ洩様可二申論置一候、依レ之組合村々一同
連印を以奉二申上一候、以上

当御代官所
武州多摩郡
小山村
名主郷右衛門㊞
（※）

慶応四辰年閏四月

（以下幕領組合村名主等十九名および
田無村百姓代・組頭等十六名の名印省略）

名主下田半兵衛㊞

江川太郎左衛門様
御役所

▼注

1、（※）紙継ぎ箇所影印……紙継ぎの箇所には裏側から押印してあるため、影印は逆の形で現れている。
2、自己ニ砲発……自分勝手に。

読み

恐れながら組合村々議定取り極め候趣(おもむき)申し上げ奉り候

一、当今の御時勢に付き、虚に乗じ組合村々の内へ悪党ども立ち廻り、強盗横行致し、乱暴あい働き候節は、早速その寄場へ注進致し、手勢あい集め召し捕り候よう手筈致し置き申すべく。もっとも手余り候節は打ち殺し候よう致すべし。もしその時々手過ちにて手勢の内疵を負い、又は絶命（に）および候ものは、組合村々より相

談の上、手当致し遣わし申すべく候事。
一、何村何の誰へ盗賊又は乱暴人押し込み、金銭・衣類等奪い取られ候品々はその家の災難。次に家内の者手疵を負い候ものこれ有り候節は、前同様一同相談の上見舞い手当等差し遣わし申すべく。もっともその時の盗賊・乱暴人ども召し捕り又は打ち殺し候節、入費の義は組合村々一同高割りに致し申すべく候事。
一、農兵人、前同様悪党・盗賊ども乱暴致し候節、自己に砲発あい成らず、指図致し候もの出張の上指図に随い致すべし。もし自己に発砲いたし、味方のものへ過ちの義も出来（しゅったい）致し候ては容易ならざる義に付き、よくよく其の場所見計らい砲発いたし申すべく候事。
一、組合村々において合図の義は、半鐘・板木・太鼓・釣鐘等打ち鳴し、手勢あい集め候積り。すべて組合村々にて万一非常の節は、人数大勢集め候義専一に心掛け、村役人一同相談致し置き候事。
一、組合村々の内無宿どもの義は申すに及ばず、他組合より入り込み候無宿どもも見掛け次第召し捕り申すべく。手余り候節は前同様打ち殺し申すべし。入用の義は組合村々高割合いの事。
前書の通り議定取り極め候上、以来何様（いかよう）の義出来申すべくも計り難く候間、その節農兵人は申すに及ばず、そのほか手丈夫の人足どもへ兼て申し含め置き、非常の場所へ急速駆け付け、助力致し候よう、小前末々の者迄も洩れ無きよう申し諭し置くべく候。これに依り組合村々一同連印を以て申し上げ奉り候、以上
（以下省略）

▼**参考**

この年十二月、所沢村（現埼玉県所沢市）を寄場とする組合五十ヶ村も、田無村組合同様の議定を取り決めた。内容は田無村組合議定書に比し項目が多く、かつ、戦功者褒章金・戦死戦傷者給付金などの額を明記する等、具体的な条文が見られる。（明治元年「明治里正日誌」東大和市内野家文書）。

❷浪士取締り廻状……当麻家文書／小平市中央図書館蔵

戊辰戦争の直後は、浪人が溢れ、江戸の内外ともに不安定な情勢が続いて、明治新政府も村々も治安の確保に悩まされています。

ここに掲げた触れは、賊徒どもが官軍に変装して金品を強請る事案の対策として「官軍御用の印鑑を、一枚ずつ村毎に渡すので、照合して応対せよ」と指示したものですが、このことは「官軍御用の印鑑と確認できれば協力せよ」の意味を含んでいると解します。その理由は、明治初期の公文書集「太政類典」に、この触れ（写）が「会計官達」と扱われているからです。新政府は財政難でした。

この触れは、廻状形式（回覧板方式）により、民政裁判所（旧幕府の勘定奉行所を改組）から組合村の寄場村名主あてに発せられました。触れの末尾の指示

「追って関東取締組合の親郷（寄場村）においてこの触書写し取り、その組合限り村々へ刻付（受領時刻を記入）を以て洩れなく別紙印鑑配達いたし、請け印これを取り、右親郷より取り集め候うえ、宿村継ぎを以て民政裁判所へあい返すべく候事」

により、寄場村である田無村名主の下田半兵衛が触れを写し取り、自分の組合村に回覧しました。掲げたものは、回覧を受けた大沼田新田名主の当麻家が書き写したものです。この文書には、筆写に関する興味ある事例がみられるのです。説明は後ほどにしますので、まずは読んでみて下さい。

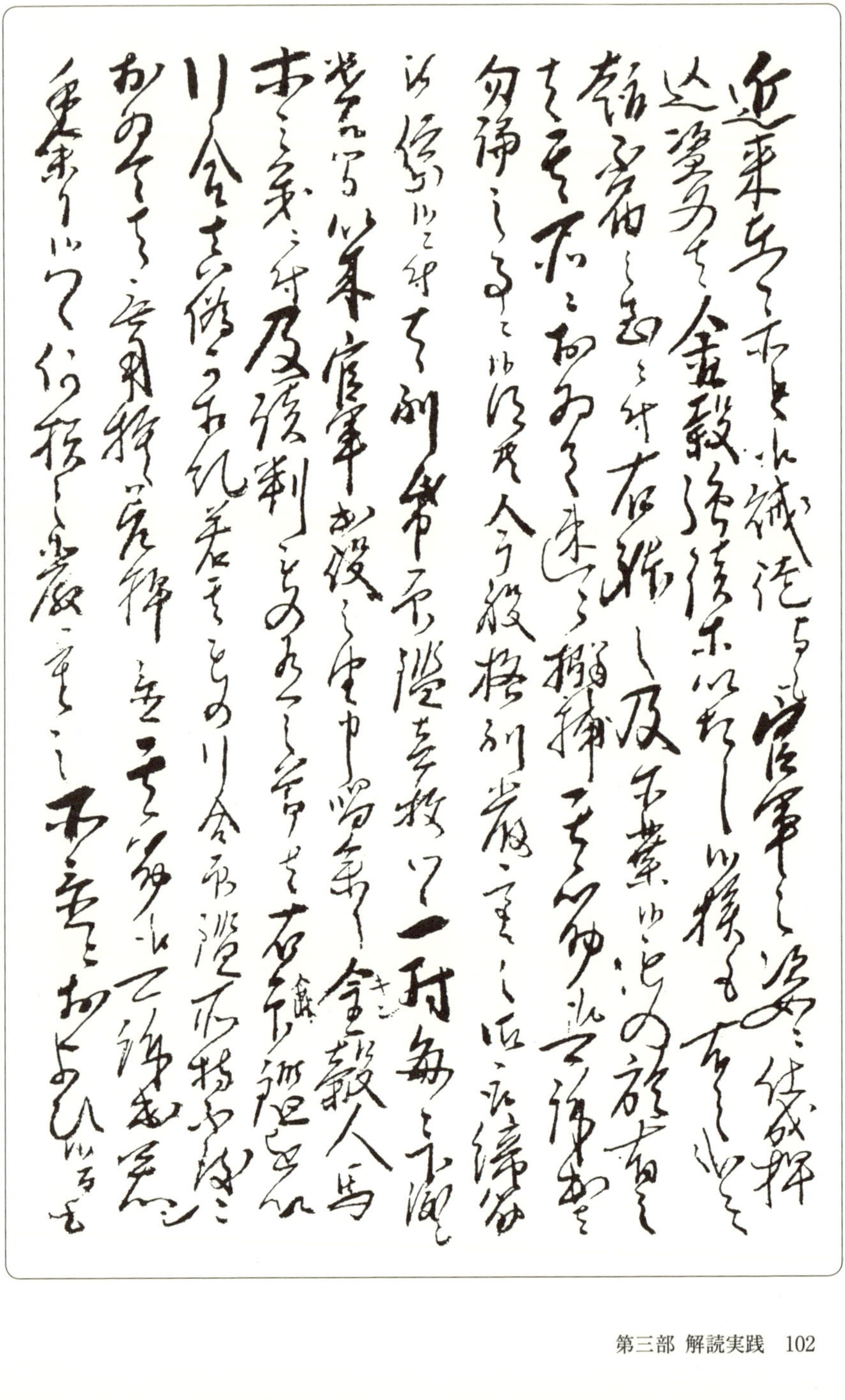

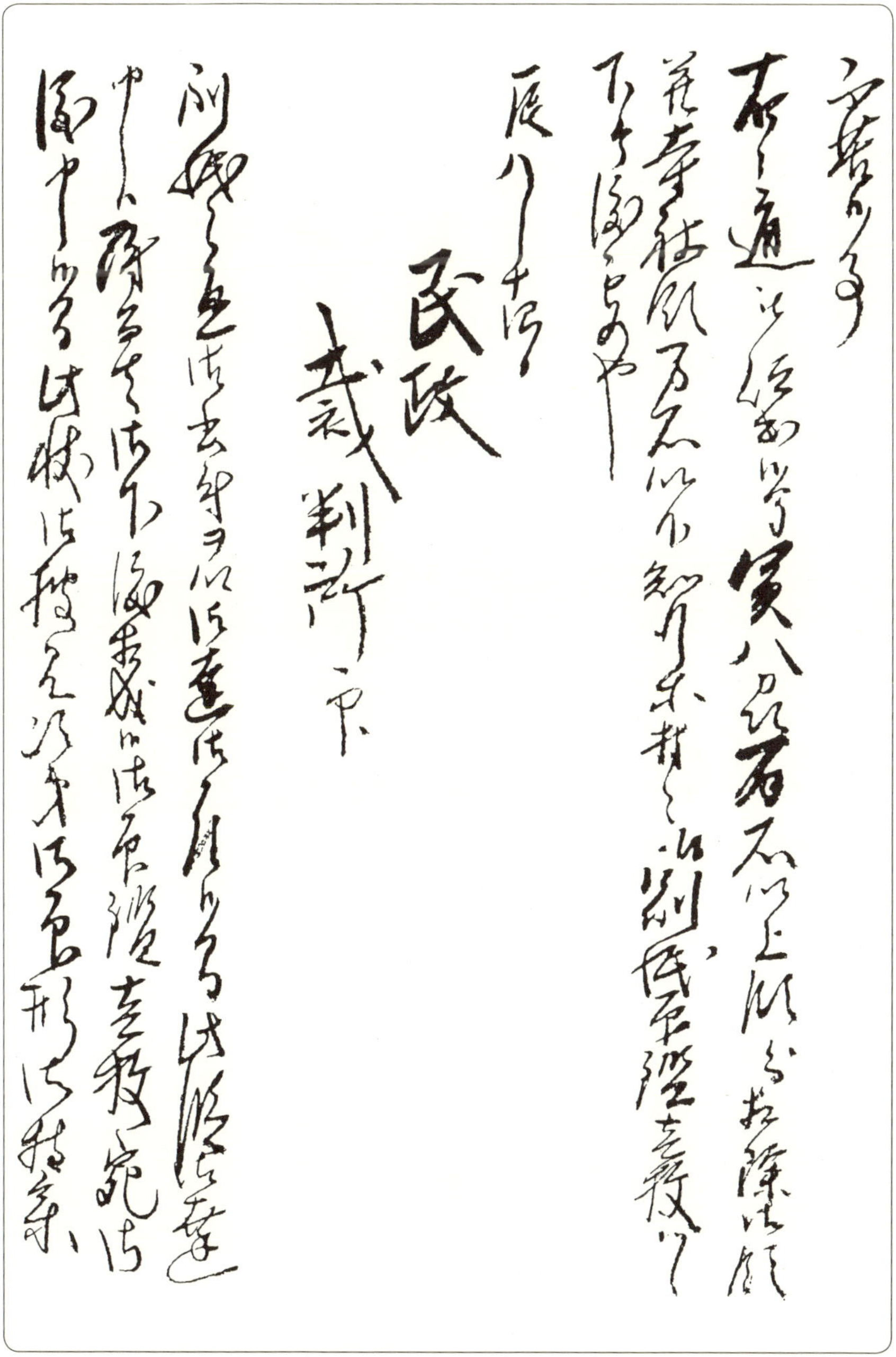
辰八月十日
民政
裁判所

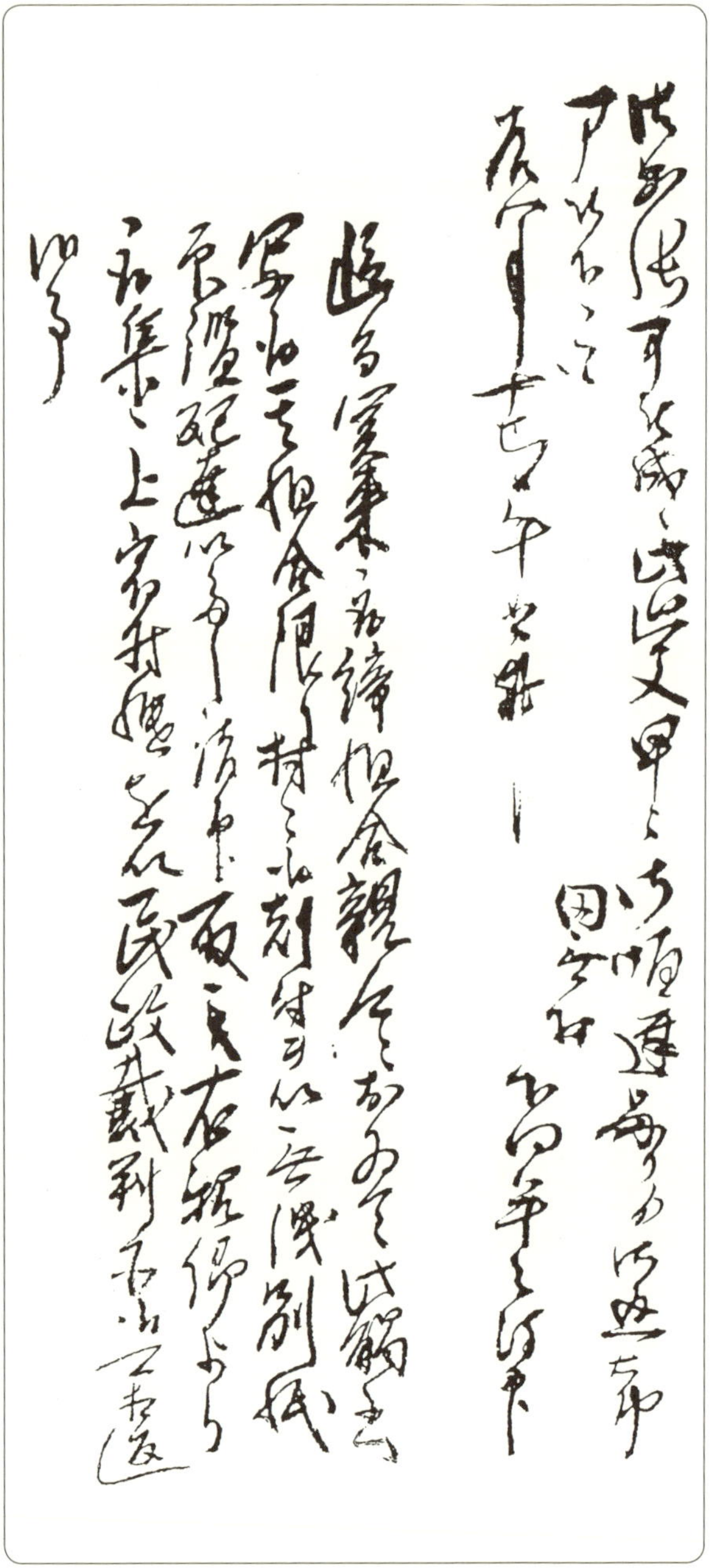

解読文

近来在々所々江賊徒とも官軍之姿ニ仕成、押込盗又者金穀強談等いたし候族も有レ之哉之趣不届之至ニ付、右体之及二所業一候もの於レ有レ之者其所ニおゐて速ニ搦捕、其筋江可二訴出一者勿論之事ニ候得共、今般格別厳重之御取締筋

被二仰出一候ニ付者、別紙印鑑壱枚ツヽ、一村毎ニ下渡し遣候間、以来官軍出役之由申唱参り、金穀（キン、食）人馬等之義ニ付及二談判一もの有レ之節者、右印鑑を以引合真偽可二相糺一、若其もの引合印鑑所持不レ致ニおゐて者無二用捨一差押置、其筋江可二訴出一、若シ

手余り候ハ、何様之厳重之所置ニおよひ候而も
不レ苦候事
右之通被二仰出一候間、関八州万石以上領分相
除、御領
并寺社領万石以下知行等村々江、別紙印鑑壱枚ツ、
下ヶ渡もの也
辰八月十四日
民政裁判所　印

別紙之通御書付ヲ以御達御座候間、此段御達
申候、附而者御下渡相成候御印鑑壱枚宛御
渡申候間、此状御披見次第御印形御持参
御出張可レ被レ成候、此廻文早々御順達、留りゟ御
返却
可レ被レ下候、以上
辰八月十七日午之刻　田無村
下田半兵衛　印
（追而書）
追而関東取締組合親郷ニおゐて此触書
写取、其組合限り村々江刻付ヲ以無レ洩別紙
印鑑配達いたし、請印取レ之、右親郷より
取集候上、宿村継を以民政裁判所江可二相返一
候事

読み

近来在々所々へ賊徒ども官軍の姿に仕成(しな)り、押込盗(おしこみとう)又は金穀強談(きんこくごうだん)等いたし候族(やから)もこれ有るやの趣不届の至りに付き、右体の所業に及び候ものこれ有るに於いては、其の所において速やかに搦め捕り、其の筋へ訴え出ずべきは勿論の事に候らえども、今般格別厳重の御取締り筋仰せ出だされ候に付ては、別紙印鑑壱枚ずつ一村毎に下げ渡し遣わし候間、以来官軍出役の由申し唱え参り、金穀人馬等の義に付き談判に及ぶものこれ有る節は、右印鑑を以て引き合い真偽あい糺すべく、もし其のもの引き合い印鑑所持致さずにおゐては用捨無く差し押さえ置き其の筋へ訴え出ずべく、もし手余り候わば何様(いかよう)の厳重の所置におよび候ても苦しからず候事。

右の通り仰せ出だされ候間、関八州万石以上領分あい除き、御領ならびに寺社領万石以下知行等村々へ、

別紙印鑑壱枚ずつ下げ渡すもの也。
辰八月十四日
民政裁判所　印

別紙の通り御書付を以て御達し御座候間、此の段御達し申し候、附ては御下げ渡しあい成り候御印鑑壱枚宛御渡し申し候間、此の状御披見次第御印形御持参御出張成らるべく候。此の廻文早々御順達、留りより御返却下さるべく候。以上
辰八月十七日午之刻　田無村　下田半兵衛　印

（追而書）
追って関東取締組合親郷において此の触書写し取り、其の組合限り村々へ刻付を以て洩れ無く別紙印鑑配達いたし、請印これを取り、右親郷より取り集め候うえ、宿村継ぎを以て民政裁判所へあい返すべく候事。

▼解説

この触れのなかに、「金穀」の語が二度出てきますが、「金」の字に何か訳有りの感じがします。初めの字は「金」と読みにくく、後の方は「キン」のルビを付しましたが左方に「食」と書いて消した跡が見えます。

この触れ（原本）は、まず民政裁判所から関東取締組合を経て管内に通達されました。追って書きに従い、田無組合の親郷である田無村の名主下田半兵衛が写し取り（二次本）、これを組合内三十一カ村に順々に廻して写しを取らせ、触れを徹底させます。ここに掲げた大沼田新田当麻家の文書は原本の孫（三次本）にあたるわけです。同組合内の他村ではこの字を何と読んだのか調べてみましょう。

廻り田新田斎藤家文書（A）と、小川村小川家文書（B）から、同じ触れを見てみます。A、Bともに初めの「金」は「食」に近いくずし方です。どうやら原本（親本）か二次本（子本）で、「食」かと迷わせる字を書いているようです。孫の村々では理解できないまま、写しとったのでしょう。当麻家でも読み方に悩んだ末、「金」と解したことが察せられます。残念ながら原本（親本）・二次本（子本）ともに現物がないのですが、神奈川県愛甲郡半原村「諸用控（慶応三年）」（慶應義塾大

学古文書室蔵）のなかにこの触れ（C）が書き留められていることを知り、確認したところ、あきらかに「金」でした。田無村名主の下田半兵衛さんが勘違いで「食」と書き、回覧したものと判定します。

今日、古文書の解読にあたり、たった一字が読めなくて何日も悩み続けた経験をお持ちの方は多いと思います。しかし、この例のように間違った字に当面して、読みきれない場合もあるのですから、入門段階にあっては自分だけが読めないと落ち込むことなく、笑って収めるようにしたいものです。以下にそれぞれの史料の該当部分だけを影印で掲げます。

▼参考資料

A　廻り田新田「御用留」

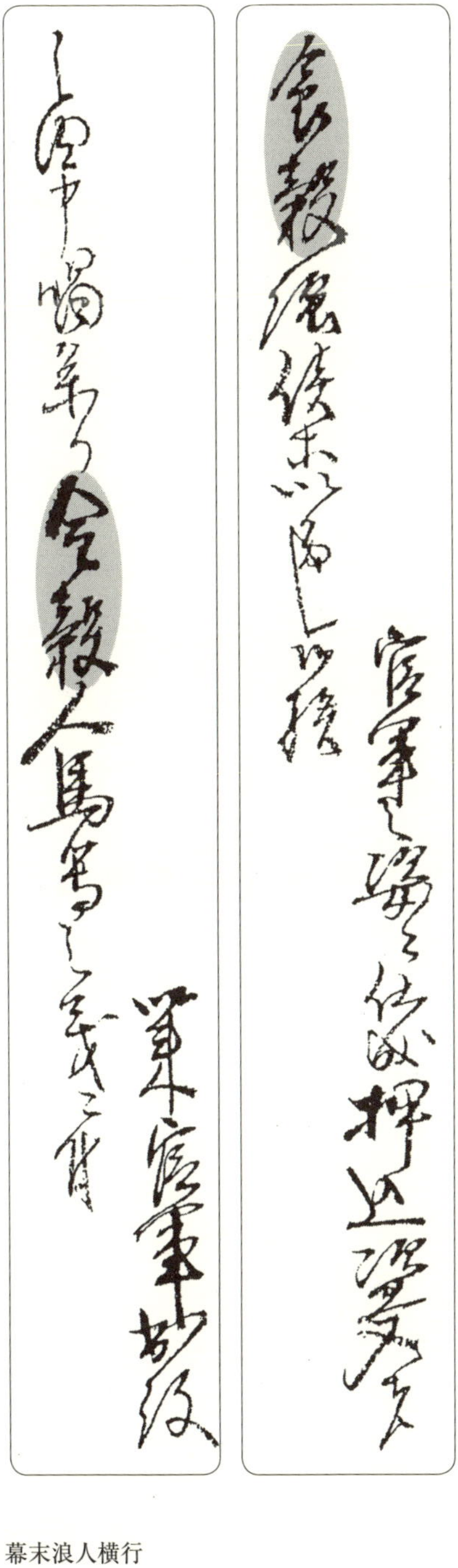

B 小川村「御用留」

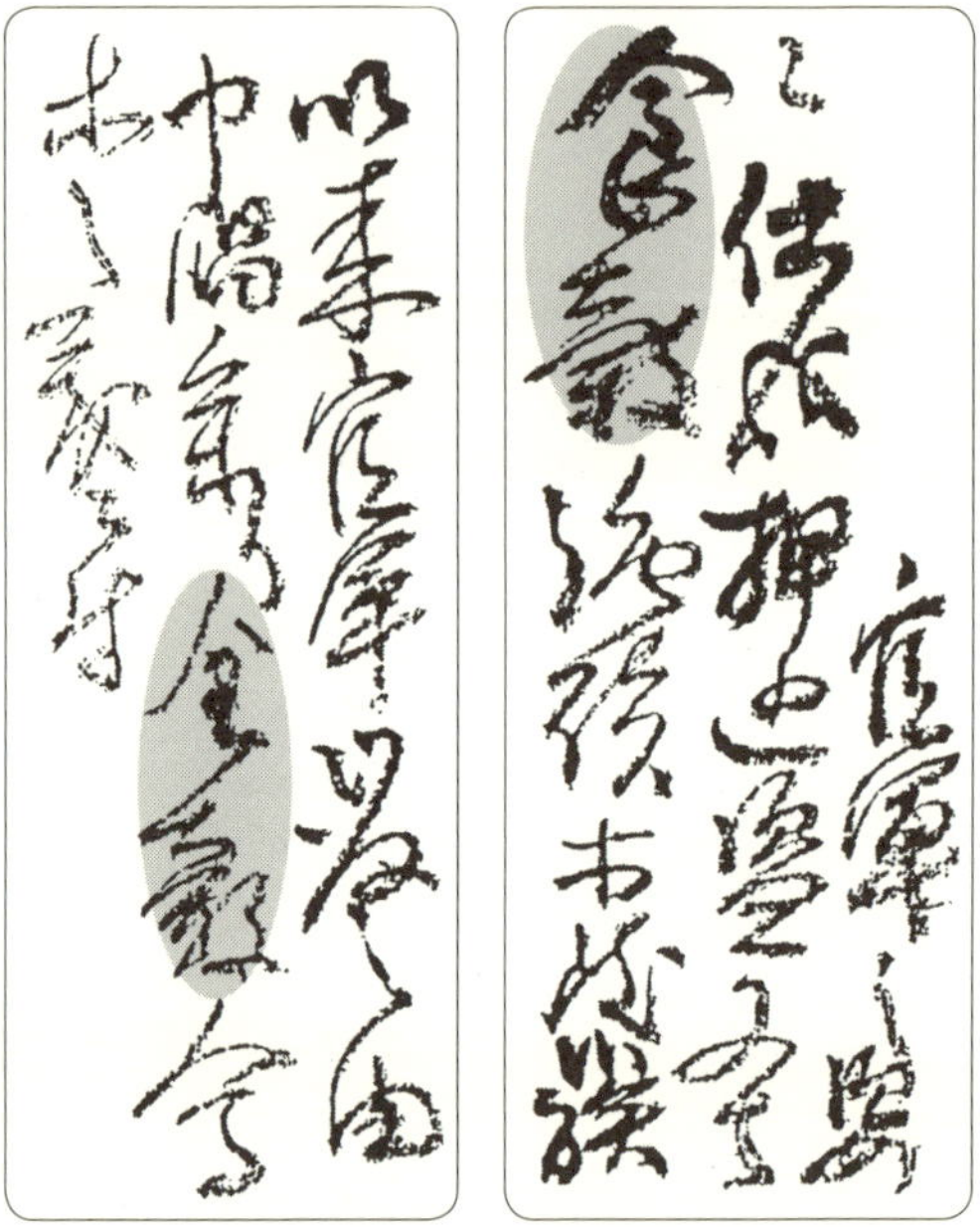

C 相模国愛甲郡半原村「諸用控」

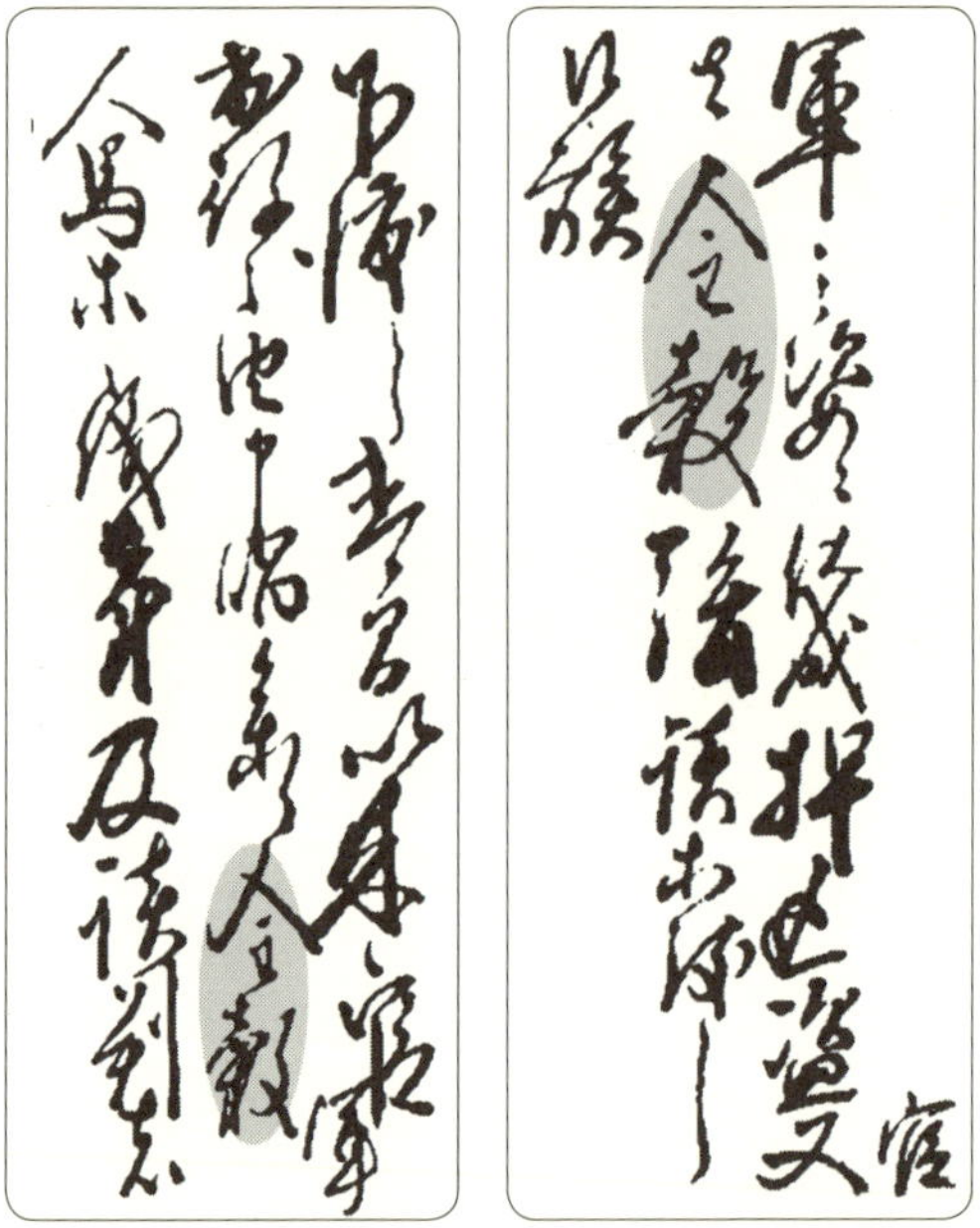

③ 浪士真似

安田文庫／早稲田大学演劇博物館蔵

幕末、浪人どもが傍若無人に徘徊する状況を鳥になぞらえた戯文です。その名を「浪士真似（ロヲシマネ）」と付けたように、実体はニセモノが多かったのでしょう。一見勇ましそうな格好をしているけれども、小心で逃げることの早い厄介者だと評しています。

蘭名「ロヲシマ子」
又コケヲトシ共云
異鳥
文字ハ不分

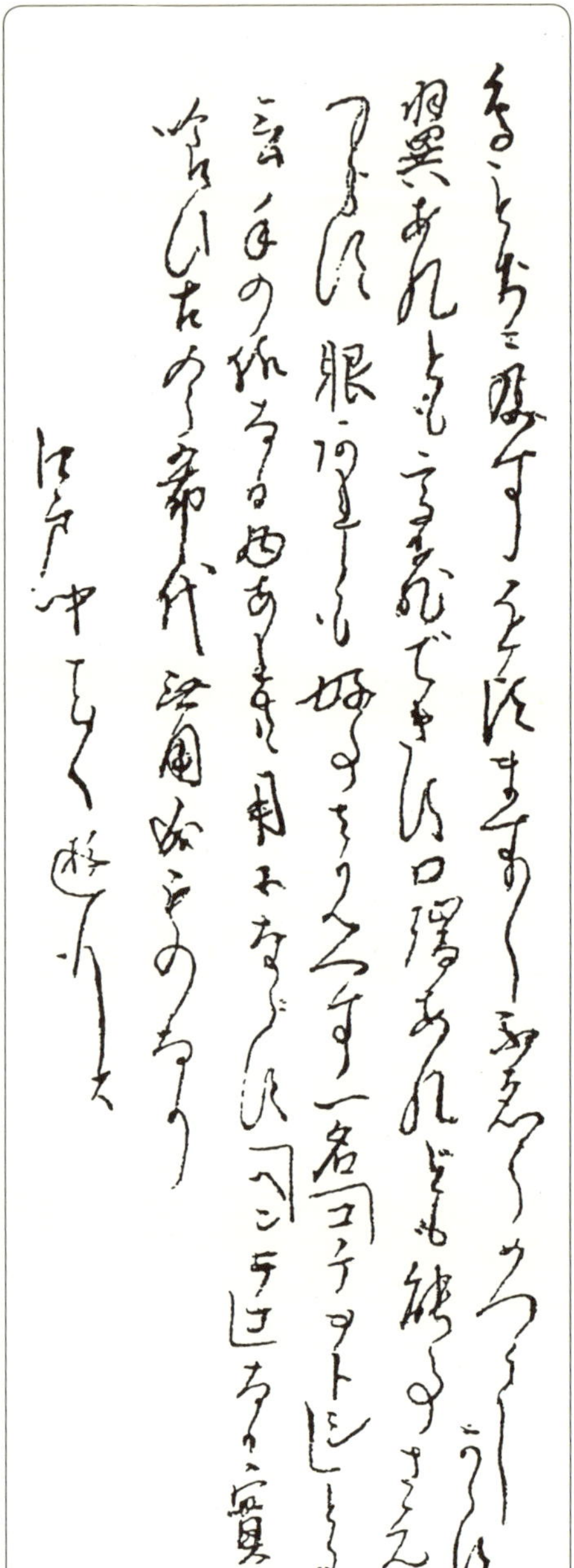

解読文

蘭名「ロヲシマネ」又コケヲトシ共云
異鳥　文字ハ不分
此異鳥は近来アメリカ渡来此方天気[1]人気ニよりて生ス、何ノ故「ロヲシマネ」ト名ツク、觜(クチハシ)尖りて鷲のことく、眼いかりて鳶のことく、刀のことき尾あり、足ニ下駄ヲはくかことく、頭の狭くして且後れ毛あり、髻長くして擂子木の如し、腹を割りて見れば胆(キモ)至て小し、其唱へ声は詩を吟するかことし、猛勇のやうなれとも逃る事速なり、長しないを持て指せバ得へし[2]鳥もちニ及す、近頃ます〱ふゑてめつらしからす、翼あれとも高飛できす、口端あれども能事さえつらす、眼あれとも好事は見へす、一名「コケオ

トシ」とも
言、手の様なる物あれ共用にならす、「ヘンテコ」
なる実を
喰ひ、古今希代[3]無用成ものなり、
　江戸中こと〳〵遊行す

▼注

1、人気……その地方一帯の気風。にんき。
2、鳥もち……鳥を捕るのに用いる粘り気の強いガム状の物質。
3、希代……類いの無いこと。めずらしいこと。

読み

蘭名「ロヲシマネ（浪士真似）」又コケヲドシとも云う

異鳥　文字は分らず

この異鳥は近来アメリカ渡来このかた天気人気（じんき）によりて生ず。何の故（か）「ロヲシマネ」と名付く。觜（くちばし）尖（とが）りて鷲の如く、眼（まなこ）いかりて鳶の如く、刀の如き尾あり、足に下駄をはくが如く、頭の狭くしてかつ後（おく）れ毛あり、髻（もとどり）長くして擂子木（すりこぎ）の如し、腹を割りて見れば胆（きも）至って小さし、その唱（とな）へ声は詩を吟ずるが如し、猛勇のようなれども逃ぐる事速やかなり、長竹刀（しない）を持て刺せば得べし、鳥黐（もち）に及ばず、近頃ますます増えて珍しからず。翼（つばさ）あれども高飛（たかとび）できず、觜（くちばし）あれどもよく事さえずらず、眼（まなこ）あれども好事（よき）は見えず、一名「コケオドシ」とも言う、手の様なる物あれども用にならず、「ヘンテコ」なる実を喰らい、古今希代（きたい）無用成るものなり。江戸中ことごと（く）遊行す。

❹ 年中村入用覚帳 ……… 下田家文書／西東京市中央図書館蔵

武蔵国多摩郡田無村（現西東京市）の名主下田半兵衛が綴った「年中村入用覚帳」には、明治二年から同六年までにわたる村の雑費の支出が記載されています。

これを見て驚かされるのが、連日のごとく浪人に対し銭を恵んでいることです。維新直後、夥しい数の浪人が江戸近郊を徘徊していた世相を如実に知らされます。地元の研究家赤坂六郎氏（故人）がこの記録を分析して、浪人の入村件数をまとめたのが上の表です（『田無地方史研究会紀要Ⅶ』から抜粋）。

人数については、記載がない日があって集計できなかった由でありますが、単身で来る者は無くて、「どうやら複数の人が一組になって来た様だ」と観察しています。

ここに掲げたのは明治三年六月分の一部ですが、虫損が多くて読みにくい状態です。

表　浪人の入村件数

年＼月	1	2	3	4	5	6	7	8	9	10	11	12	計	備考
明治2年（1869）									4	8	11	8	31	8月まで記入なし
明治3年（1870）	11	7	13	13	11	15		4	13	7	17	12	143	
明治4年（1871）	11	14	14	8	11	8		5	5	7	1	4	88	
明治5年（1872）	2	6	11	6	3	6	4	8	1	2			59	
明治6年（1873）	7	4	2		1	1	1							8月以下記入なし
計（件）	31	31	40	27	26	30	5	17	23	24	29	24	337	

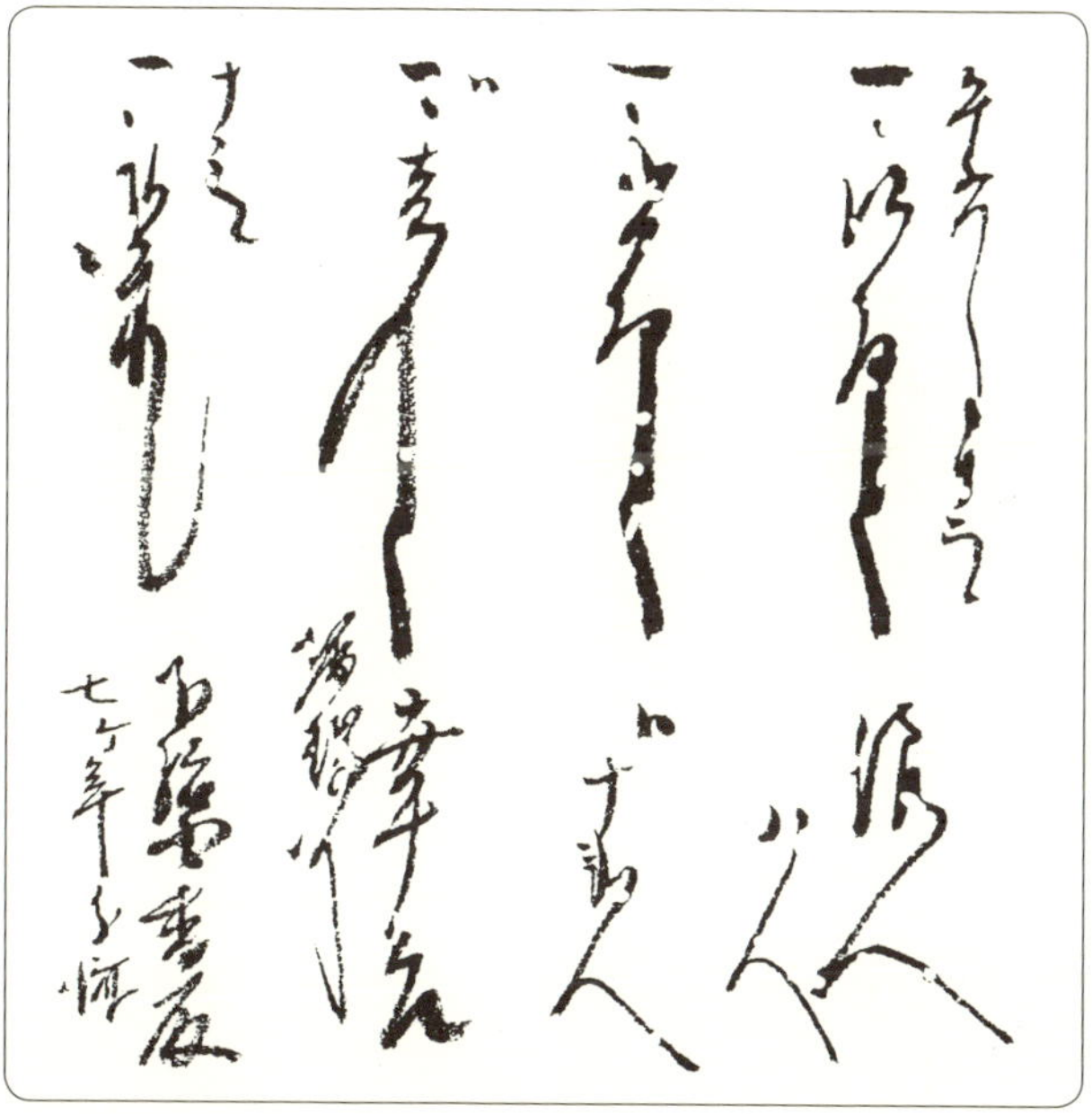

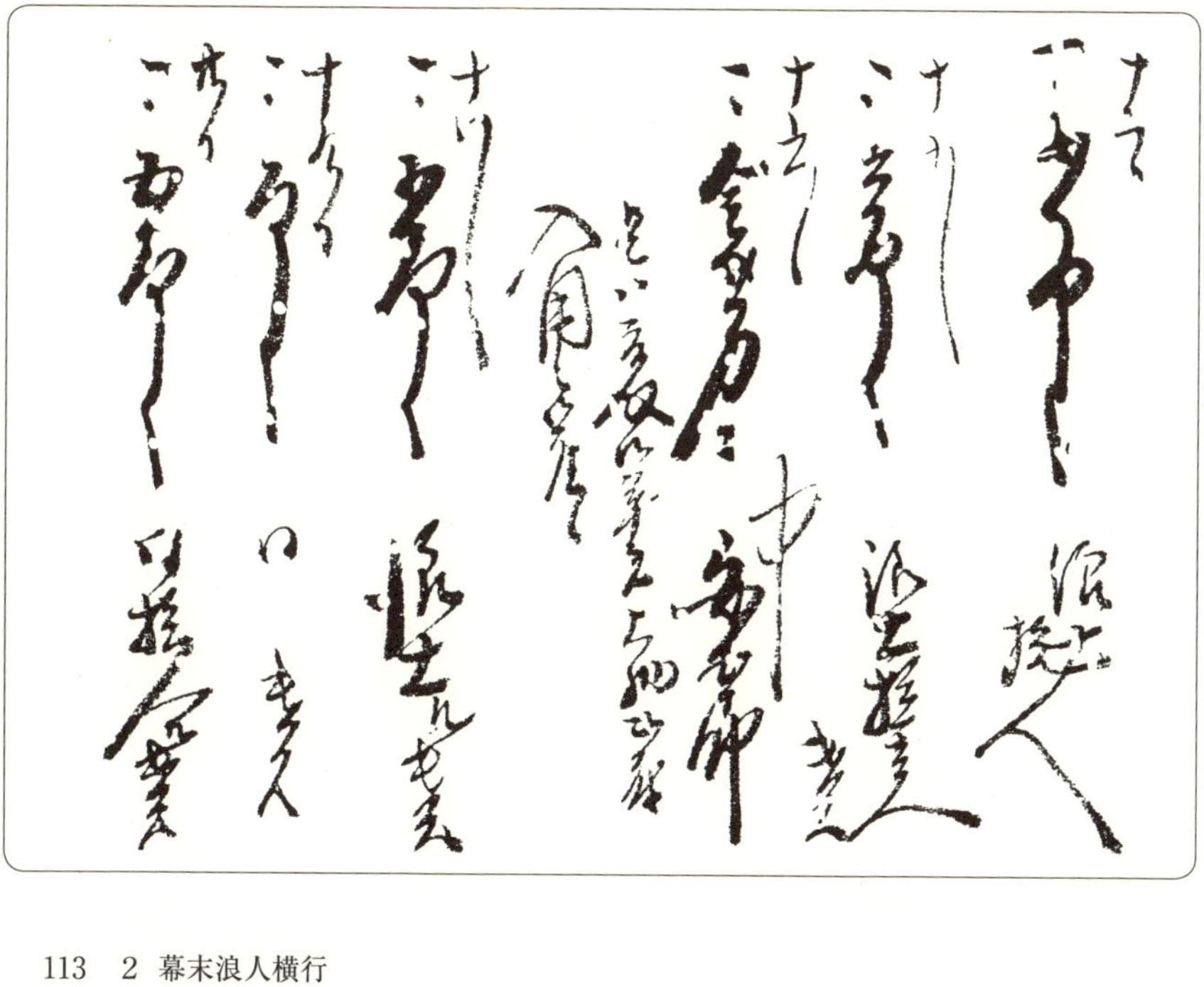

解読文

己　明治二年
年中村入用覚帳
巳　六月吉日

午六月十二日
一、四百文　浪人　八人
同
一、六百文　同十弐人
同
一、壱貫文　幸吉
　　　　　　堀端行
十三日
一、弐朱也　下総香取
　　　　　　七ヶ年分済
十二日
一、五百文　浪士　拾人
十五日
一、六百文　浪士拾壱人
　　　　　　遣ス

十六日
一、金弐分也　中
　　　　　　安五郎
　是ハ夏成御年貢上納出府
　入用ニ御座候
十八日
一、五百文　浪士江遣ス
十九日
一、百文　同　遣ス
廿日
一、五百文　同拾人江遣ス

⑤ 浪人の救済

「順立帳」／東京都公文書館蔵

明治維新により大量に発生した浪人たちを、新政府は放置していたわけではありません。国内に開墾地を設け、入植を勧める等の政策が進められますが、当面の処置として、旧大名屋敷等に収容している浪人たちに、屋台での営業を認めています。この際、既存の同業者とトラブルが生じないよう配慮していることが読み取れます。

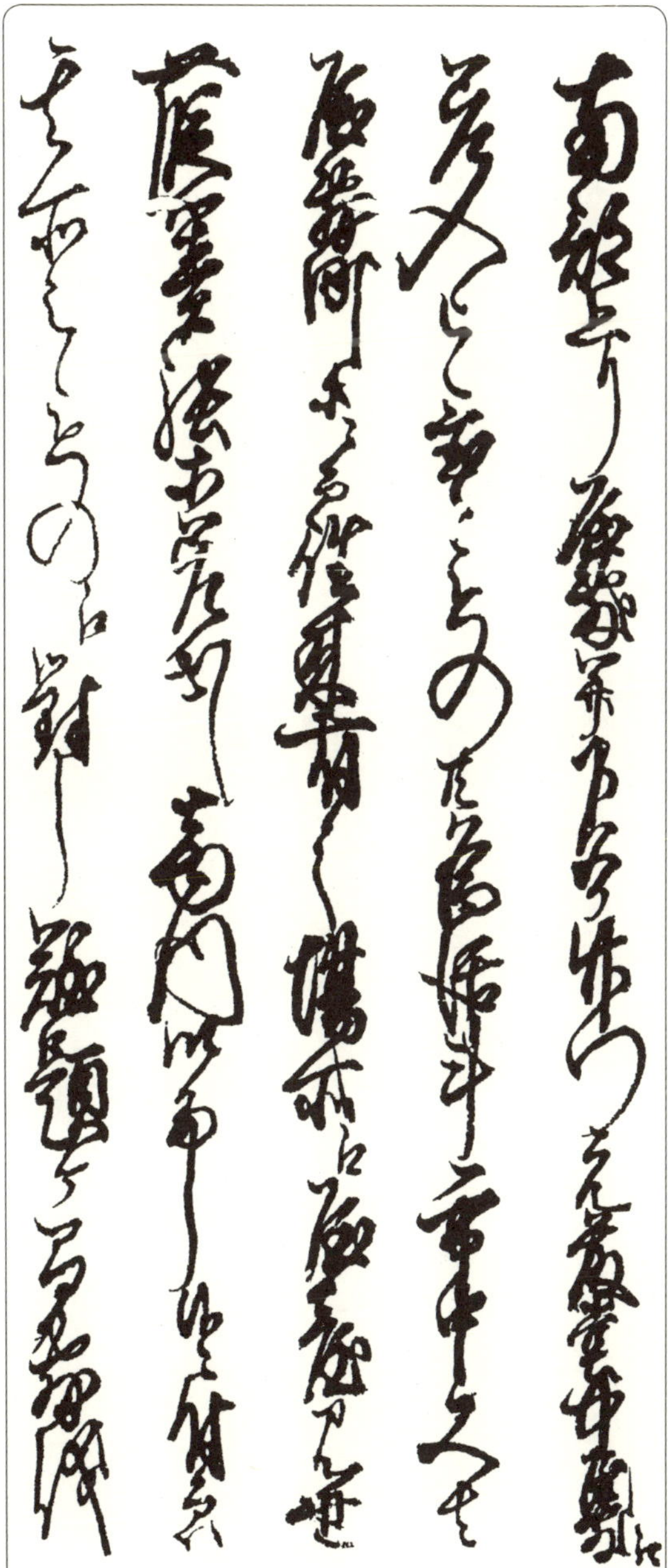

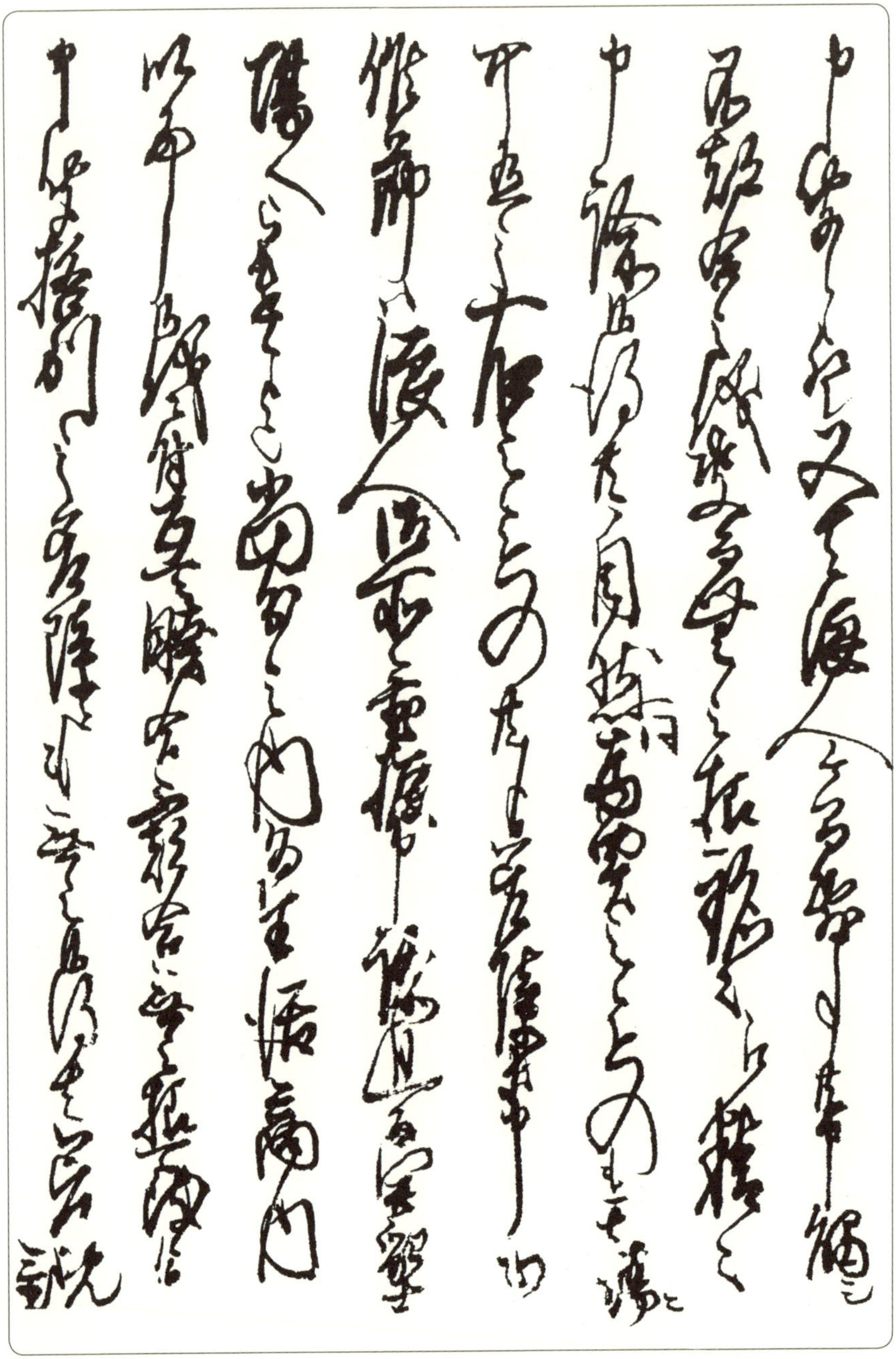

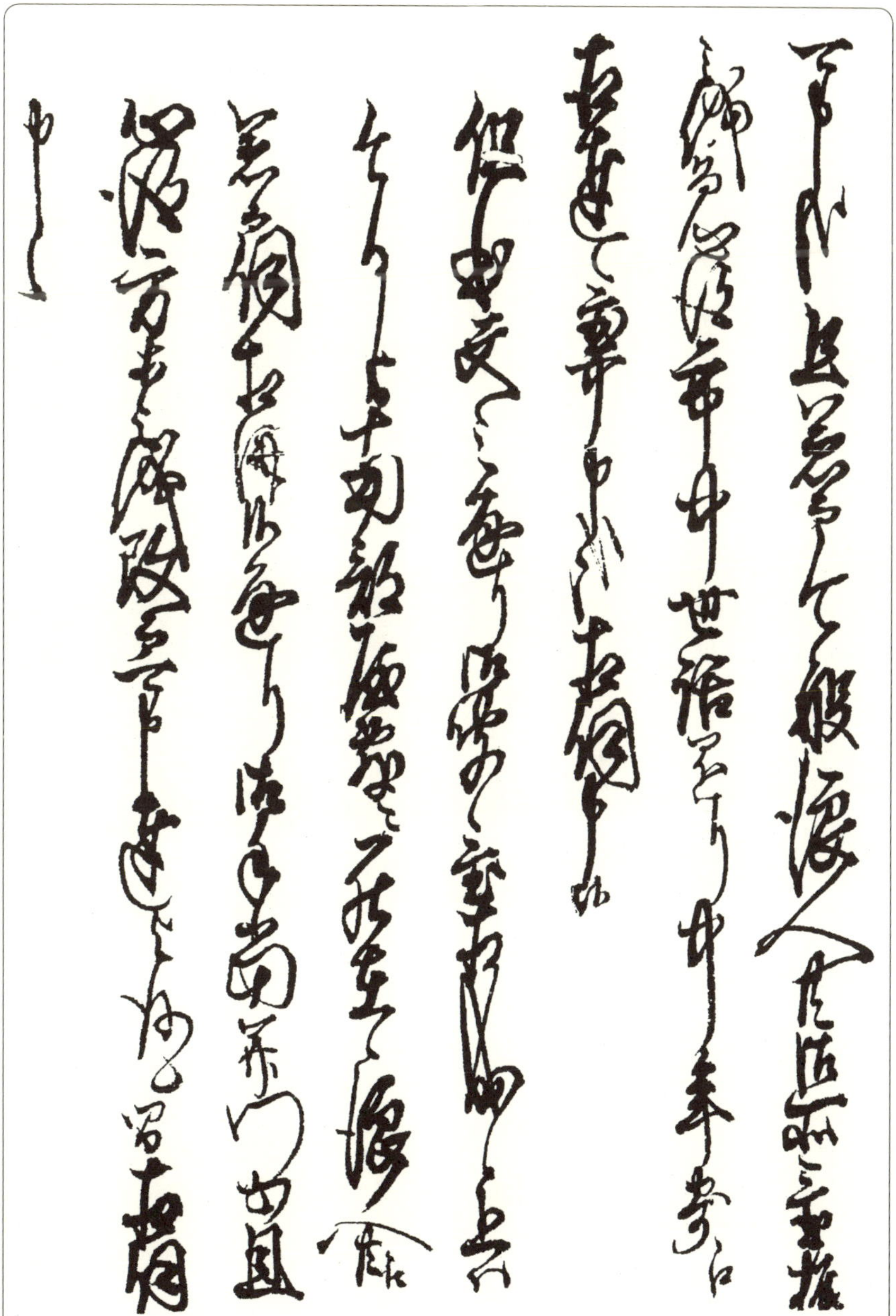

解読文

南部上り屋敷、并下谷竹門元藤堂中屋敷江
差入被レ置候もの共為二活計一、市中又者
屋敷町等ニ而往来有レ之場所江、屋台見世
葭簀張等差出し商内いたし候ニ付而ハ、
其所之もの江対し難題ヶ間敷儀
申聞候歟、又者浪人ヶ間敷事共申触シ、
不都合之儀決而無レ之様、銘々江精々
申諭候得共、自然同商売之ものも其場ニ
可レ有レ之、右之もの共ゟ差障等申出
候節ハ、浪人御所置振[1]申諭、追而開墾
場へ被レ遣候迄、当分之内為二生活一商内
いたし候儀ニ付、互ニ睦合不都合ハ無レ之様可レ致旨
申聞、格別之差障ニも無之候得者差免置
可申哉、且兼而今般浪人共御所置振
之儀、為二心得一、市中世話懸り中年寄江
相達置可レ申哉、相伺申候
但、本文之通り御聞置相成候上ハ、
今日ゟ南部屋敷ニ罷在候浪人共江、
兼而伺相済候通り、御手当并門出、且
心得方等之儀、改而可二申達一与存候間、相伺
申候
　六月十三日

▼注

1、**所置振**……処置のしきたり。

読み

南部上り屋敷、ならびに下谷竹門元藤堂中屋敷へ差し入れ置かれ候者ども活計のため、市中または屋敷町等にて往来これ有る場所へ、屋台見世（やたいみせ）葭簀張（よしずばり）等差し出し商い（あきない）致し候に付ては、その所の者へ対し難題がましき儀申し聞け候か、または浪人がましき事ども申し触らし、不都合の儀決してこれ無きよう、銘々

へ精々申し諭し候えども、自然同商売の者もその場にこれ有るべく、右の者どもより差し障り等申し出候節は、浪人御処置振り申し諭し、追って開墾場へ遣わされ候迄、当分のうち生活のため商い致し候儀に付き、互いにむつみ合い不都合はこれ無きよう致すべき旨申し聞け、格別の差し障りにもこれ無く候えば差し許し置き申すべくや、かつ兼ねて今般浪人ども御処置振りの儀、心得のため、市中世話懸り中年寄へあい達し置き申すべきや、あい伺い申し候。

ただし、本文の通り御聞き置きあい成り候上は、今日より南部屋敷に罷り在り候浪人どもへ、兼ねて伺いあい済み候通り、御手当ならびに門出、かつ心得方等の儀、改めて申し達すべくと存候間、あい伺い申し候。

（明治二年）六月十三日

❻江戸の治安状況……當麻勉家文書／東村山ふるさと歴史館寄託

武蔵国多摩郡恩田村（現東京都東村山市）の當麻家に伝わる文書のなかに、維新前後の江戸の治安状況を知らせる手紙があります。江戸で女中奉公中の「こと」から郷里の近親者にあてたものと察せられていますが、年月がはっきりしません。しかし、文中に「この節はこの地盗賊大はやりにて、毎夜一同夜廻り、屋敷にても両人ずつ寝ずいたし候ような騒ぎ、やにむに人を殺し候のにて、誠に騒がしく、怖く御座候。付け火も沢山に御座候て、いず方も用心のみ致し居りまいらせ候。」とあるように、浪人どもが跳梁跋扈する物騒な世相をうかがうことができます。

女性の手紙には「まいらせ候」など、記号化した書き方があって、とまどう方がおられると思います。「女性の、または女性向きの筆づかい」を「女筆」と称します。ここに掲げた手紙にも、次のような女筆特有の、かなの合成による記号化した例が見られます。

標準的字体　　この本の影印

まいらせ候

さま

よろしく

かしく

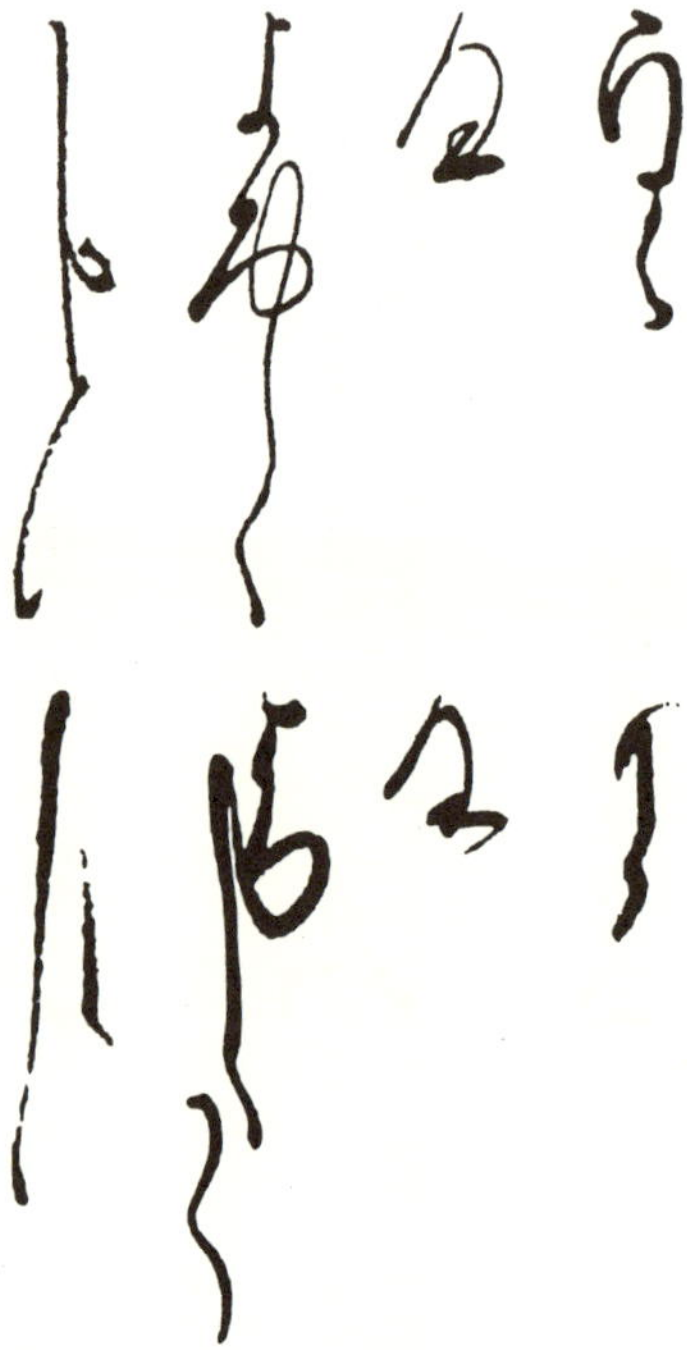

女筆は難解なものだと敬遠されがちですが、右の用例を「合字または記号」として覚えれば「目からウロコ」です。このさい女筆を勉強してみようと思われた方は、拙著『寺子屋式古文書女筆入門』（柏書房、二〇〇四年）をご参照ください。

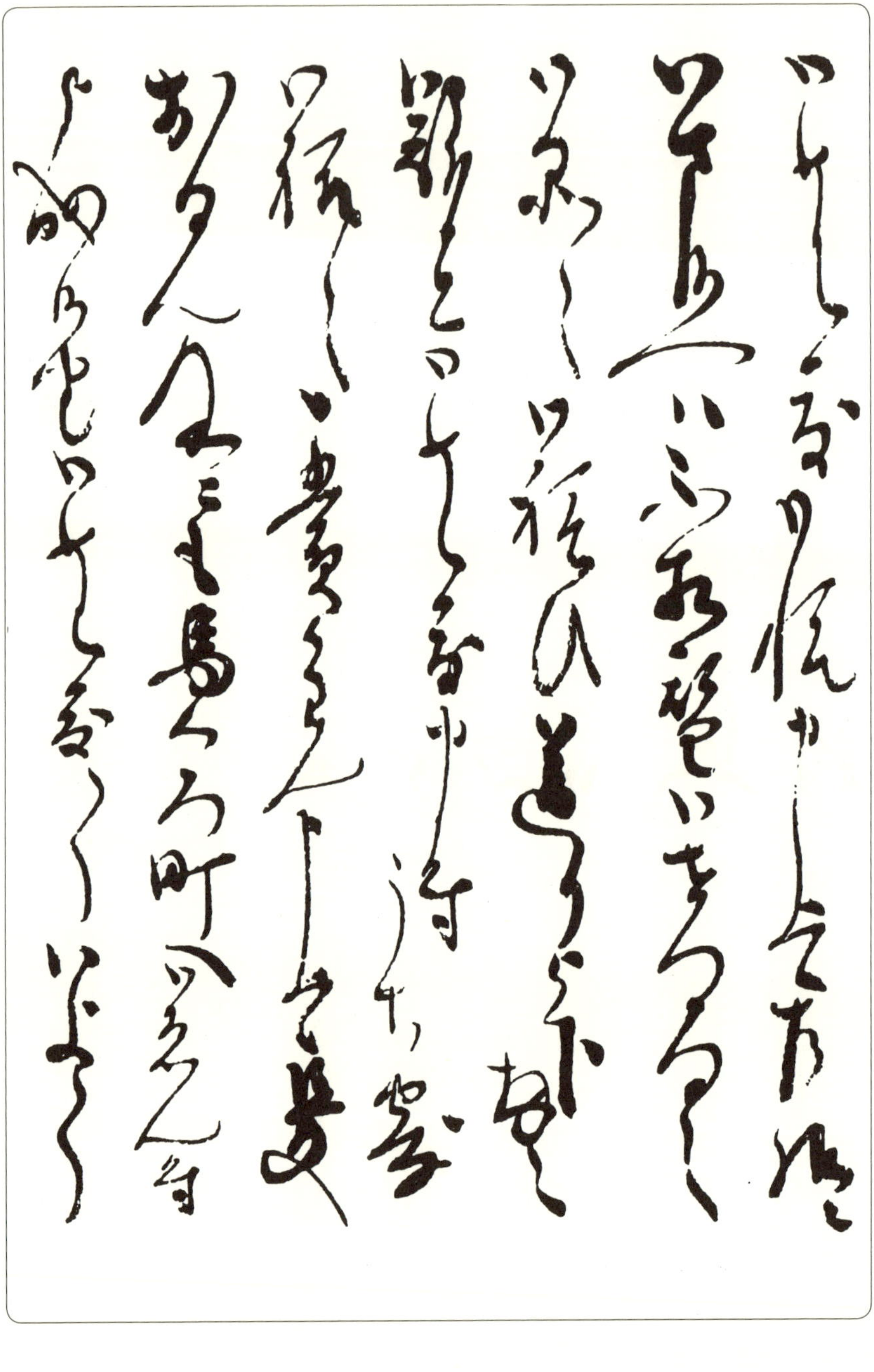

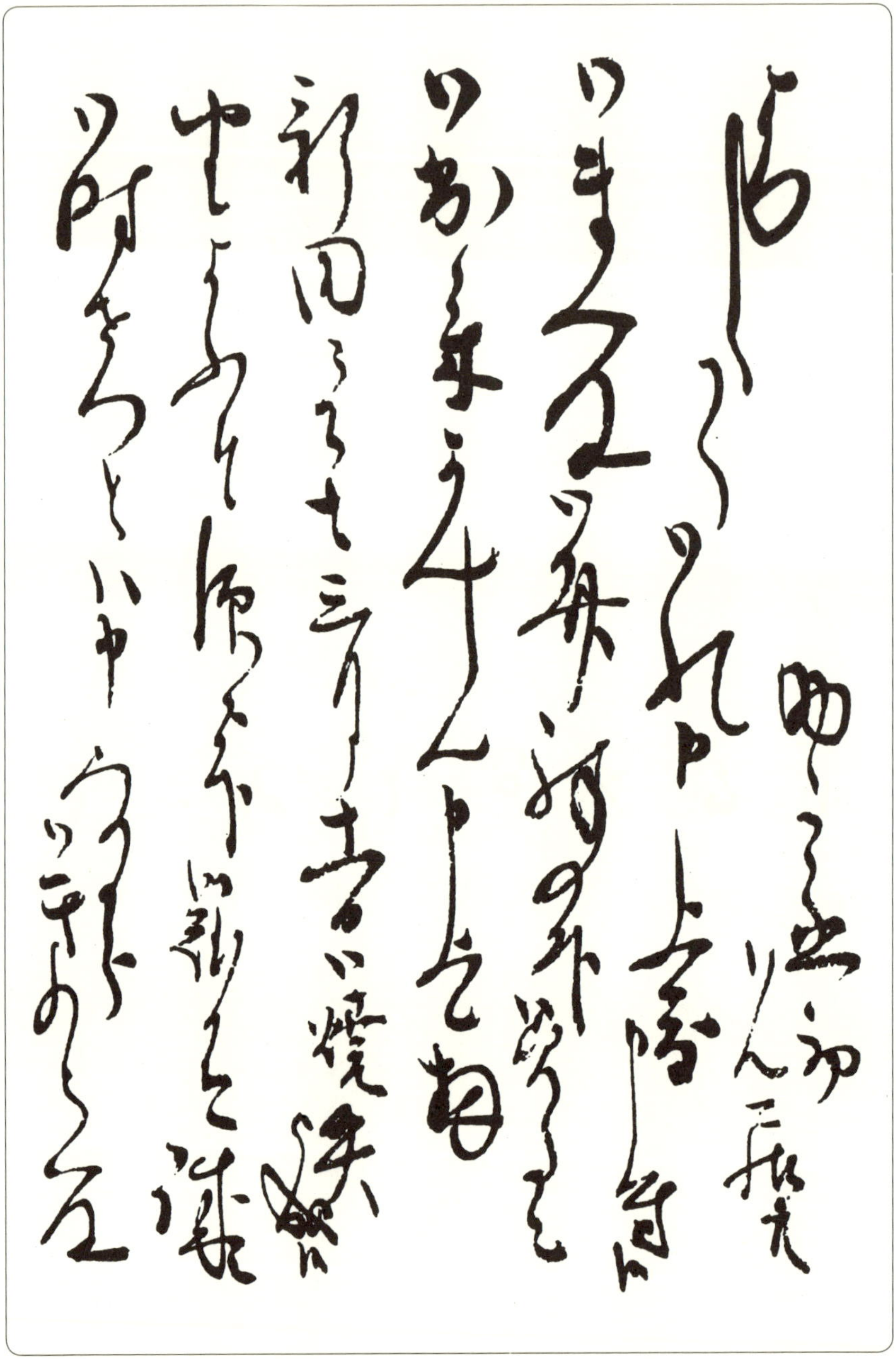

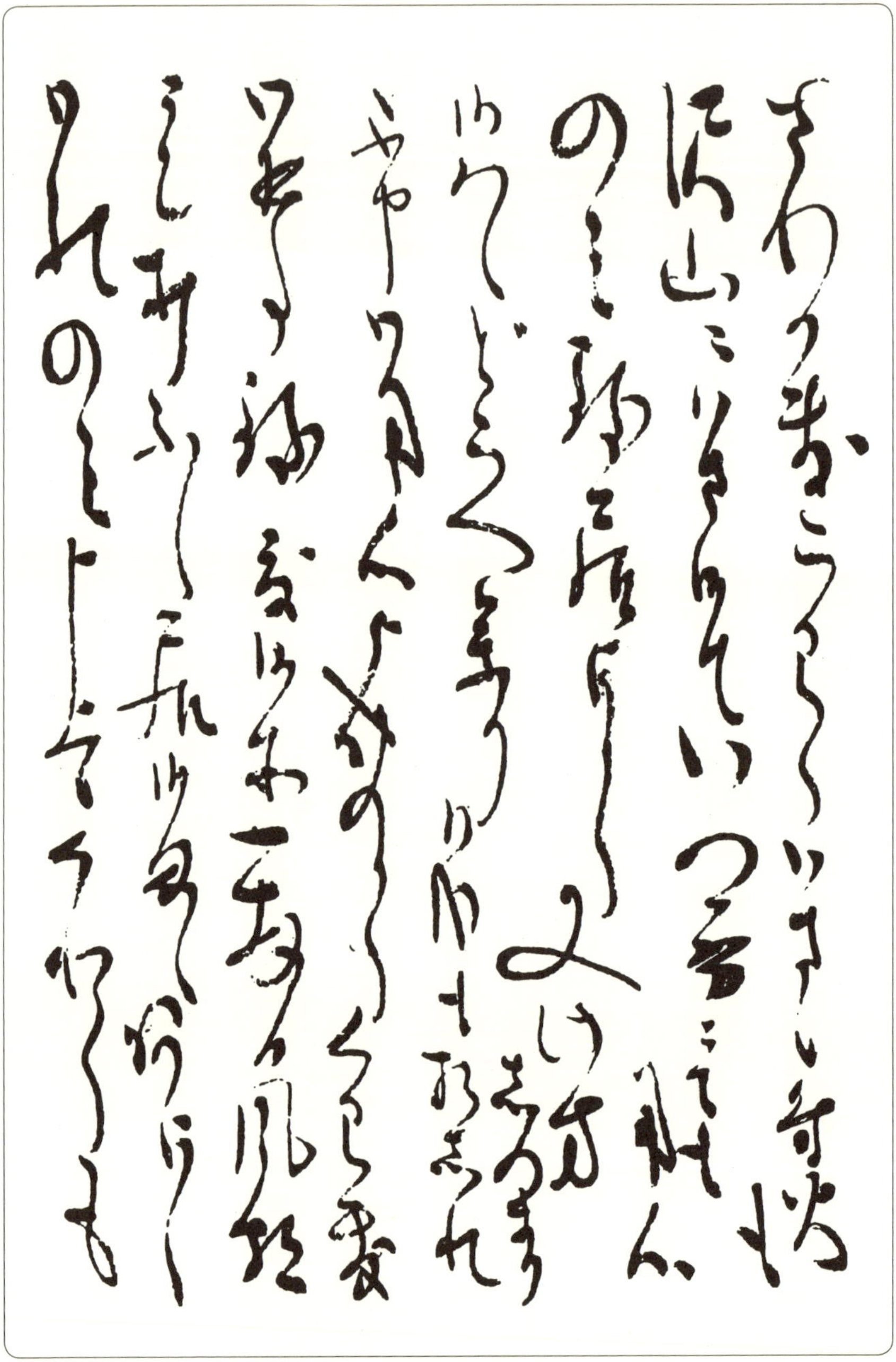

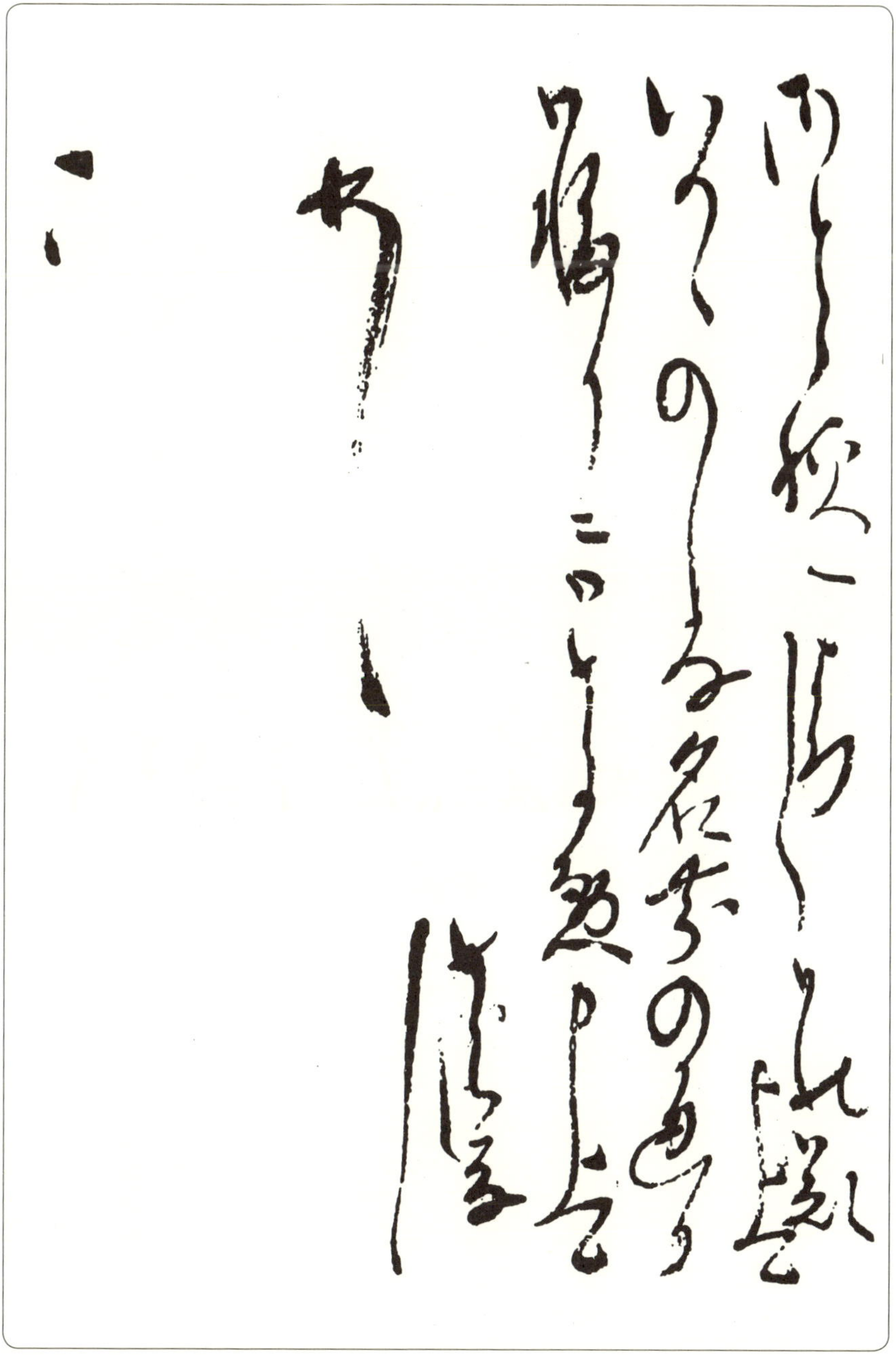

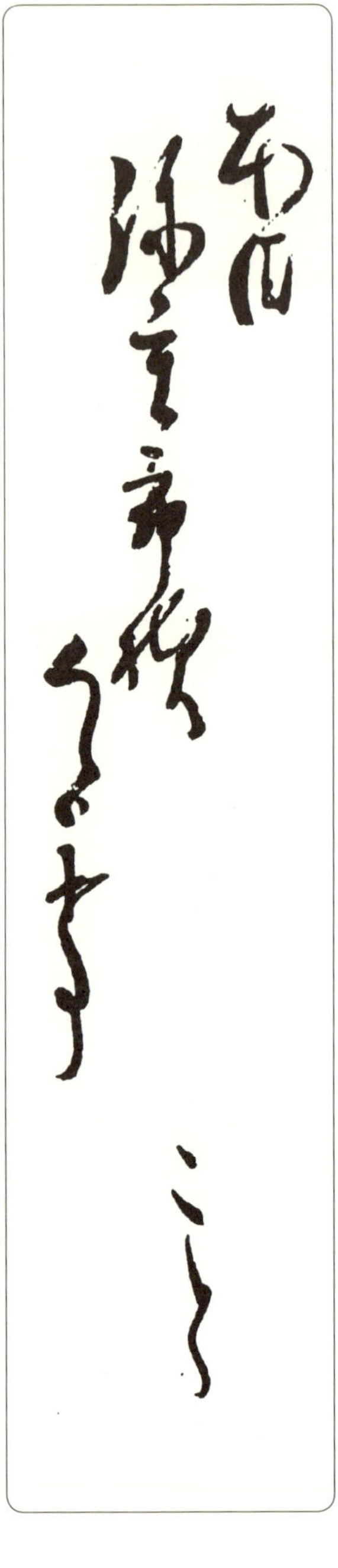

解読文

（女筆特有の用字に傍線を付し、下に標準的字体を示した）

御事多御中、御せつ句之
御祝義仰被ㇾ下、御こま〳〵と
御文ありかたく拝見、まつ〳〵
御揃、御障も御さなく御さえ[1]〳〵しく、
猶御せつ句之御祝義御にき〳〵しく
御祝被ㇾ成候御事、幾萬々年
御めて度御悦申上候、左様ニ
御さ候へハ、不ニ相替一御せつ句之
御品々御祝ひ送り被ㇾ下、扨々
難ㇾ有御めて度申付、うち寄
御祝之御賞くわん申上候、且又
おるんさまニも馬くろ町へ御ゐん付
被ㇾ成候由、御めて度〳〵、いよ〳〵
御様子もよふ御なしミ被ㇾ成候御事、
萬々年もと御めて度存上まいらせ候、
何も御めて度御取込の御中、
わさ〳〵御便被ㇾ下、いかほとも
難ㇾ有、御せわさまの御事御きのとく[2]ニ
存上まいらせ候、弥左衛門様へも山々
御礼あつふ御ねかひ申上候、
助之丞初いん居共
よろしく〳〵御礼申上度申付候、

御まへさま御文、殊の外美事ニ
御出来、かんしん申上候、扨
新田ニても三月十一日御焼失被レ成候
由、よふそ仰被レ下難レ有、誠ニ
御時せつとハ申なから、御きのとくさま
の御事、申様も御さなく、早々
御見舞申上候御事ニ御さ候、扨々
出火ほといやな事ハ御さなく、
此せつハ此地とうぞく大はやり
ニて、毎夜世間一同夜廻り
家敷ニても両人ツヽねづ
致候様なさわき、やにむに
人をころし候のニて、誠ニ
さわか敷、こわく御さ候、付火も
沢山ニ御さ候て、いつ方ニても用心
のミ致居まいらせ候、又此方しつまり
候ハヽ、どこへ参り候哉も相しれ
不レ申、御用心被レ成へく候、くわ敷
御返事致度候所、一両日風邪
ニて打ふし居候まヽ、あら[3]〳〵
御礼のミ申上候、くれ〳〵も
御とヽ様へよろしく御礼御願申上候、
いかヽのしな、名前の通り、
御帰りニ御めニ懸申上候
めて度かしく

五日

(封印)

本田弥重郎様

人々御返事

こと

(封印)

▼注

1、さえざえしく……気持ちがはればれとしている。

2、御きのとく……お気の毒。(迷惑を掛けて)申しわけなく思うこと。九行目あとの「お気の毒」は、(他人の苦痛・難儀について)同情する意。

3、あらあら……粗々。ざっと。

読み

御事多き御中、御節句の御祝義仰せ下され、御こまごまと御文有難く拝見、まずまず御揃い、御障りも御座無く御さえざえしく、なお御節句の御祝義御賑々しく御祝い成され候御事、幾萬々年御めでたく御悦び申し上げ候。さように御座候えば、あい替らず御節句の御品々御祝い送り下され、さてさて有難く御めでたく申し付け、うち寄り、御祝いの御賞玩申し上げ候。かつまた、おるんさまにも馬喰町へ御縁付き成され候由、御めでたく御めでたく、いよいよ御様子も良う御なじみ成され候御事、萬々年もと御めでたく存じ上げまいらせ候。何も御めでたき御取り込みの御中、わざわざ御便り下され、いかほども有難く、御世話様の御事、御気の毒に存じ上げまいらせ候。弥左衛門様へもやまやま御礼厚う御願い申し上げ候。助之丞初め隠居ともよろしくよろしく御礼申し上げたく申し付け候。御前様御文、殊のほか見事に御出来、感心申し上げ候。さて新田にても三月十一日御焼失成され候由、ようぞ仰せ下され有難く、誠に御時節とは申しながら、御気の毒さまの御事、申しようも御座無く、早々御見舞申上げ候御事に御座候。さてさて出火ほどいやな事は御座無く、この節はこの地盗賊大はやりにて、毎夜世間一同夜廻り、屋敷にても両人ずつ寝ず致し候ような騒ぎ、やにむに人を殺し候のにて、誠に騒がしく、怖く御座候。付け火も沢山に御座候て、いず方にても用心のみ致し居りまいらせ候。又この方鎮まり候わば、どこへ参り候やもあい知れ申さず、御用心成さるべく候。くわしく御返事致したく候ところ、一両日風邪にて打ち臥し居り候まま、あらあら御礼のみ申し上げ候。くれぐれも御とと様へよろしく御礼御願い申し上げ候、いかがの品、名前の通り、御帰りに御目に懸け申し上げ候。めでたくかしく。

五日　　　　　　　　　　　　こと

本田弥重郎様

人々御返事

文字あそび❹

山東京伝『奇妙図彙』からです。何と書いてあるか分かりますか（答えは二〇八頁）。

文字あそび❺

次は、山東京伝『小紋雅話』（寛政二年）からです。何と書いてあるか分かりますか（答えは二〇八頁）。

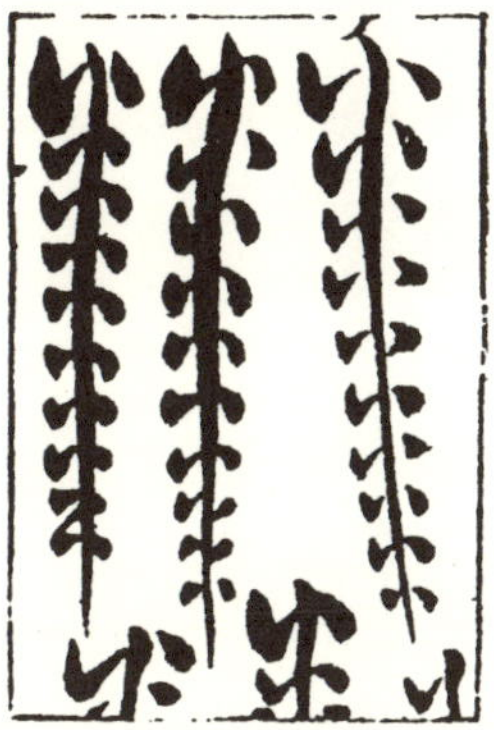

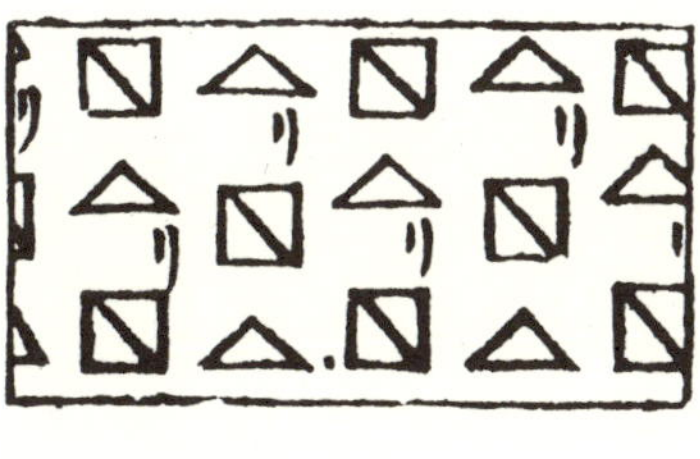

3 滑稽本『蔵意抄』を読む……国立国会図書館蔵

古文書解読に熱中して悩んでいる方に、気分転換の読み物として、滑稽本『蔵意抄』（文化十年刊）を提供します。

三百余年前におきた赤穂事件を劇化した『仮名手本忠臣蔵』は、時を超えて今なお国民に親しまれていますが、この芝居の脚本を滑稽にアレンジし、題名には芝居の衣装蔵と抄本（注釈書）の意を含めたのが『蔵意抄』で、忠臣蔵関連資料集（解説付き）といった体裁に編集してあります。ここでは四点ほど抜粋して掲げましたが、この本はもともと葛葉散人作『仮名手本穿鑿抄』として刊行されたものを、式亭三馬が補筆して笑いを増やしたものです。

❶ 高師直の艶書

近松門左衛門作の浄瑠璃『仮名手本忠臣蔵』は近松の名作です。この芝居の大序（第一幕）、鶴が岡八幡宮での行事の場で、高師直が塩谷判官高貞の妻顔世御前に恋慕し、艶書を渡して口説く場面があって、これがその手紙だというわけです。虫食いや破れの紙面を作ってありますが、ゲームを楽しむ感じで読んでみてください。冒頭部は巻きもどした手紙の上から宛名と発信者名を書いたもの（端裏書という）が、紙の裏面ににじみ出た状況を作為してありますから、裏から透かして読めます。この場面を、読みやすい現代の歌舞伎台本（昭和六十一年国立劇場で上演）から抜萃してみました。

仮名手本忠臣蔵大序（『忠臣蔵　第四巻』兵庫県赤穂市発行）

（前略）

師直　あいや顔世殿しばらく。今日のお役目御苦労御苦労。呼び止め申したは、ちとお手前様へ申し上げたい儀がござる。我らかねて歌道に心をゆだね、かの吉田の兼好を師と頼み、日々の状通。そこもとへ届けくれよと問い合わせのこの書状。いかにもとのお返事は、御口上でも苦しゅうござらぬ顔世殿。

〽袂から袂へ入れる結び文、顔に似合わぬ様参る、武蔵鐙と書いたるを、見るよりはっと思えども、はしたのう恥しめてはかえって夫の名の出ること、持ち帰って夫に見しょうか、いやそれでは塩谷殿、憎しと思う心から怪我あやまちになろうかと、物をも言わず投げ返す。（以下略）

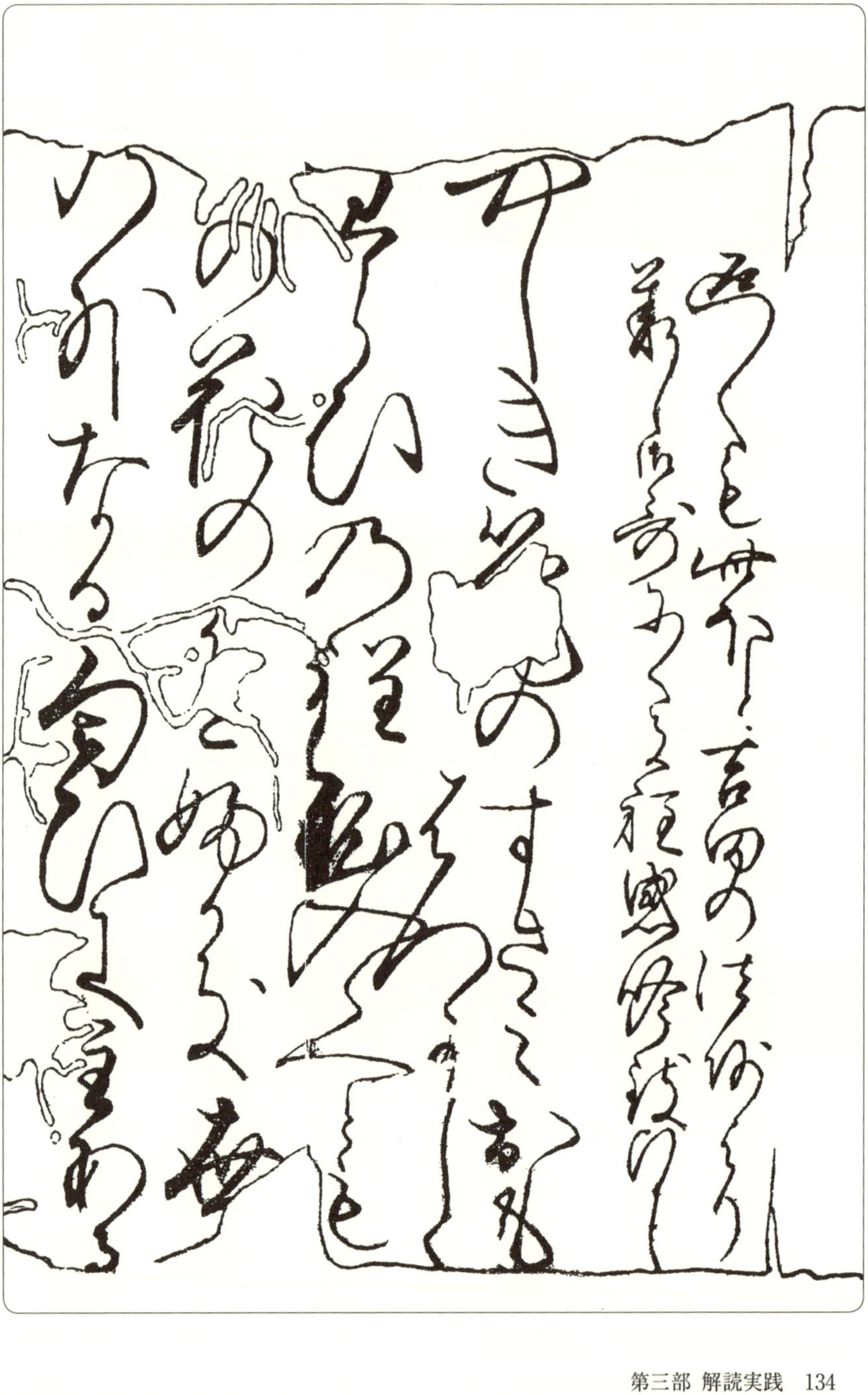

○此紙ハ源吾が大鷹檀紙と案の外。高の武蔵紙なり。總て蝕へぐり渡つてざざれゆゑ鹽冶等や川とぐちりに縮寫も。紙末二三寸余かとり筆。ちぢつぷり未見乃珍書なるべし。

△桜ぎろふ師也ハ吉田の兼好が門人にて哥道て心をよせしといへども文章雅ならず因浪人して手跡指南も覚束なき手蹟なり。只好色専られ人物ゆゑに鎌倉勤番の徒然。女文章といふ書を求めて臨摸しれば口説らさ。さて古風の文体なり。彼三會同の報にとく。煙草の積み添

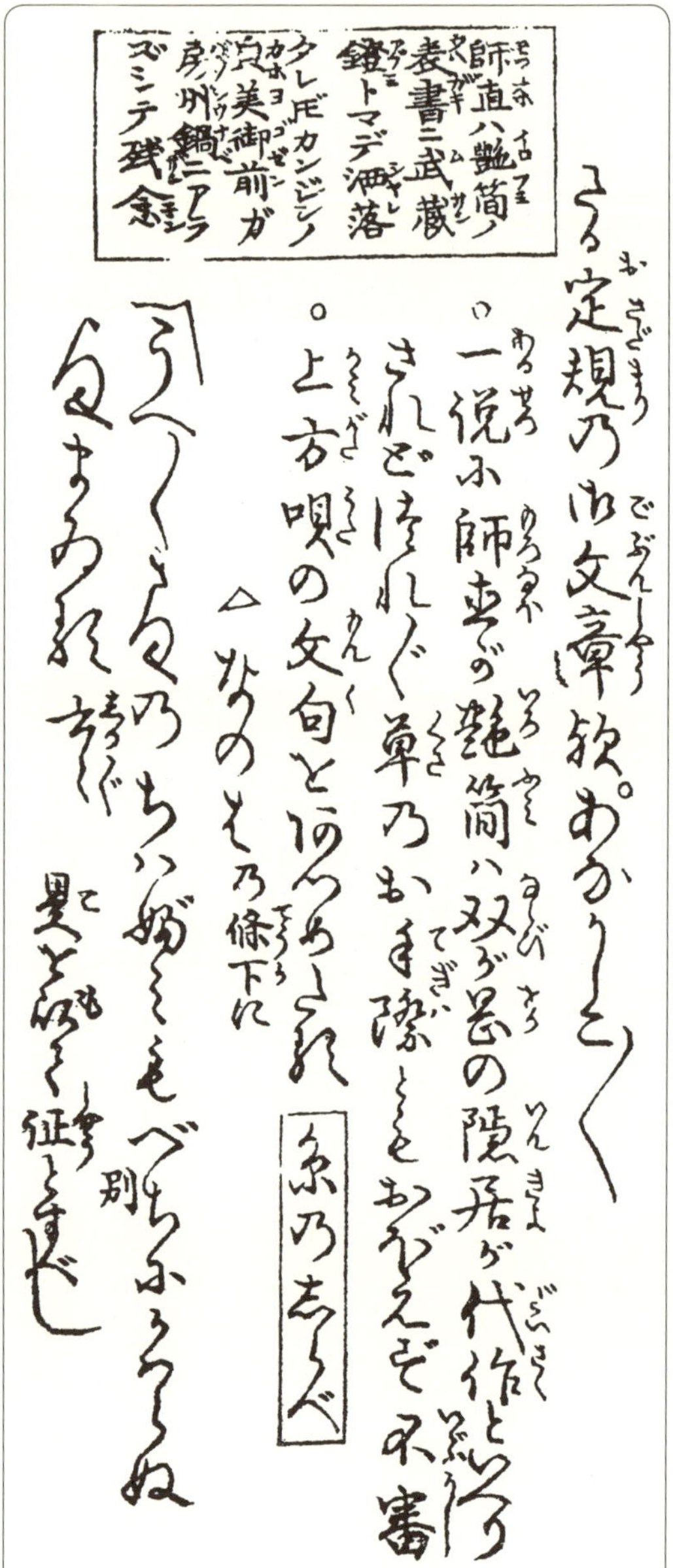

解読文

高師直之艶書（かうのもろなほのえんじよ）

○所（ところ）々蝕（むしはミ）たり、闕文（けつぶん）追（おつ）て考（かうが）ふべし

さま[1]　むさしあふみ[2]

返々も此ほと吉田[3]の法師より

承し御歌、にくき程感吟致[4]まいらせ候

あ[5]やしき筆のすさミ、おもはつかしく

御わらひの程恥入候へとも、

□の花の色ふかき世

□の外なる匂ひに主ある

□垣のいましめを忘れ

朝桜露はかり

○此紙ハ源吾が[6]大鷹檀紙と案の外。高の武蔵紙なり。総て蝕へばりついてござるゆゑ。[7]塩谷等やつとでこゝに縮写す。紙末二三寸余かすり筆。しやつぷり未見の珍書なるべし。

△按ずるに師直ハ吉田の兼好が門人にて、歌道に心をよせしといへども文章雅ならず。且浪人して手跡指南も覚束なき手蹟なり。只好色専らの人物ゆゑに、鎌倉勤番の徒然。[8]女文章とかいふ書を求めて。臨模したる口説かた。さて〳〵古風の文体なり。[9]彼三会目の報にとて。煙草の箱に添たる定規の御文章歟。あなかしこ〳〵

○一説に師直が艶簡ハ双が岡の隠居が代作といへり、されどつれ〴〵草のお手際ともおぼえず、不審

○上方唄の文句をあつめたる糸のしらべ

△なのはの條下に

「うへ〳〵さまのちハぶミも、べちにかハらぬ 別
さままゐる、云々」是を以て証とすべし

師直ハ艶簡ノ
表書ニ武蔵
鐙トマデ洒落[10]
タレドモカンジンノ
[11]皃美御前ガ
[12]房州鍋ニアラ
ズシテ残念

▼注

1、さま……は「さ」と「ま」の合字。歌舞伎台本の記述と合わせ考えれば、「さま」の下に小さく「まゐる」が続いているものと見たい。「さままゐる」は、拙著『寺子屋式古文書女筆入門』に解説あり。

2、むさしあふみ……武蔵鐙。武蔵国で作り出した鐙をいうが、「踏み」「文」の枕詞としても用いられている。芝居での高師直は武蔵守なので、ここは「武蔵守（師直）からの文」となる。

3、吉田の法師……吉田兼好（かねよし）、徒然草の著者。双が岡に住む。ここでは師直の歌道の師が兼好だとされている。近松門左衛門作の浄瑠璃で、忠臣蔵をテーマとする『兼好法師物見車』は、序の段の冒頭文が、「つれ〴〵なるまゝに日くらし硯にむかひて。心にうつり行よしなしごとの手ならひよ」で始まり、高師直・塩谷判官などとともに、なぜか吉田兼好が登場する。

4、まいらせ候……は、女筆特有の合字。拙著『寺子屋式古文書女筆入門』に解説あり。

5、[あ]やしき筆のすさミ～……以下の□内の字は、『仮名手本穿鑿抄』の同様の記述を参考として推量した。

6、大鷹檀紙……正しくは大高（大形の）檀紙。檀紙とは、厚手の和紙。ここでは義士の大高源吾にかけている。鷹の字を充てたのには、浅野の家紋（違い鷹の羽）、藩主の鷹狩が縁で家臣となったことなどが考えられる。

7、塩谷等やつと……芝居で浅野内匠頭に相当する塩谷判官高貞にかけている。

8、女文章……女性向きの手紙の手本集

9、三会目の報……遊里吉原では、三回通って初めて馴染みとなる習俗があった。三回目の客は、返事の手紙に添えて祝儀の金子を用意したのであろう。

10、……トモの合字に濁点を付した。

11、皃美御前……顔世御前。「皃」は「顔」の異体字。

12、房州鍋……好色女。相模（房州）女は尻が軽いとの俗説から。

❷ 狩人三人の証言

忠臣蔵五～六段目、山崎村の百姓与市兵衛が、山崎街道で雷雨の夜に殺され、懐中の大金が奪い取られた後、通りかかった狩人三人が、与市兵衛を見つけ、戸板に乗せて自宅に届けます。この事件について三人が提出した言上書（供述調書）がこれだとしています。

三人とも高い教養は持たないために、文章は拙く間違いもあり、印判はでたらめだとし、闇夜にどうして「月代（さかやき）の伸びた武士体の人」と確認したのかと、偽証の疑いを含めて滑稽に仕立ててあります。

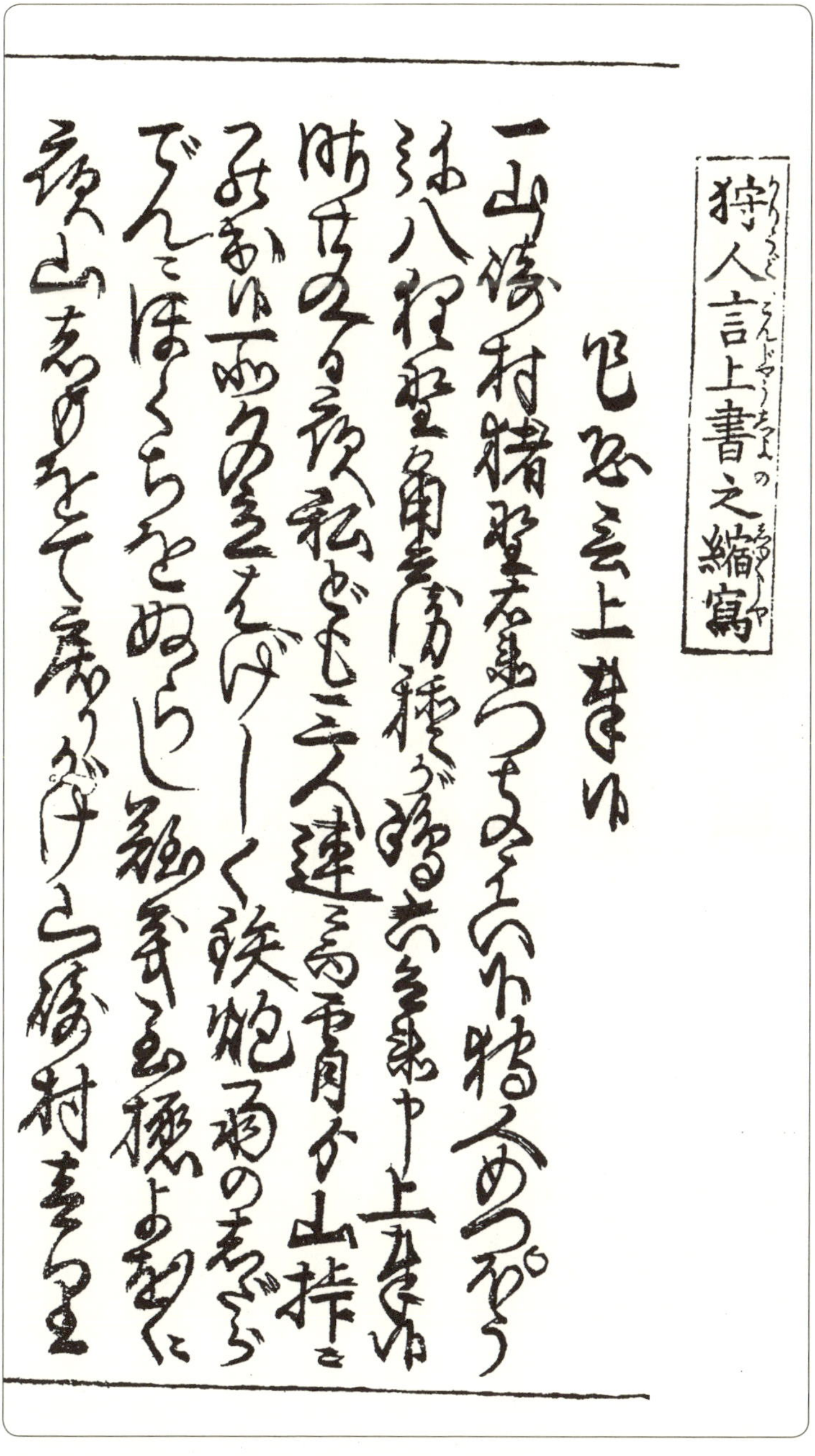

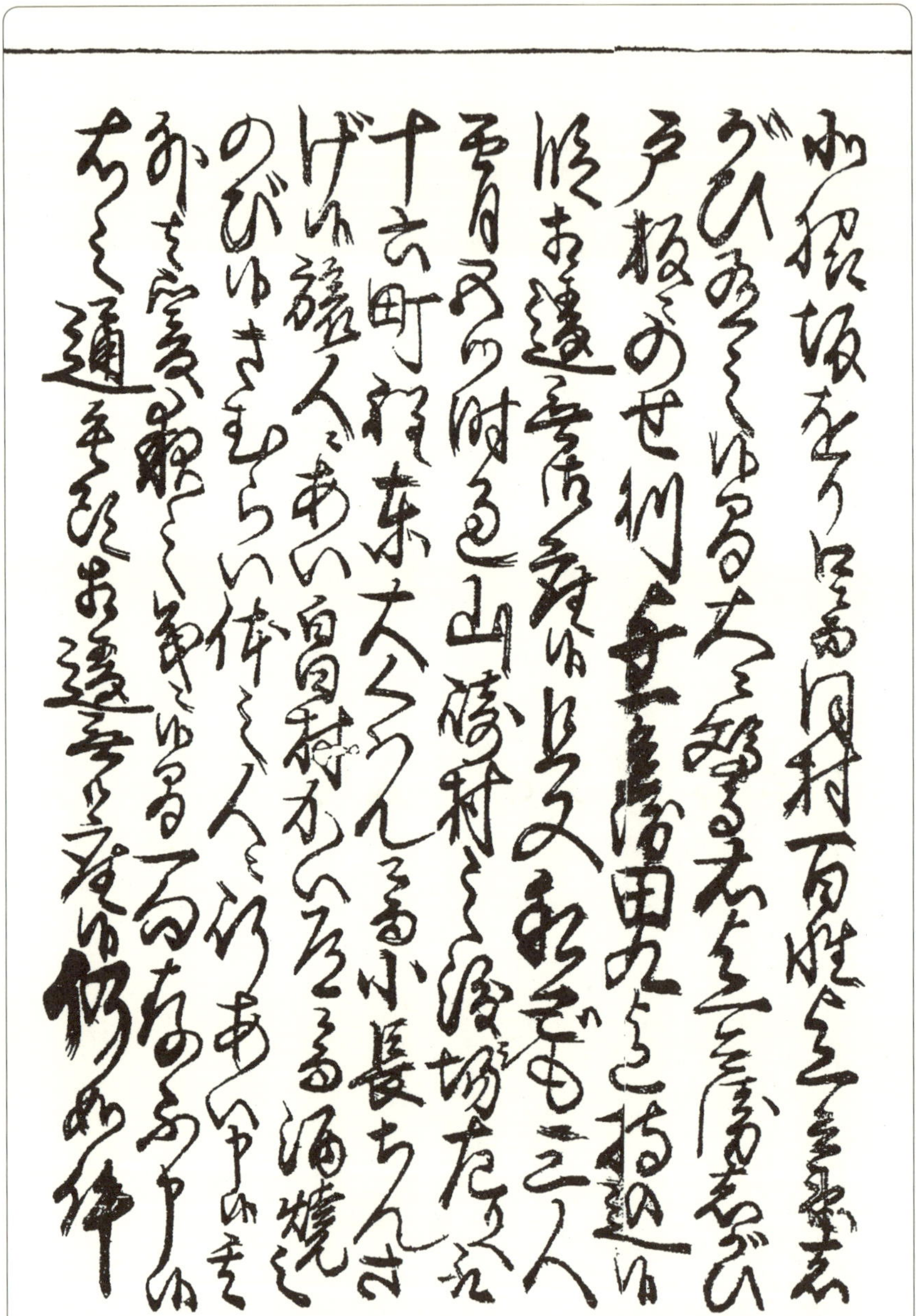

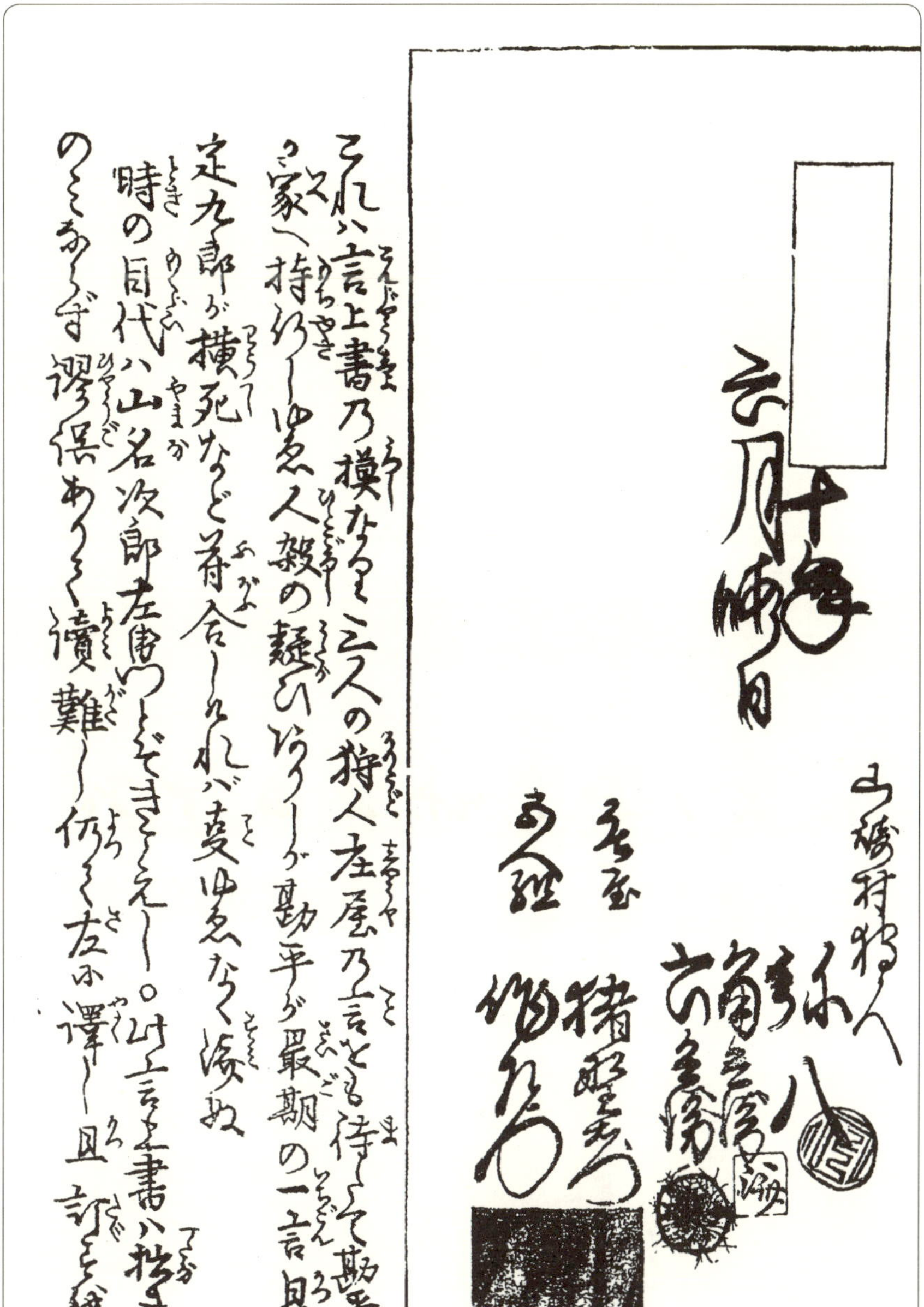

これハ言上書乃摸なる也　二人の狩人在屋乃言ども侍して勘平
の家へ持行し由、此人殺の疑ひかゝりしが勘平が最期の一言且
定九郎が横死など符合しければ変由なく済故
時の目代ハ山名次郎左衛門ときこえし。此言上書ハ猶さ
のこりがたく謬誤ありて讀難し　仍て左に譯し且訂して我

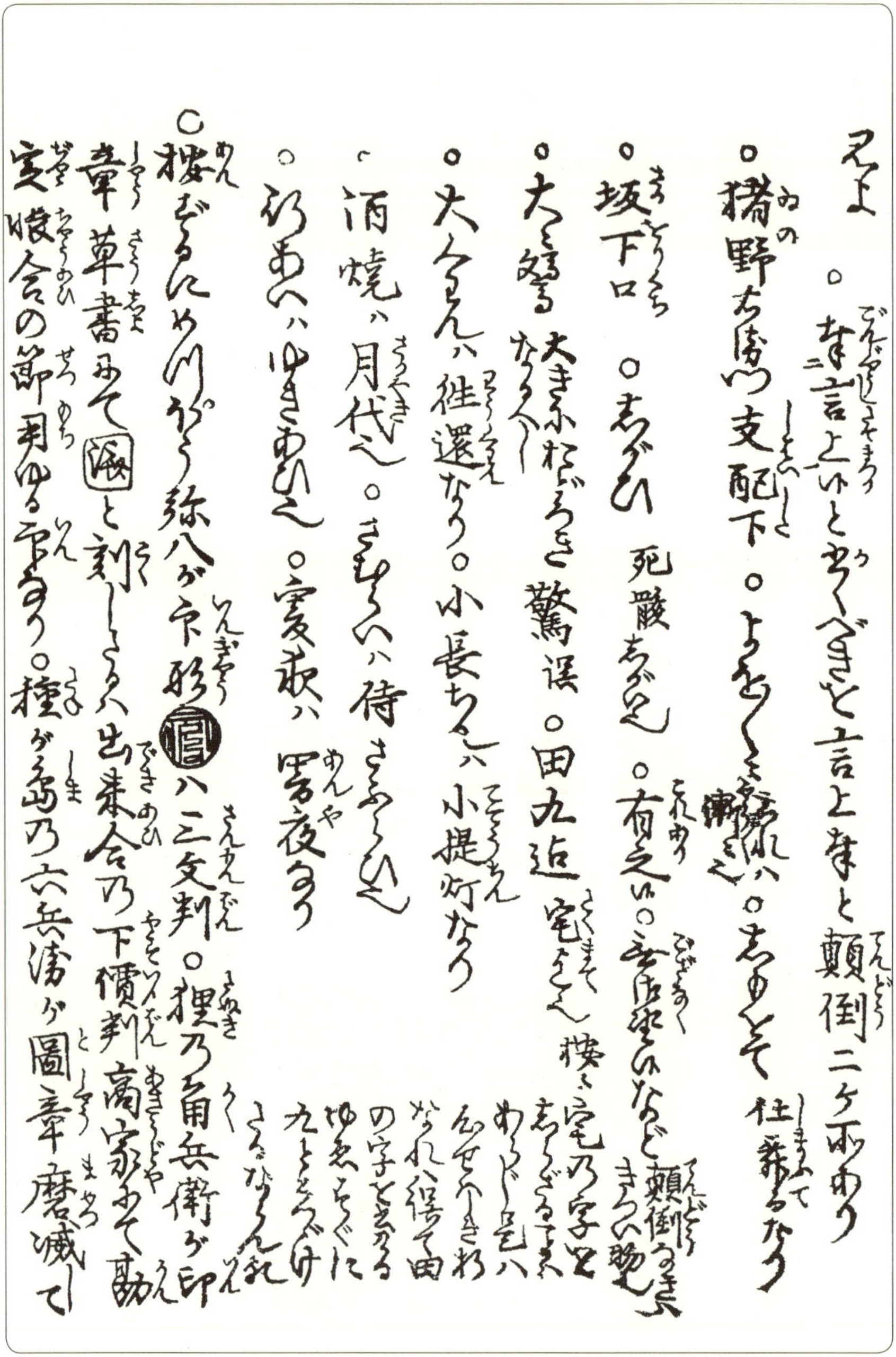
それより
〇[illegible]言上けとかくべきと言上ありと顛倒二ヶ所あり
〇猪野右衛門支配下〇とかく[illegible]ハ〇ありとて仕舞なり
〇坂下口〇ありし 死骸ありし〇有之けり〇[illegible]などゝ顛倒[illegible]
〇大きな[illegible] 大きなちがひなるべし 驚[illegible]〇田九迫 宅[illegible] 挨ゝ宅乃字を[illegible]
〇大きんハ往還なり〇小長ちんハ小提灯なり
〇酒焼ハ月代之〇[illegible]ハ侍さふらひ之
〇[illegible]ハゆきあひ之〇[illegible]ハ[illegible]夜なり
〇楼むらくめ川が[illegible]孫八が京形[illegible]ハ三文判〇狸乃角兵衛が印
章草書みて[illegible]と刻しるハ出来合乃下價判高家みて[illegible]
実喉合の節用ゆる印なり〇種が島乃六兵衛が圖章磨滅して

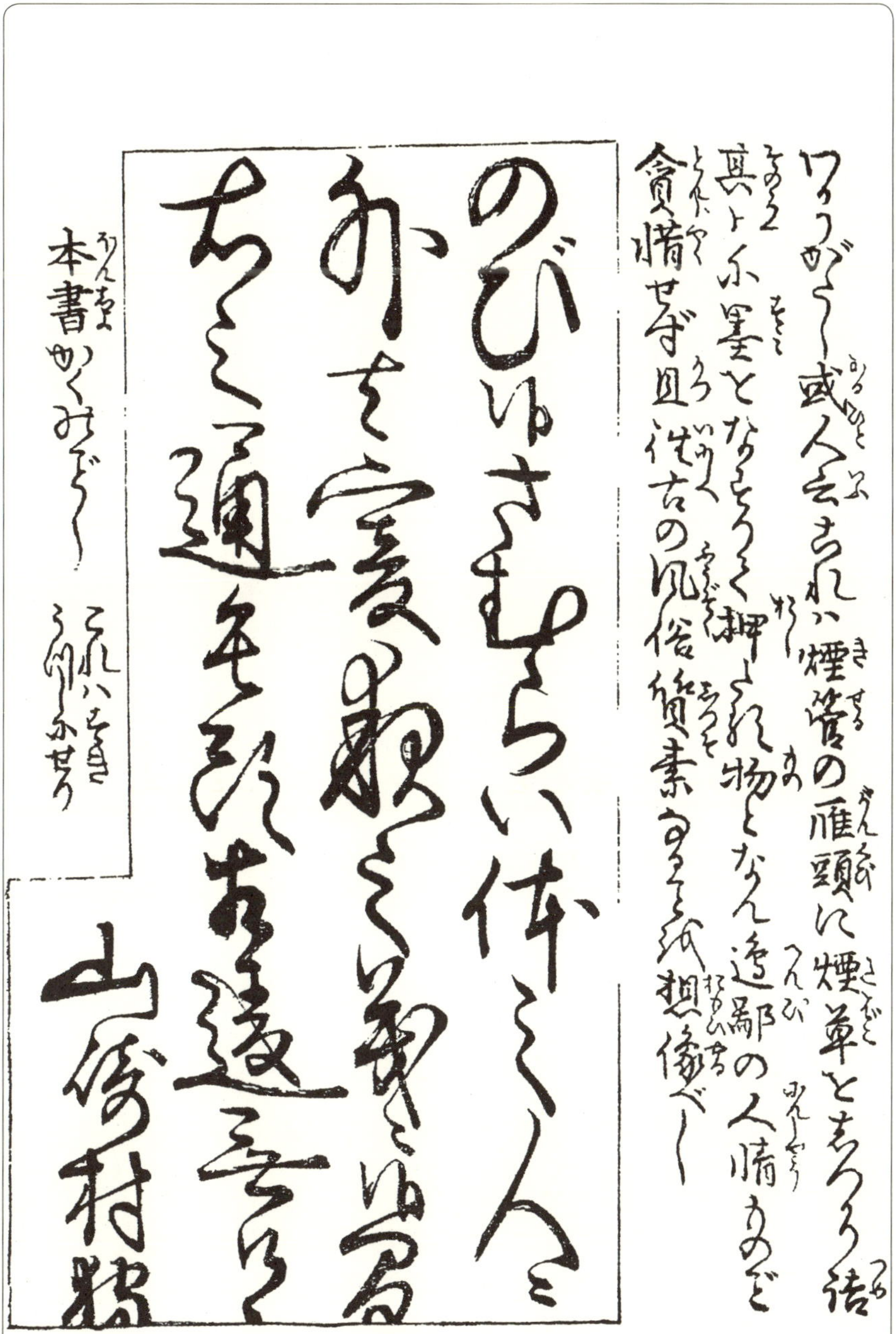

解読文

狩人言上書之縮写(かりうどごんじやうしよのしゆくしや)

乍レ恐言上奉候

一、山崎村猪野右衛門支はい下狩人めつぽう弥八・狸野角兵衛・種が嶋六兵衛申上奉候、昨廿九日夜、私ども三人連ニ而宵ゟ山拵[1]ニ罷出候所、夕立はげしく、鉄炮雨[2]のしだらでんニほくちをぬらし、難義至極、よを〳〵ニ夜山しもをて戻りがけ、山崎村壱里北脇坂をり口ニ而、同村百姓与一兵衛しがひ有レ之候間、大ニ驚、右与一兵衛しがひ戸板ニのせ、則与一兵衛田九迄持込候段相違無二御座一候、且又私ども三人、宵五つ時過、山崎村之渡シ場左りへ取十六町程東大くハんニ而小長ちんさげ候旅人ニあい、畠村かい道ニ而、酒焼之のび候さむらい体之人ニ行あい申候、其外者闇夜之義ニ候間、一向存不レ申候、

右之通毛頭相違無二御座一候、仍如レ件、

山崎村狩人
弥　八㊞
角兵衛[済]
六兵衛㊞

□十年
六月晦日

庄屋　猪野右衛門■
五人組　作左衛門■

これハ言上書(こんじやうしよ)の模(うつし)なり、三人の狩人(かりうど)、庄屋(しやうや)の言(こと)をも待(ま)たで勘平か家(いへ)へ持行(もちゆき)しゆゑ、人殺(ひとごろし)の疑(うたが)ひありしが、勘平が最期(さいご)の一言(いちごん)、且(かつ)定九郎が横死(わうし)など符合(ふがふ)しければ、事(こと)ゆゑなく済(すみ)ぬ、時(とき)の目代(もくだい)ハ山名(やまな)次郎左衛門とぞきこえし○此言上書ハ拙(つたな)きのミならず、謬誤(びやうご)ありて読難(よみがた)し、仍(よつ)て左(さ)に訳(やく)し且(かつ)訂(ただ)すを見よ　○奉二言上一候(ごんじやうしたてまつり)と書(か)くべきを、言上奉と顛倒(てんどう)二ヶ所あり

○猪野(ゐの)右衛門支配下(しはいした)○よを〳〵ニ　これハ漸々(やう〳〵)也　○しもを

て仕舞而なり
○坂下口○しがひ死骸しがい也○有レ之候○無二御座一候
など顛倒なきハきつい物也

○大ニ大きにおどろきなるへし　驚誤○田九迄、宅迄也、

按ニ宅の字をしらざることハあらじ、是ハ心せハしき折なれハ誤て田の字を書けるゆゑ、すぐに九ととつゞけたるならん歟

○大くわんハ往還なり○小長ちんハ小提灯なり
○酒焼ハ月代也○さむらいハ侍さふらひ也
○行あいハゆきあひ也○ハ闇夜なり
○按するにめつぽう弥八が印形㊞ハ三文判　○狸乃角兵衛が印章草書にて[済]と刻したるハ出来合の下価判、商家にて勘定帳合の節用ゆる印なり　○種が島の六兵衛が図章摩滅してわかりがたし、或人云、これハ煙管の雁頭に煙草をしつかり詰、其上に墨をなすりて押たる物となん、辺鄙の人情、ものごと貪惜せず、且往古の風俗質素なることを想像べし

のび候さむらい体之人ニ
外者夜之義ニ候間
右之通毛頭相違無御
山崎村狩

[3]本書かくのごとし、
これハすき
うつしにせり

▼注

1、拵……稼ぎ。

2、しだらでん……激しい風雨の電光雷鳴。「振動雷電」の転か。浄瑠璃本に「鹿猿を打って商ふ種が嶋も、用意に持つや袂まで、鉄砲雨のしだらでん…」

3、本書かくのごとし～……原本はこのようなものだと複写品の一部を掲げた。複写法は、薄い紙を載せ

て「透き写し」したと注記しているが、ここの狙いは、闇夜に人相を確認できたのかという矛盾をアピールするにある。

読み

恐れながら言上奉り候

一、山崎村猪野右衛門支配下狩人めつぽう弥八・狸野角兵衛・種が嶋六兵衛申し上げ奉り候。昨廿九日夜、私ども三人連れにて宵より山稼ぎに罷り出候ところ、夕立激しく、鉄砲雨のしだらでんに火口を濡らし、難義至極、漸々に夜山仕舞うて戻りがけ、山崎村壱里北脇坂をり口にて、同村百姓与一兵衛死骸これ有り候間、大いに驚き、右死骸戸板に載せ、すなわち与一兵衛宅迄持ち込み候段相違御座なく候。かつ又私ども三人、宵五つ時過ぎ、山崎村の渡し場左へ取り十六町程、東往還にて、小提灯さげ候旅人に逢い、畠村街道にて、月代の伸び候さむらい体の人に行き合い申し候。そのほかは闇夜の義に候間、一向存じ申さず候。右の通り毛頭相違御座なく候。

よって件の如し。（以下略）

❸ 祇園一力茶屋の請求

忠臣蔵七段目は、祇園で遊興する大星由良之助と、由良之助の真意を探るため同じく登楼した斧九太夫・鷺坂伴内などの出番です。

この遊興の費用はこんなものだったろうと考えだしたのがこの請求書で、九太夫・伴内の遊興分について伴内あてに請求したものと説明されています。遊郭の書出（請求書）のモデルと見てよいでしょう。

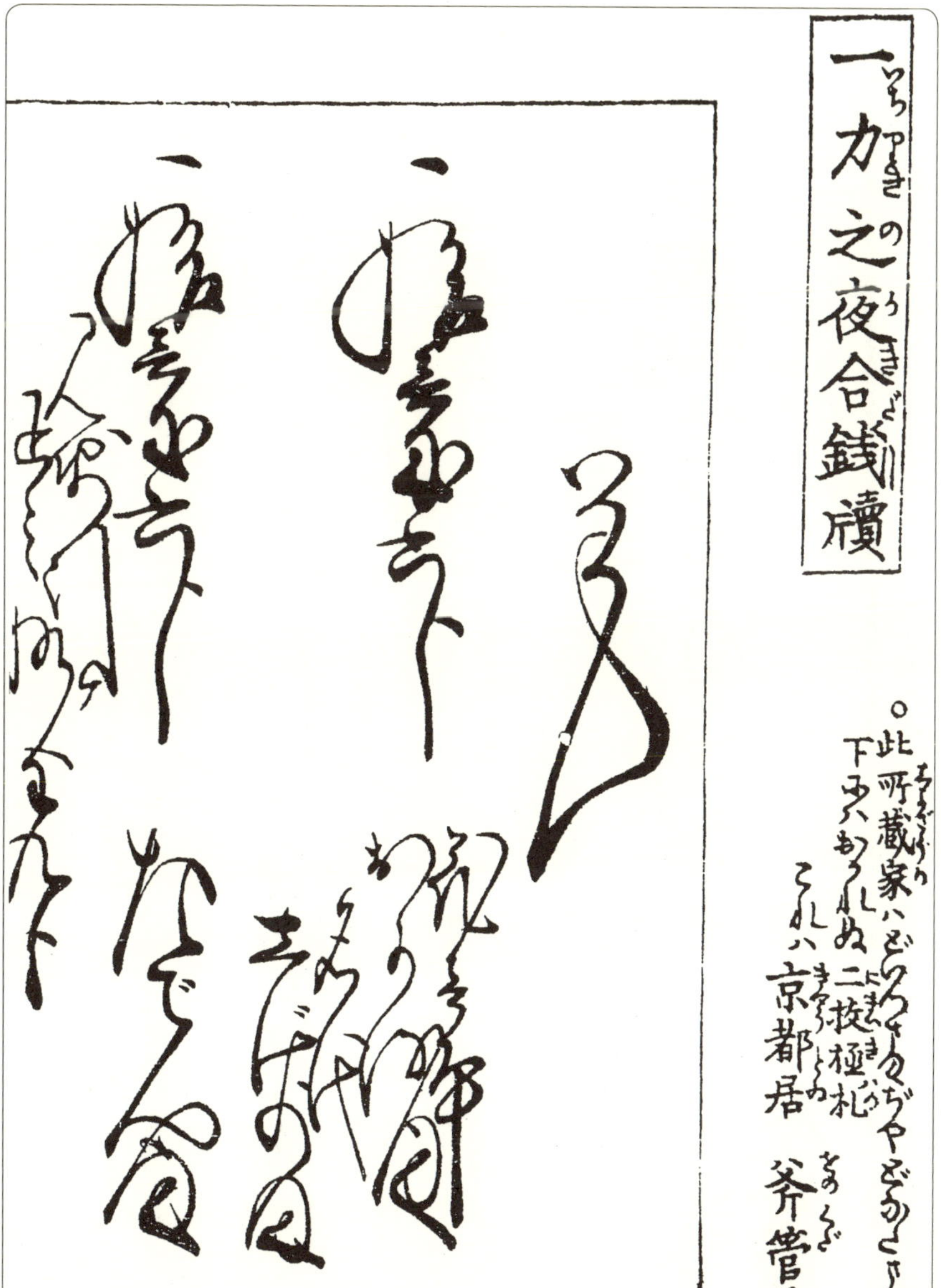
一力之夜合銭櫝
○此所蔵家ハ
下戸ハ　二枚極札
これハ京都居
斧嘗其瓛

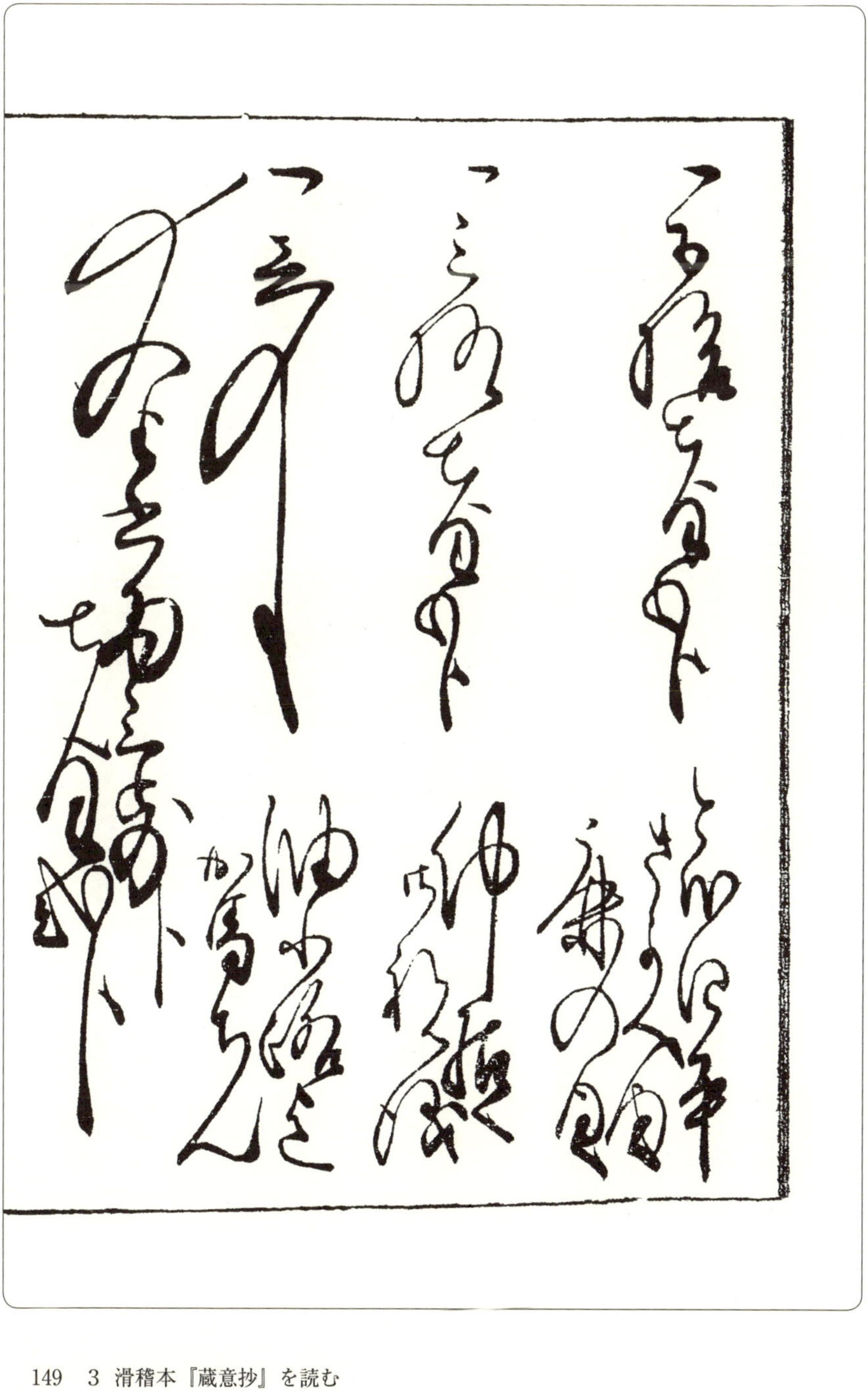

○十一丁表 六トいふハ すいろ りやうぶん 或ハ 十一丁六トと よむべし ○一見ハ 一寸見ト云 二寸ヲ 一度ノ 見物ト 参ツ 云 江戸ハ 二所 下ノ 語 祕 會 コナリ

○一力とハ祇園町乃娼楼なり今これと呼屋といふ彼一文字屋

かゝゆる子ども屋なるがたぐひと置屋といふこれハ江戸

一力がかけあんどうり［一力］とあるしるしハ家名と万屋と云

万乃字なり

江戸乃假在行なれバ万楼より万亭より何れも角とりフレ

といひ升を「京坂の假在行ぢやさかひ万の字を割て一力

と云ふかへる ○十一六捨壱文六トといふ鯡などいふを極

品として都ぐ花あそびとて花壱本ハ線香一本をいへり

○彼書出しの中ニ二百二十ト花四つとあるハ十七八利八とよく

各封中間なり「按ニ伴頭の當名ハ鷺坂伴内と一力ハ九太夫

ろ安書尾みぐく伴公ハ一ぶんの客なりあるに九太どのへとあるども

加ゝ茂川へ西くしはゑ手遣て伴内へ当番しとまゐりし流原

嶋本在おふく上がさの人情なり。正味と記さるハ一割引二割引

解読文

一力之(いちりきの)[1]夜合銭牘(かきだし)

○此所蔵家(しよざうか)ハどいつさまぢや、どなたさまぢや
下にハおかれぬ[2]二枚極札(にまいぎはめ)
これハ京都居(きやうとゐ)　[3]斧管(をのくだ)某蔵

覚

一、拾壱匁六分　　花壱本
おかるさま
名代
しげのさま

一、拾壱匁六分　　なでんさま
見勢引ヶ
正味拾匁九分

一、四拾五匁五分　　御料理代

一、弐匁三分　　十七八
花四ッ　　り八

一、七匁五分　　らうそく
鴨川

一、拾七匁五分　　水ざう水
拾人前

一、五拾七匁五分　　花四本
さかへさま
鹿のさま

一、三拾七匁五分　　仲居へ
御祝儀

一、壱〆　　油小路迄
駕ちん

〆金六両三歩ト
七匁弐分
此正味六両弐朱ト
弐分

右之通

八月十日　　万屋
徳兵衛
伴さま

○一力とは祇園町の妓楼[4]なり、今これを呼屋といふ、彼一文字屋がたぐひを[5]置屋といふ、これハ江戸にいハゆる子ども屋なり、一力がかけあんどうに

一力
万の字なり

としるしたるハ家名を万屋と云、江戸の[6]仮在行ならバ万楼とか万亭とか何とか角とかソレいひやす、「さいな京阪の仮在行ぢやさかひ、万の字を割て一力と云ふハいな　○十一六　拾壱匁六分をいふ、[7]鱗などいふを極品とす、都て花あそびとて、花壱本ハ線香一本をいへり

○彼書出しの中に二匁三分花四つとあるハ、十七八・利八とて各幇間なり、［按ニ伴さまの当名ハ[8]鷺坂伴内也、一力ハ九太夫か案内にて、伴公ハ一げんの客なり、しかるに九太夫どのハはからずも加茂川へ入水せしゆゑ、手速く伴内へ書出しを遣りしハ、流石に如在なき上がたの人情なり○正味と記たるハ一割引二割引也

○十一匁六分、これハ十いっちゑんろっぷん、或ハ十一ゑ六分とよむべし

△一見トハ一度ノ見参ヲ云、江戸ニ所謂初会[9]ノコトナリ

▼注

1、夜合銭牘……夜合銭は芸娼妓との遊興代金、玉代。牘は文書。

2、二枚極札……二枚鑑札、また二股膏薬と同義。

3、斧管某……斧九太夫のこと。赤穂藩の家老大野九郎兵衛がモデル、藩の重職にありながらいち早く逃

亡した。芝居では吉良方（師直）の間者（二枚極札）に仕立ててある。

4、妓楼……揚屋。遊里で、客が遊女屋（置屋）から遊女を呼んで遊興する家。

5、置屋……遊女を抱えておく家、ここでは客を遊ばせない。

6、仮在行……知ったかぶりする者。「利口張」「為知振」などの字をあてた例もある（前田勇編『江戸語の辞典』）。

7、鱗……△の印。遊女の格付けの記号で、名簿などに付いていた。

8、鷺坂伴内……芝居で高師直の家人。

9、ヿ……コトの合字。

❹ 夜討蕎麦の宣伝

義士の一人で、討入り後に姿を消して生き延びた寺坂吉右衛門の記録「寺坂信行自記」によれば、義士たちが討入り実行のため集結する途中、吉田忠左衛門・原惣右衛門・吉田沢右衛門ほか六、七人が茶屋に立ち寄って蕎麦を食べたと書かれています。

これにあやかって蕎麦屋が売り出した「夜討そば」の引き札（広告チラシ）がこれだというわけです。木版印刷に関わる職人の、字や絵を書く人・彫る人・刷る人すべての腕が悪くて、ひどい仕上がりだと笑わせているのが、いかにも滑稽本らしいではありませんか。

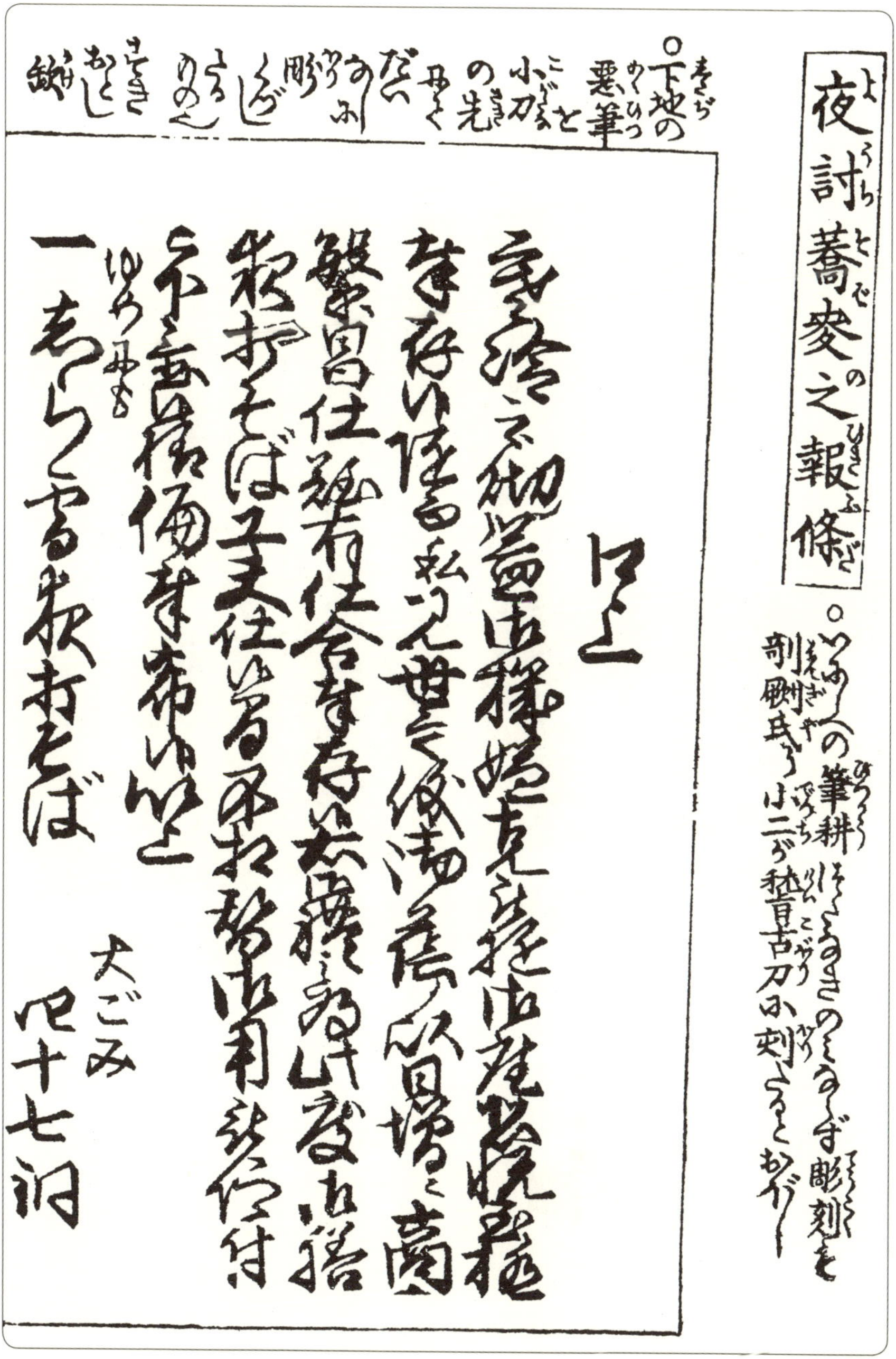
夜討蕎麦之報條
口上
大ごみ

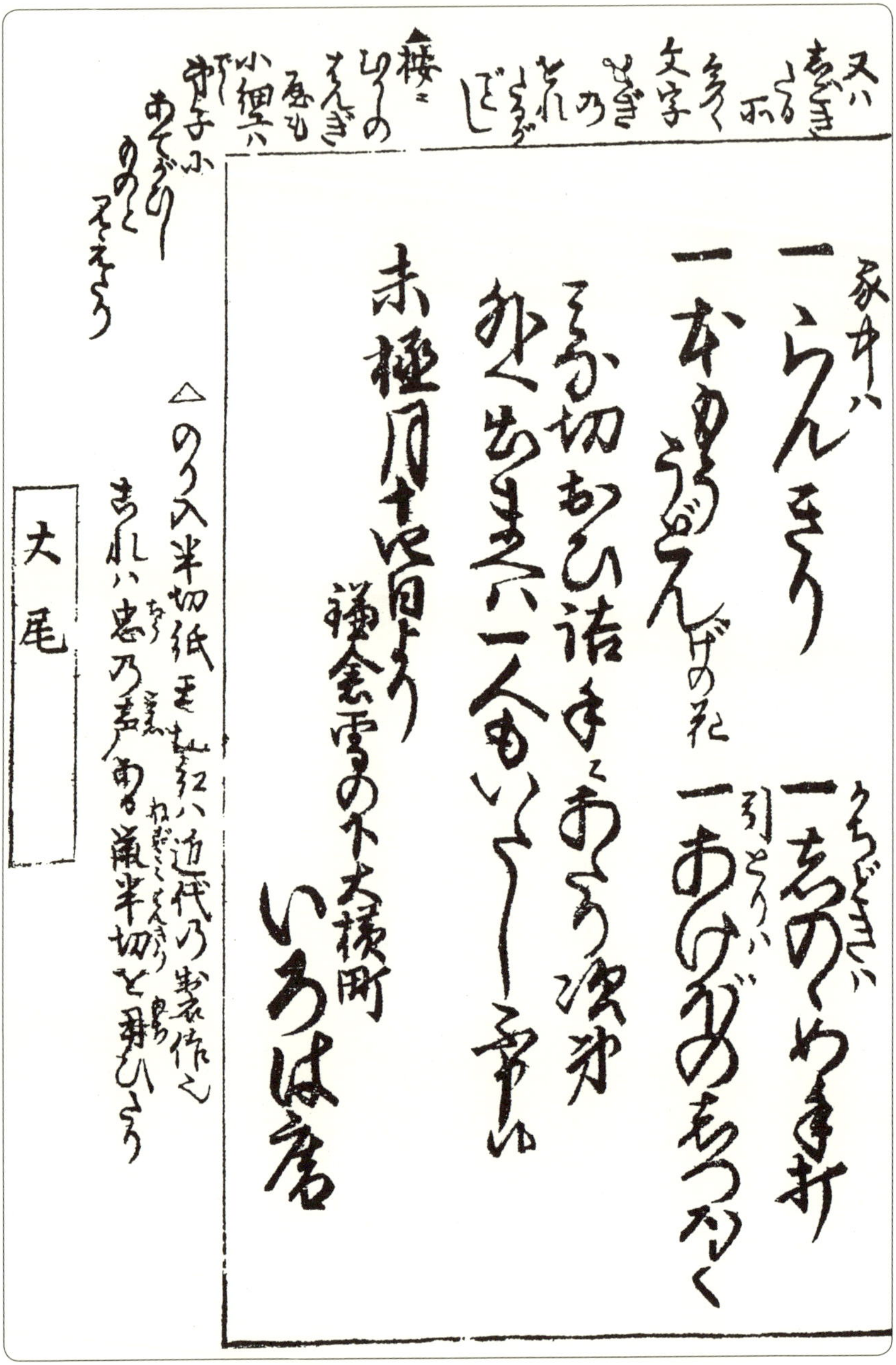
大尾
いろは屋

解読文

夜討蕎麦之(ようちそばの)[1]報條(ひきふだ)

○いにしへの筆耕(ひっかう)つたなきのミならず、彫刻(てうこく)も
[2]剞劂氏(はんぎや)の[3]小二(でっち)が稽古刀(けいこぼり)に刻(ほり)たるとおぼし

口上

寒冷之砌、益御機嫌克被レ遊ニ御座一恐悦至極
奉レ存候、随而私見世之儀、御蔭ヲ以日増ニ商
繁昌仕難レ有仕合奉レ存候、右御礼之為此度御膳
夜打そば工夫仕候間、不ニ相替一御用被ニ仰付一
被ニ下置一候様偏奉レ希候、以上

一、[4]ゆめにも しら[5]雪夜打そば　[6]大ごみ 四十七銅

一、[7]家中ハ らんきり　一、[8]かちどきハ しの、め手打
一、[9]本もうどんげの花　一、[10]引とりハ あけぼのしつぽく
ミな切、おひ詰、手ニあたり次第
[11]外へ出まへハ一人もいたし不レ申候
[12]未極月十四日より
[13]鎌倉雪の下大横町
[14]いろは庵

○[15]下地(したぢ)の悪筆(あくひつ)を、小刀(こがたな)の先(さき)にてだいなしに彫(ほり)くづしたるもの也、すきおとし、欠(かけ)、又ハしごきたる所多く、
文字くぎのをれたるがごとし
▲按ニむかしのはんぎ屋も小細工ハ弟子(でし)にあてがひしものと見えたり
△のり入半切紙天地紅ハ近代の製作也、これハ忠(ちう)の声(こゑ)ある鼠半切(ねずミはんぎり)を用(もち)ひたり

大尾

▼注

1、報條……報は通知、條は箇条書きの意。ひきふだはチラシのこと。

2、剞劂（はんぎ）……彫ること、または彫る道具。

3、小二（でっち）……丁稚。

4、ゆめにもしら雪～……夢にも知らなかった夜討と白雪をかけて。

5、夜打そば……手打ちに夜討をかけて。

6、大ごみ……四十七人が込み合って討ち入ったさまを指すか。

7、家中ハらんきり……吉良屋敷内の乱闘を表現。

8、かちどきハ～……しののめ（明け方）に勝どきをあげたので。

9、本もうどんげの花……本望を達したのは奇跡に近いことを、優曇華の花（三千年に一度しか花が咲かない）にたとえた。

10、引とりハ～……引き揚げは曙どきにしっぽり（しめやかに）と、卓袱料理をかけているか。

11、外へ出まへハ～……出前は「致さず」と、外へ逃げ「出ださせず」をかけて。

12、未極月……討入りは元禄十五年、午年であった。極月は十二月。

13、鎌倉雪の下大横町……往時鎌倉雪の下大町・小町にそば屋があったとは確認できない。単に「雪」字のつく町名をとっただけか。

14、いろは庵……義士の数（四十七）が、いろは歌の仮名の数に合うため、題名に「いろは」を冠する忠臣蔵物が多い。

15、下地の悪筆を～……次頁「彫りの技術」参照。

読み

口上

寒冷の砌、ますます御機嫌克く御座遊ばされ恐悦至極に存じ奉り候。随って私見世の儀、御蔭を以て日増に商い繁昌仕り有難き仕合せに存じ奉り候。右御礼の為このたび御膳夜打そば工夫仕り候間、あい替らず御用仰せ付けられ、下し置かれ候よう偏に希い奉り候。以上

一、夢にもしら雪夜打そば　大ごみ四十七銅

一、家中ハ乱切り　一、勝ちどきハしの丶め手打

一、本望うどんげの花　一、引取りハ曙しつぽく

皆切り、追い詰め、手に当り次第

外へ出前は一人もいたし申さず候

未極月十四日より

鎌倉雪の下大横町

いろは庵

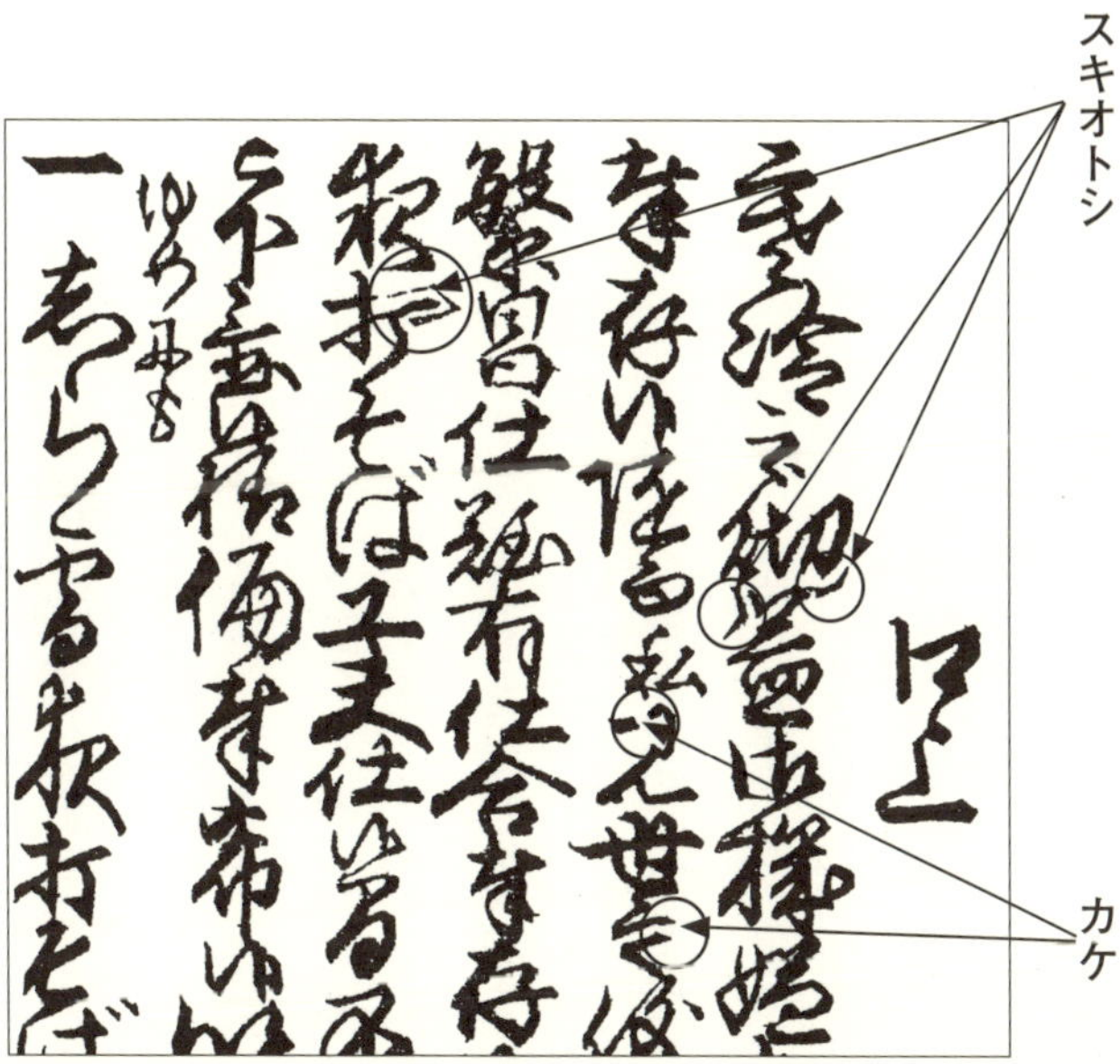

◆彫りの技術

スキトオシ……現在ではサライノコシと呼ぶ。本来、鑿でさらう（彫取る）部分が残ってしまっていること。

カケ……本来残すべき部分が取れてしまっていること。

シゴキ……本来は一度で細く彫るべきところを、太く彫ってしまい、後から手を入れて細く彫りなおすこと。彫師にとって「シゴク」ことは不名誉なことなので、シゴカないように作業しなければならない。

（アダチ伝統木版画技術保存財団の説明による）

4 勘定所御用達

天明年間（一七八一〜一七八九）は、天変地異が続いて米価高騰など世情は安定しませんでした。天明八年、幕府は民政安定のため、民間資本を導入して物価安定・資金融通などの政策を進めることになり、浅草の猿屋町に救荒の籾蔵と貸金会所を建設しました。

これに関連して、江戸を本拠地とする裕福な商人七人を選び出し、勘定所御用達という新設の役職に任じて財政運営に参画させます。ただし身分は町人のままでした。具体的には計三十三万両に達する御用金を拠出させ、これを資本金として米価安定（豊作時に買い集め、不作時に放出）のための米取引と、困窮者相手の金融事業を猿屋町会所で運営させるのですが、このため御用達商人たちは手代を会所に常駐させることになり、自らも交代で出勤することになりました。

この施策は寛政期に至り、松平定信の創設による「七分積金」という備荒貯蓄の制度に発展します。七分積金の資本金は、町内ごとに積み立てる一種の税制で、明治維新まで黒字の成果を維持し続け、財政難の明治新政府を救うことになりました。

① 勘定所御用達の任命……「聞書」／三井文庫蔵

町人が高額の御用金を命ぜられることは大迷惑で、誰もが御免蒙りたいところです。幕府側は当初十四人の江戸出身の豪商を候補者として審議の末、半数の七人にしぼりました。町人の身分は町奉行の管轄下にあって、通常のお達しは奉行所の白洲で承るのですが、このたびは勘定奉行が直轄で運営する事業に参画するため、武士なみの丁重なもてなしをもって勘定所の座敷に招かれ、幹部たちの挨拶を受けたのち奉行に会います。当初は出金について金額は示されず、御用達を命ずることと、三人扶持を与えることだけが伝えられました。七人は思いがけない待遇をうけ、関係先への御礼廻りをさせられたりしたあげく、結局は万両単位の出金と事業の運営を命じられました（氏名は一七七ページ参照）。

その経過を三井文庫蔵の文書で知ることができます。ここに掲げたものは、三井の大坂為替店の簿冊「聞書」に書き留められた、江戸からの報告です。この報告は、京都三井組の簿冊「江戸内無番状」に書き留められた後、大坂為替店で転写したものです。江戸一、いや日本一の豪商三井家としては、御用金情報に多大の関心を寄せていたことが察せられます。三井・鴻池など関西の大商人は、すでに元禄期から幕府の御為替御用達を拝命していましたから、このたびの江戸府内での事業への参画は免れたのでしょう。

御為替御用達の任務は、幕府が大坂で集積した金銀（年貢米を換金）を、一定期限内に江戸城へ運ぶことです。商人は預かった金銀を現ナマのまま輸送することはしません。商品を仕入れて江戸に運び、莫大な利益を生む売上げの中から、預かった金銀を御金蔵へ納めたので、笑いが止まらないほどの儲けを得ました。一方、勘定所御用達は御用金を出させられたうえ、手代を差し出して会所の運営にあたるなど、まったくのボランティアをさせられるのですから、誰も引受けたくないのが本音です。このため、幕府側は破格の待遇を与えることにしたのでしょう。

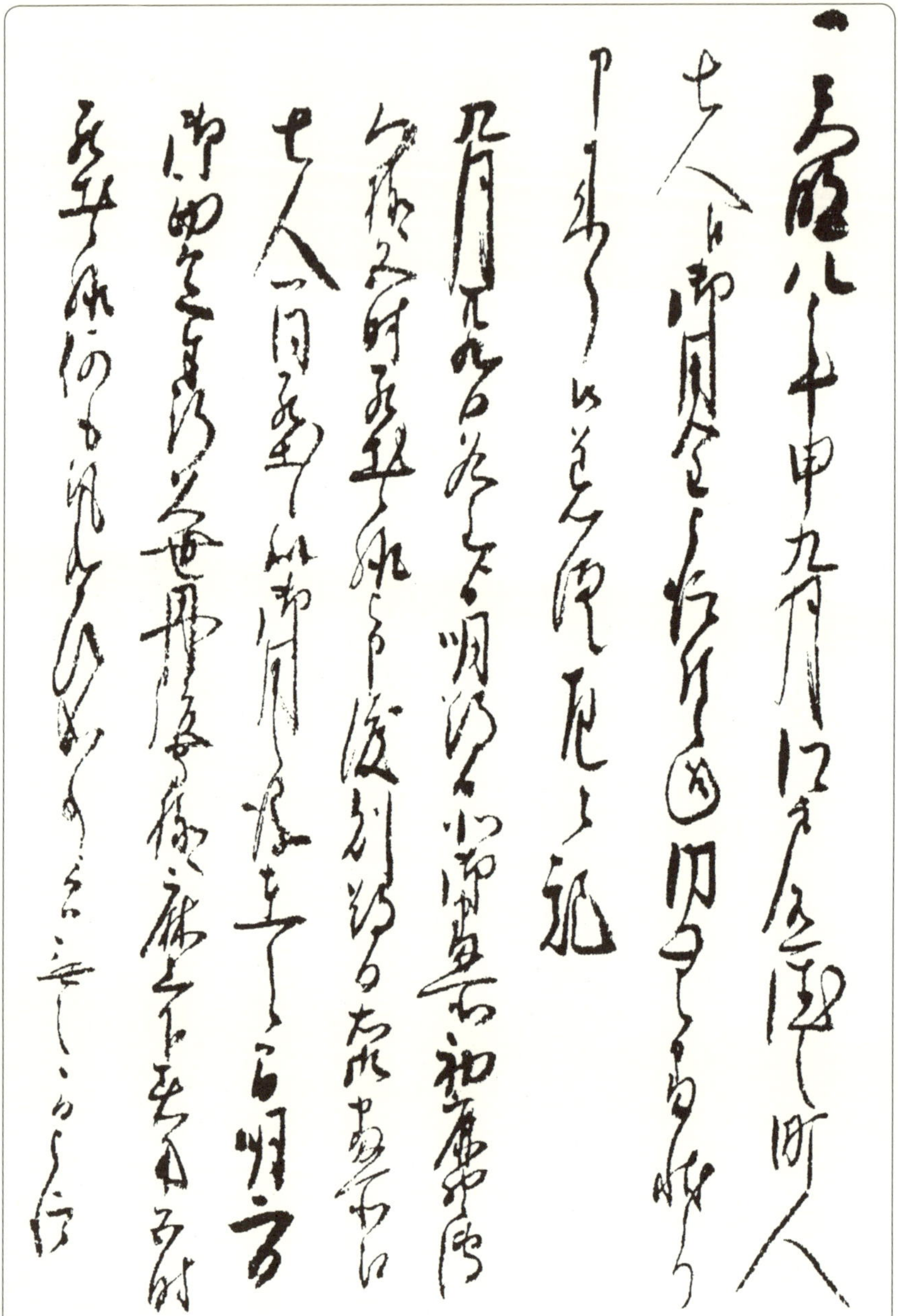

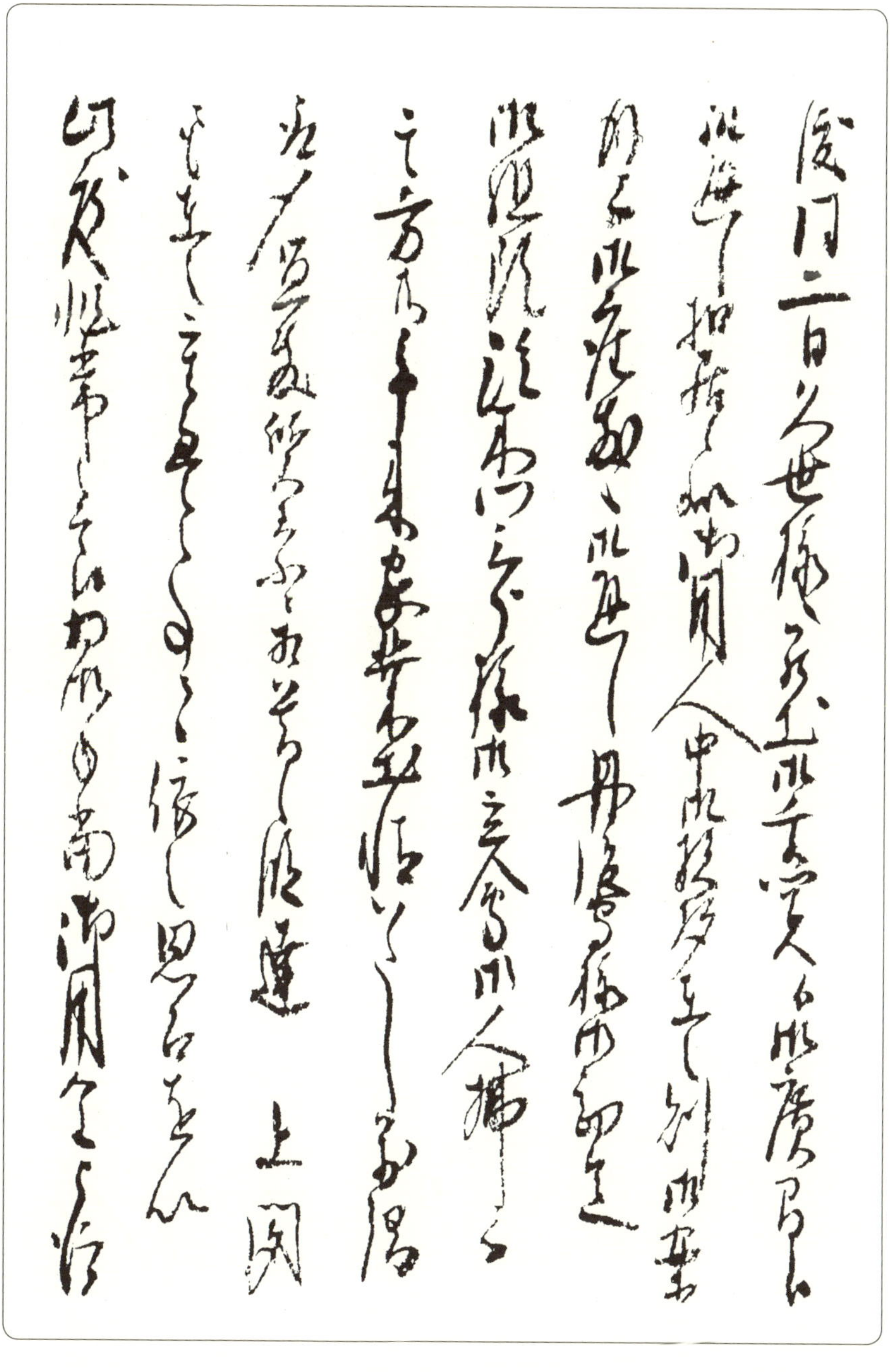

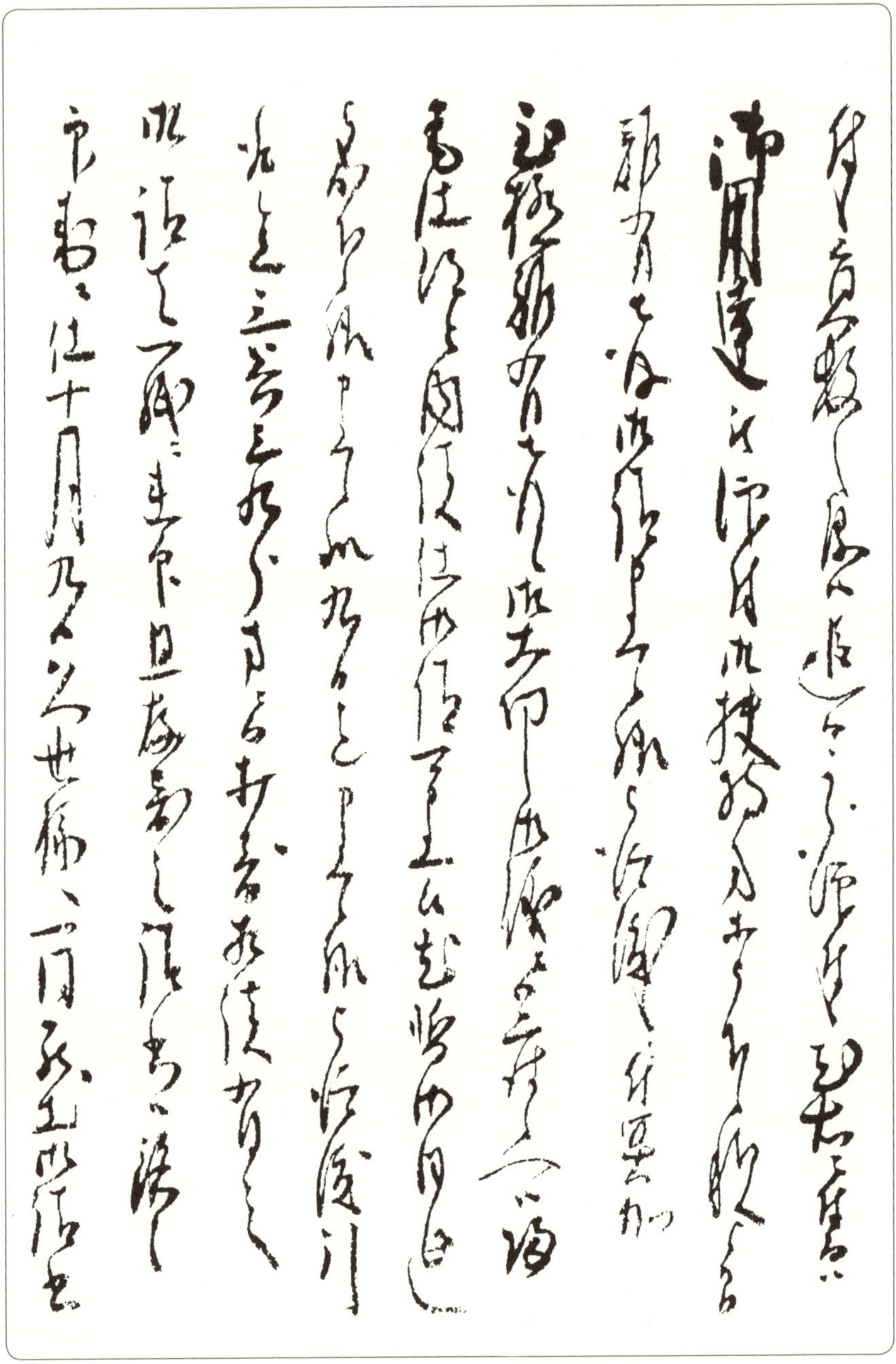

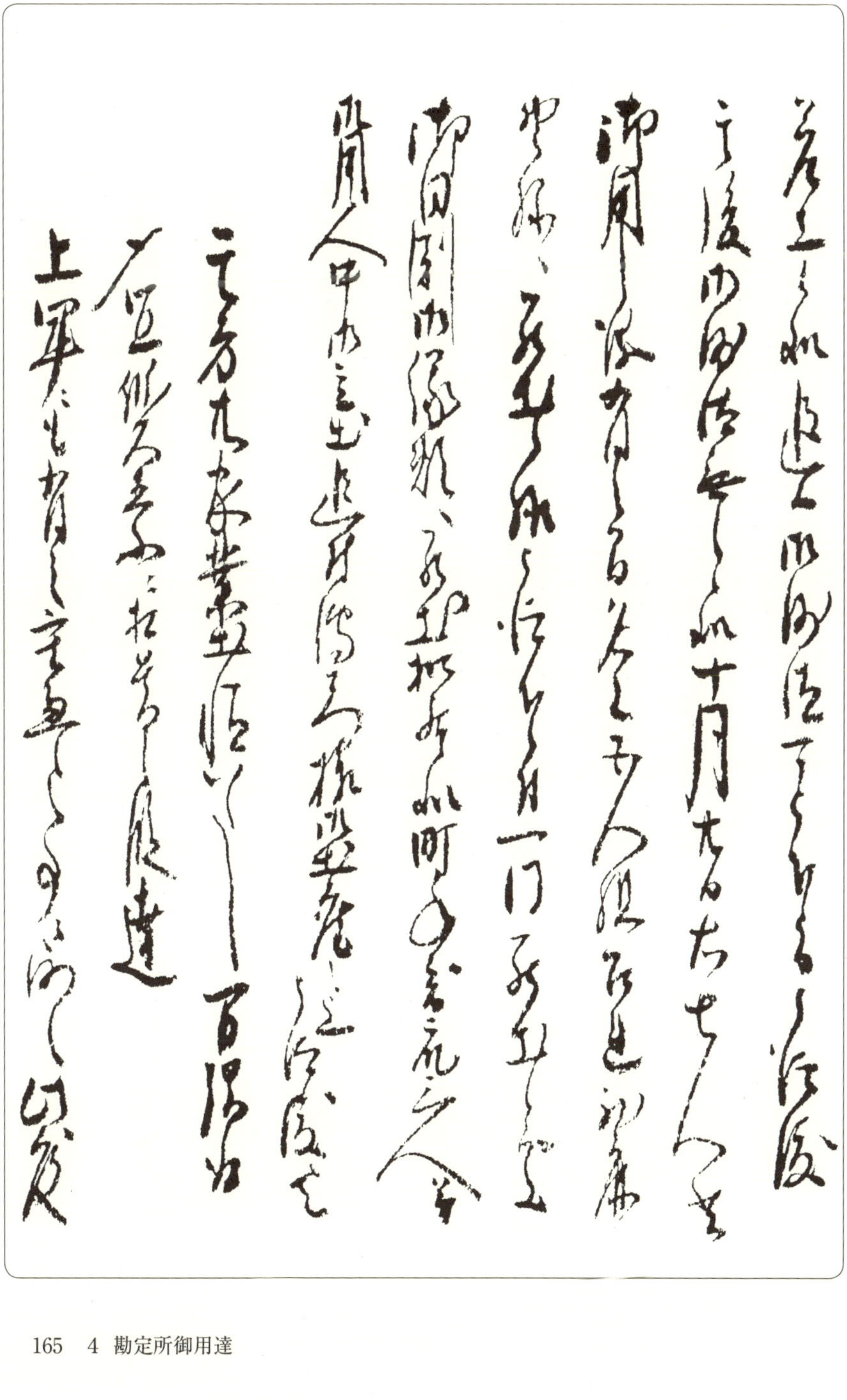

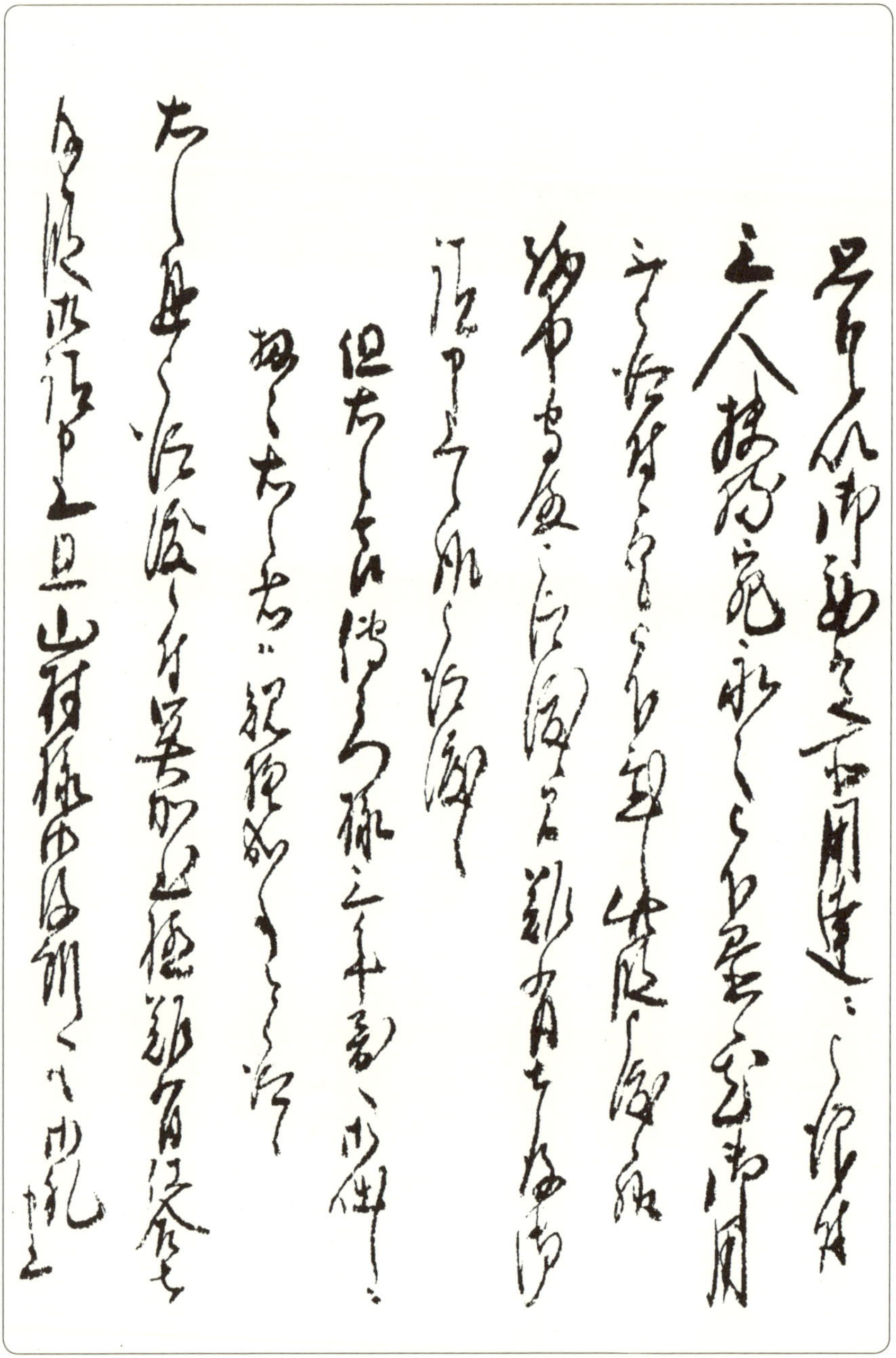

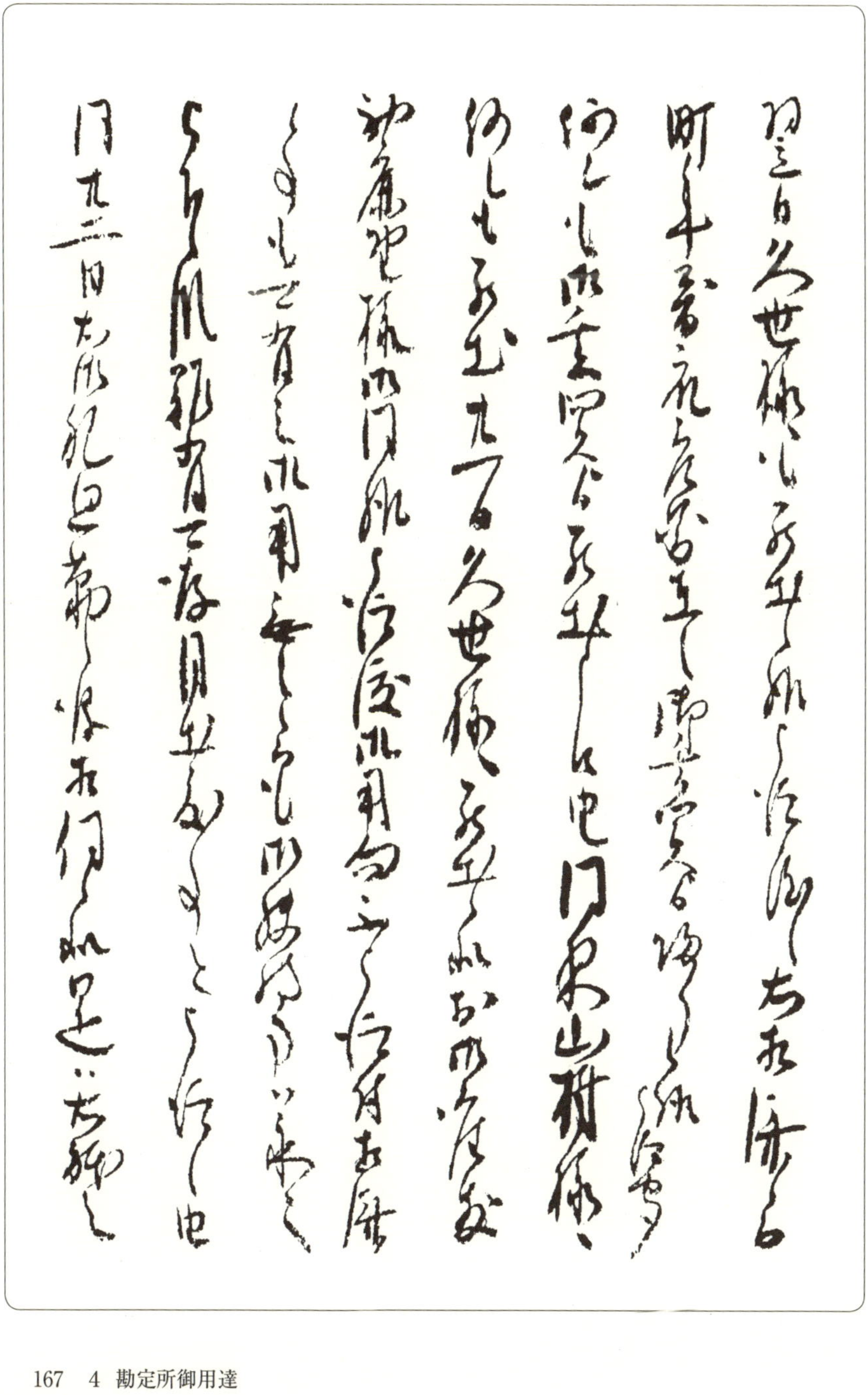

例ハ無之候得共、当日出役被仰聞候様存候、右之旨、

可令通達旨、[illegible]ニ付、[illegible]

可令承知者也

御老中様方　　御[illegible]

若御年寄様方　　同　　[illegible]

町御奉行様方　　同　　[illegible]

右之通[illegible]

[illegible]

[illegible]

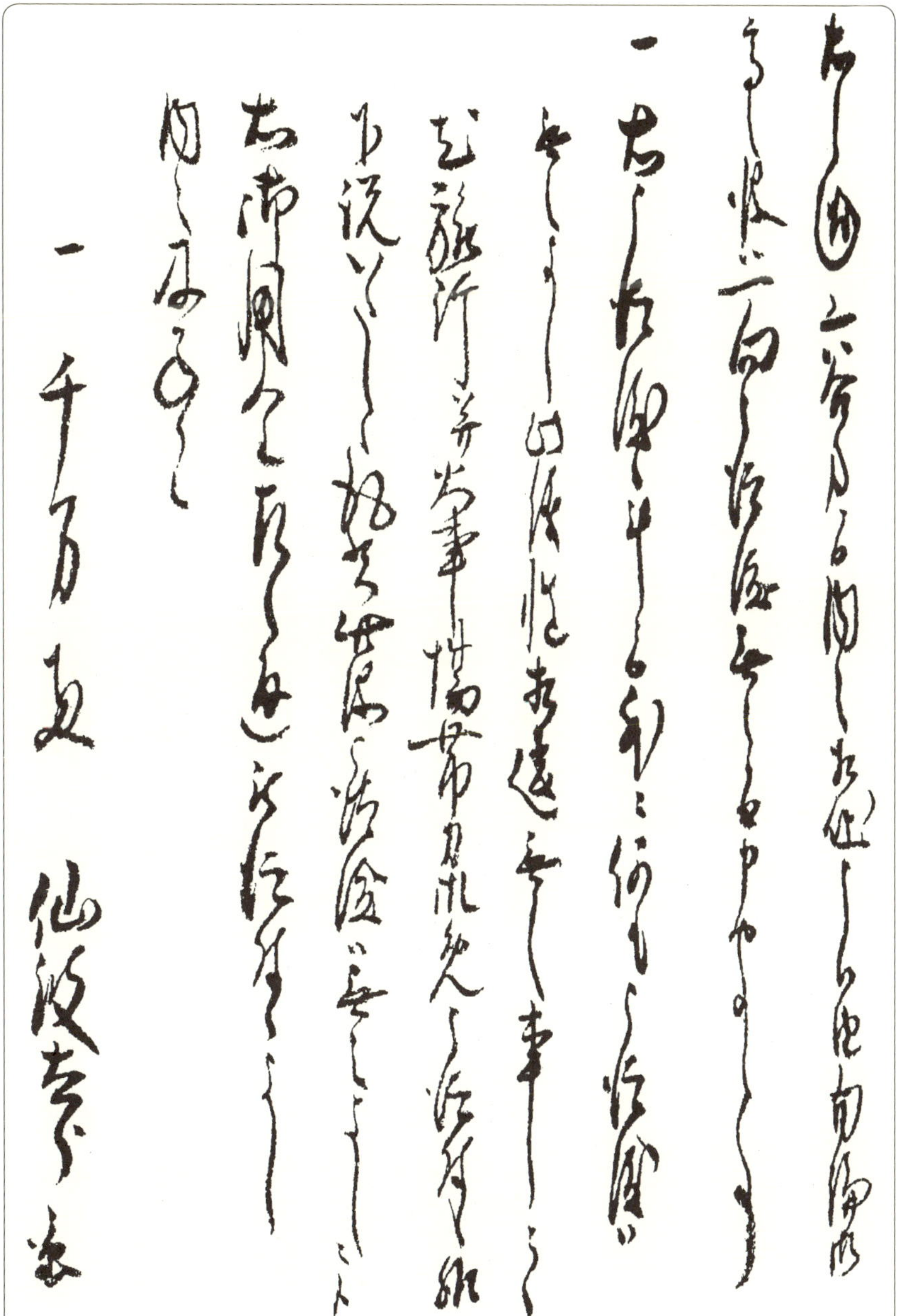

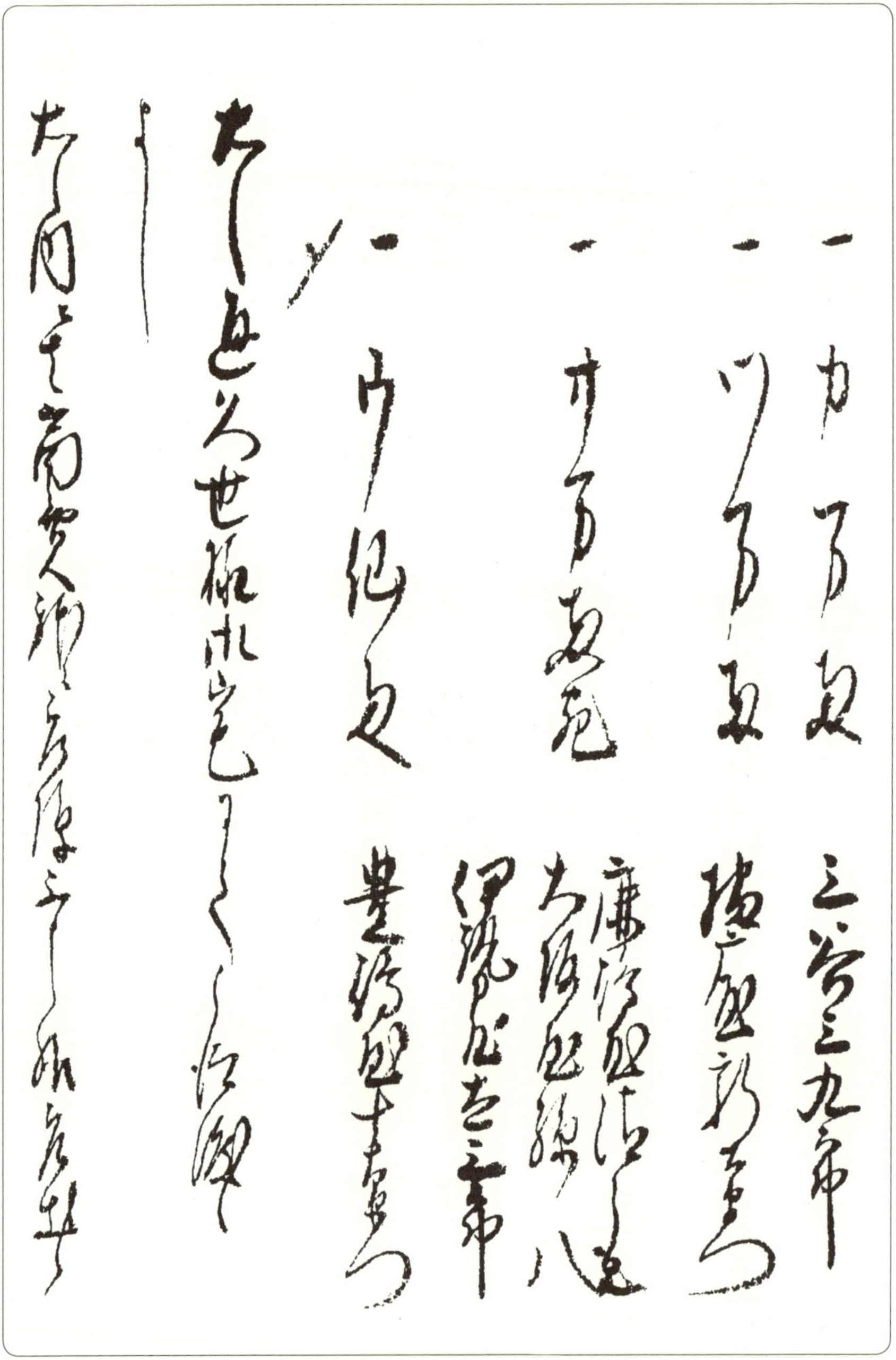

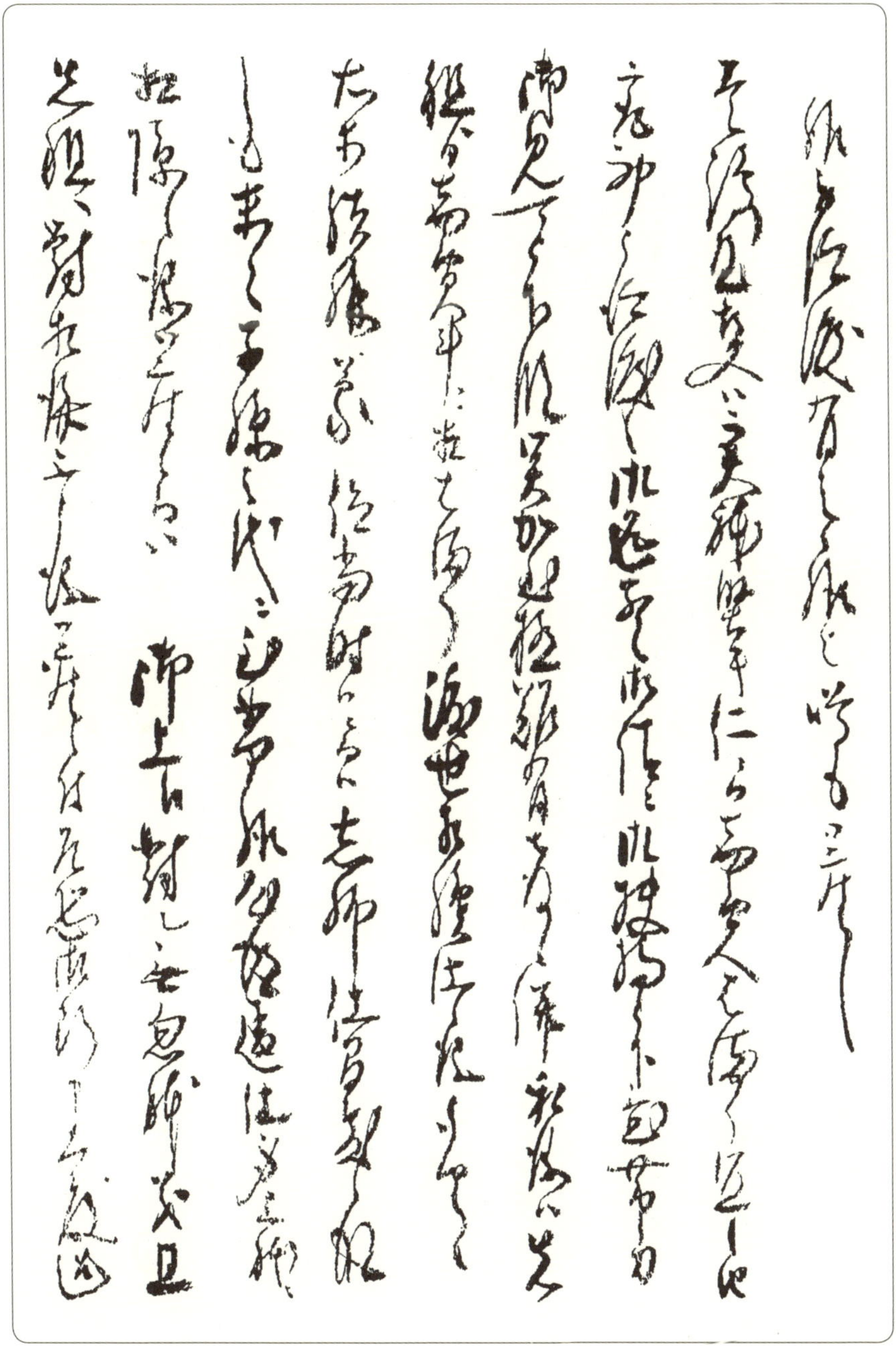

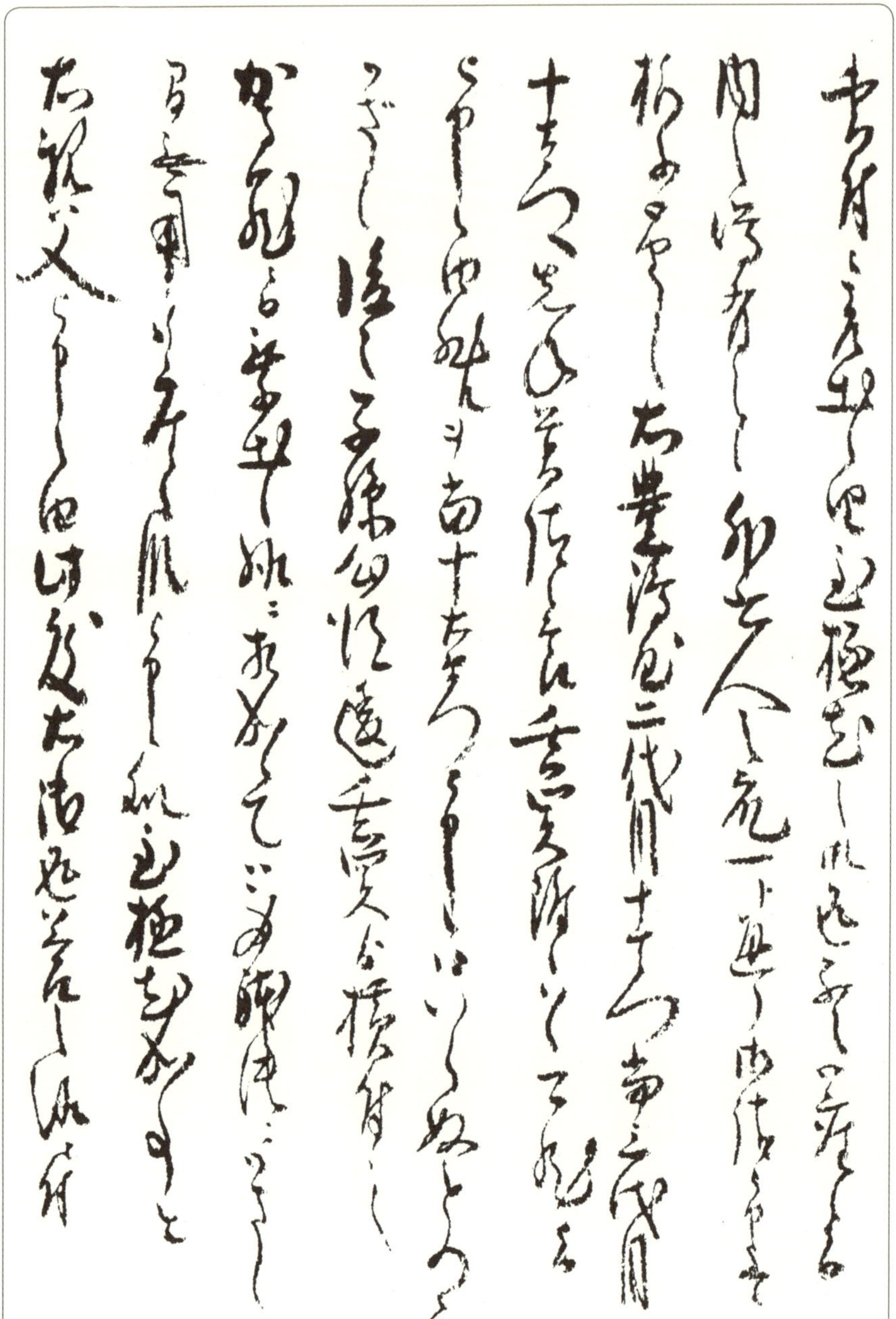

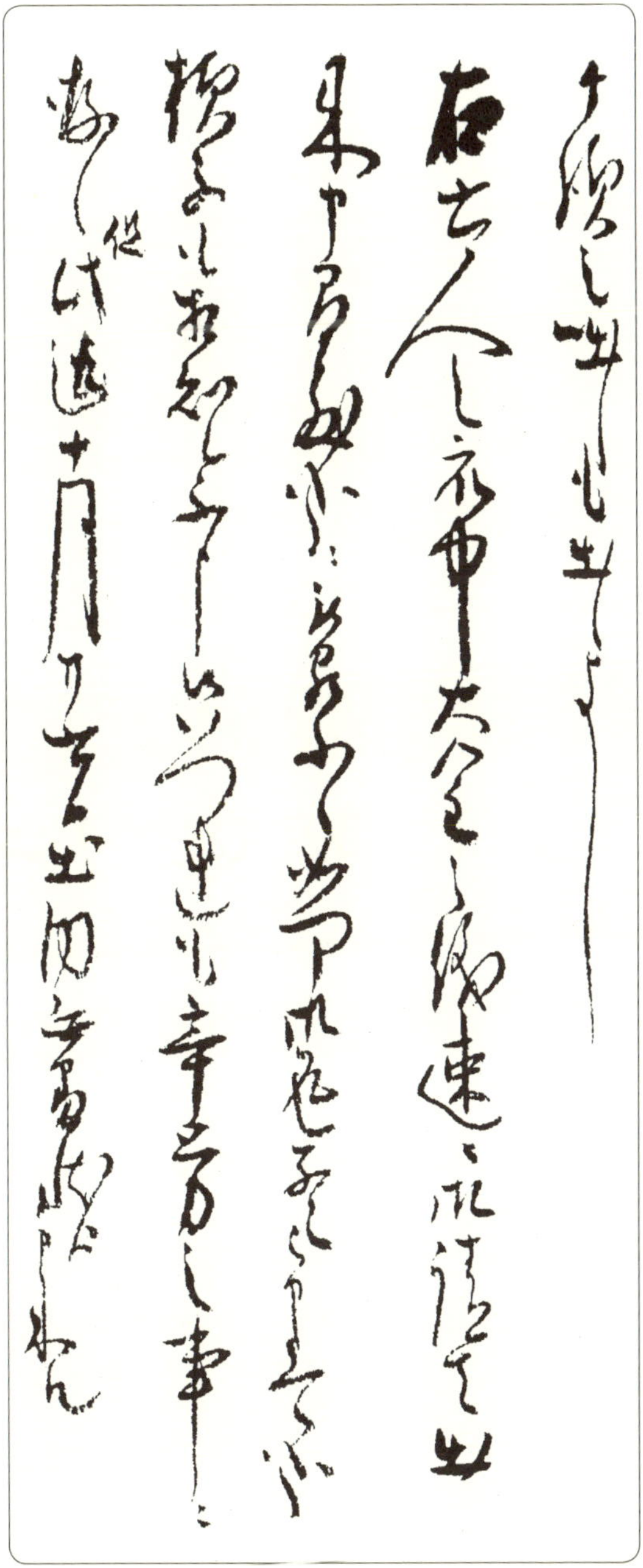

解読文（原文の改行位置を「」で示した）

一、天明八年申九月、江戸[1]有徳之町人七人江御用金被二仰付一候趣、内無番状[2]より」
申来り候、荒増左ニ記、」

九月廿九日、名主ゟ、明朔日北御番所[3]初鹿野伝右衛門様へ五時罷出候様被二申渡一、則朔日右御番所江」
七人一同罷出候処、御用之儀有レ之候間、明二日御勘定奉行久世丹後守様へ麻上下着用五時」
罷出候様、何も気遣ひ成事ニ而ハ無レ之旨被二仰渡一、同二日久世様へ罷出、御玄関ゟ御広間江」

御通し、控居候処、[4]御用人中御挨拶在レ之、則御案内ニ而御座敷へ御通し、丹後守様・御勘定」
御組頭鈴木門三郎様御立会、御人払ニ而、其方共年来家業出精いたし万端」
取〆宜敷質素ニ相暮し候段、達二　上聞ニも一在之重畳之事ニ候、依レ之思召を以、」
此度非常之節、為二[5]御手当一御用金被二仰付一候、[6]員数之儀ハ追而可レ被二仰付一候、尤右ニ付而ハ」
御用達ニ被二仰付一、御扶持方等被レ下候積ニ候間、難レ有奉レ存、御請申上候様被二仰渡一候ニ付、冥加」
至極難レ有奉レ存候、御大切之御儀ニ御座候へハ、帰宅仕、得と内談仕、御請可申上候、尤暫御日延」
被レ成レ下候様申上候処、九日迄ニ申上候様被二仰渡一、引取候上、三谷三九郎方ニ而打寄相談有レ之、」
御請は一紙ニ連印、且[7]存寄之請書ハ銘々印判ニ仕、十月九日久世様へ一同罷出、御請書」
差上候処、追而御沙汰可レ被レ下旨被二仰渡一、其後御沙汰無レ之候処、十月廿日右七人共」
御用之儀有レ之間、名主・五人組召連、初鹿野様へ罷出候様被二仰下一候付、一同罷出候処、」
御白洲御縁頬へ罷出控居候処、町年寄衆三人并御用人中御立出、追付伝右衛門様御出座之上被二仰渡一候は」

　其方共家業出精いたし、万端取〆宜、質素ニ相暮し候段、達二」
　上聞ニも一有レ之、重畳之事ニ候、仍レ之此度思召を以、御勘定所用達ニ被二仰付一、」
　三人扶持宛永々被二下置一候、尤御用不レ被二仰付一候而も被二下置一候、此段申渡候様」
　[8]越中守殿被二仰渡一候間、難レ有奉レ存御請申上候様被二仰渡一候、」

　　但、右之節伝右衛門様、三年寄へ御咄しニ、扨々右之者ハ[9]規模成事と被レ仰候、」

右之通被二仰渡一候付、冥加至極難レ有仕合奉レ存候段御請申上、且[10]山村様御役所へも御礼申上、」
翌日久世様へも罷出候様被二仰渡一候、右相済候而町年寄衆差図在レ之、御玄関ゟ帰り候様被二仰聞一」
何レも御玄関ゟ罷出申候由、同夜山村様へ何レも罷出、廿一日久世様へ罷出候処、於二御座敷一」
初鹿野様御同様被二仰渡一、御用向不レ被二仰付一相済候事も可レ有レ之、御用無レ之候而も御扶持方ハ永々」

被レ下候段難レ有可レ存、目出度事と被レ仰候由、同廿二日右御礼廻勤之儀相伺候処、是ハ右躰之」
例ハ無レ之、近年[11]岡田次助御用被二仰付一候、右之者へ[12]承合廻勤いたし候様との義ニ付、岡田次助方江」
承合候処左之通」

御老中様方　御勘定奉行様方」
若御年寄様方　同御吟味役様方」
町御奉行様方　同御組頭様方」

右之通相廻り可レ然旨ニ付、同廿四日・廿五日段々御礼相廻り候由、是迄御用等御役人様方」
相勤候儀一向無レ之、何れも甚心遣之由、」

一、右之趣三谷方ニ而相咄し候由、勿論御高之儀ハ一向被二仰渡一無レ之由、申聞候事、」
右被二仰渡一候計ニ而外ニ何も被二仰渡一ハ無レ之よし、此儀慥相違無レ之事ニ候、」
尤旅行并火事場帯刀御免被二仰渡一候様下[13]説いたし候得共、此儀被二仰渡一ハ無レ之よしニ候、」
右御用金左之通被二仰付一候よし内々及二承り一候、」

一、チ[14]万両　仙波太郎兵衛」
一、カ万両　三谷三九郎」
一、ツ万両　播磨屋新右衛門」
一、サ万両宛　鹿嶋屋清兵衛」
大坂屋孫八」
伊勢屋太三郎」
一、ウ仙両　豊嶋屋十右衛門」
〆

右之通久世様御宅にて被二仰渡一候よし、」

一、右之内ニは、商売躰ニ差障不レ申様差出候様被二仰渡一有レ之候様之噂も御座候、」

一、[15]豊嶋屋事ハ実躰堅キ仁ニ而、商売はまり宜候由、最初被二仰渡一候御返答御請ニ、御扶持被二下置一帯刀」御免可レ被レ下段冥加至極難レ有奉レ存候、併私儀ハ先祖ゟ商売計ニ相はまり渡世相続仕候儀御座候、」右等結構ニ蒙レ仰、当時ニ而ハ忘脚仕間敷候得とも、末々子孫之代ニ至、如何様心得違仕、[16]身上躰ニ」相障候儀御座候而ハ、御上江対し無二勿躰一義、且先祖へ対相済不レ申儀御座候付、乍レ恐御断申上度趣」書付ニ差出候由、至極尤之御返答御座候旨、内々噂有レ之候、外六人之衆一ト通り御請被二申上一候」様子御座候、右豊嶋屋二代目十右衛門、当三代目十右衛門へ、先年普請之節玄関附候ハ、可レ然旨」被レ申候由、然ルヲ当十右衛門被レ申候ハ、いらぬものニ御ざ候、後々子孫心得違玄関ゟ横付之」駕籠ニ而乗出候様ニ相成候てハ、[17]身躰潰ニ御さ候間、無用ニ御座候段被レ申候処、至極尤成事と」右親父被レ申候由、此度右御返答之趣ニ付、ヶ様之咄しも出候よし、」

一、右六人之衆中、大金之儀速ニ御請は出来申間敷哉ニ被レ察候、如何御返答被二申上一候哉」様子も相知レ不レ申候、いつれも辛労之事ニ存候、但此趣十月廿六日出内無番状ゟ申来ル、」

▼注

1、**有徳之町人**……裕福な町人、徳のある意もあり。
2、**内無番状**……三井家内部の文書事務で、営業関係文書（発簡易番号を付す）以外の情報連絡など、発簡番号のつかない書状。
3、**北御番所**……北町奉行所、奉行は初鹿野伝右衛門。
4、**御用人中～**……勘定奉行所の役人らの挨拶があって。
5、**為御手当**……非常時の応急対策のため。
6、**員数**……御用金の金額。
7、**存寄之請書**……思案して書き上げた請書。
8、**越中守**……老中松平定信、幕閣中の最高実力者。
9、**規模成事**……名誉な事。
10、**山村様御役所**……南町奉行（山村良旺）役所。
11、**岡田次助**……天明七年十一月朝鮮人参座が廃止されるまで、同座の引請人だった。

12、**承合**……問い合わせ。

13、**下説**……しもじもでの風説。

14、**チ万両〜**……三井家の符丁で記されている。

一　二　三　四　五　六　七　八　九　十

イ　セ　マ　ツ　サ　カ　エ　チ　ウ　シ

金額と氏名を整理すれば

一、八万両　芝田町　牛車運送　仙波太郎兵衛

一、六万両　本革屋町　両替屋　三谷三九郎

一、四万両　金吹町　両替屋　播磨屋新右衛門

一、五万両ずつ　霊岸嶋　酒問屋　鹿島屋清兵衛

本石町　薬種商　大坂屋孫八

三田　両替屋　伊勢屋弥三郎

一、九千両　鎌倉町　酒商売　豊嶋屋重右衛門

15、**豊嶋屋**……鎌倉河岸（現千代田区内神田）で荷揚げ人足等に安く酒を提供して身を立て、分限者となる。雛祭りの白酒販売時の盛況が、『江戸名所図会』に出ている。今なお健在、千代田区猿楽町で営業中。

16、**身上**……しんしょう。財産。

17、**身躰**……身代、しんだい。財産。身上に同じ。

読み

一、天明八年申の九月、江戸有徳の町人七人へ御用金仰せ付けられ候趣、内無番状より申し来たり候。あらまし左に記す。

九月廿九日、名主より

「明朔日、北御番所初鹿野伝右衛門様へ五っ時罷り出で候よう」

申し渡され、すなわち朔日、右御番所へ七人一同罷り出で候ところ

「御用の儀これ有り候間、明二日御勘定奉行久世丹後守様へ、麻裃着用五っ時罷り出で候よう、何も気遣い成る事にてはこれ無き」

旨、仰せ渡され、同二日久世様へ罷り出で、御玄関より御広間へ御通し、控え居り候ところ、御用人中御挨拶これ在り、すなわち御案内にて御座敷へ御通し、丹後守様・御勘定御組頭鈴木門三郎様御立会、御人払いにて、

「その方ども年来家業出精いたし、万端取りしまりよろしく質素にあい暮し候段、上聞にも達しこれ

在り、重畳の事に候、これに依り、思し召しを以て、このたび非常の節、御手当のため御用金仰せ付けられ候、員数の儀は追て仰せ付けらるべく候、もっとも右に付ては、御用達に仰せ付けられ、御扶持方等下され候積りに候間、有難く存じ奉り、御請け申し上げ候よう」

仰せ渡され候に付き、

「冥加至極有難く存じ奉り候、御大切の御儀に御座候えば、帰宅仕り、とくと内談仕り、御請け申し上ぐべく候、もっとも暫く御日延べ成し下され候よう」

申し上げ候ところ、

「九日迄に申し上げ候よう」

仰せ渡され、引取り候うえ、三谷三九郎方にて打ち寄り相談これ有り、御請は一紙に連印、かつ存じ寄りの請書は銘々印判に仕り、十月九日久世様へ一同罷り出で、御請書差し上げ候ところ、

「追て御沙汰下さるべき」

旨仰せ渡され、その後御沙汰これ無く候ところ、十月廿日

「右七人ども御用の儀これ有る間、名主・五人組召し連れ、初鹿野様へ罷り出で候よう」

仰せ下され候に付き、一同罷り出で候ところ、御白洲御縁側へ罷り出で控え居り候ところ、町年寄衆三人ならびに御用人中御立ち出で、追っ付け（初鹿野）伝右衛門様御出座のうえ仰せ渡され候は

「その方ども、家業出精いたし、万端取りしまりよろしく、質素にあい暮し候段、上聞にも達しこれ有り、重畳の事に候、これに依りこのたび思し召しを以て御勘定所用達に仰せ付けられ、三人扶持ずつ永々下し置かれ候。もっとも御用仰せ付けられず候ても下し置かれ候。この段申し渡し候よう、越中守殿（老中松平定信）仰せ渡され候間、有難く存じ奉り御請け申し上げ候よう」

仰せ渡され候。ただし右の節、伝右衛門様、三年寄へ御話しに、

「さてさて右の者は規模成る事」

と仰せられ候。

右の通り仰せ渡され候に付き、

「冥加至極有難き仕合わせに存じ奉り候」

段御請け申し上げ、かつ山村様（南町奉行）御役

所へも御礼申し上げ、

「翌日久世様へも罷出候よう」

仰せ渡され候。

右あい済み候て町年寄衆指図これ在り、

「御玄関より帰り候よう」

仰せ聞けられ、何れも御玄関より罷り出で申し候由。

同夜山村様へ何れも罷り出で、廿一日久世様へ罷り出で候ところ、御座敷において初鹿野様御同様仰せ渡され、

「御用向仰せ付けられずあい済み候事もこれ有るべし、御用これ無く候ても、御扶持方は永々下され候段、有難く存ずべし、目出たき事」

と仰せられ候由。

同廿二日右御礼廻勤の儀あい伺い候ところ、

「これは右体の例はこれ無し、近年岡田次助御用仰せ付けられ候、右の者へ承け合い廻勤いたし候よう」

との義に付き、岡田次助方へ承け合い候ところ左の通り

御老中様方　御勘定奉行様方
若御年寄様方　同御吟味役様方

町御奉行様方　同御組頭様方

右の通りあい廻り然るべき旨に付き、同廿四日・廿五日段々御礼あい廻り候由。

これ迄御用等御役人様方（へ）あい勤め候儀一向（に）これ無く、何れも甚だ心遣いの由。

右の趣三谷方にてあい話し候由。勿論御高の儀は一向（に）仰せ渡されこれ無き由、申し聞け候事。
一、右、仰せ渡され候ばかりにて、外に何も仰せ渡されはこれ無きよし、この儀確かに相違これ無き事に候。
もっとも、旅行ならびに火事場帯刀御免被仰せ渡され候よう下説いたし候えども、この儀被仰せ渡されはこれ無き由に候。

右御用金左の通り仰せ付けられ候由、内々承り及び候、

一、チ（八）万両　仙波太郎兵衛
一、カ（六）万両　三谷三九郎
一、ツ（四）万両　播磨屋新右衛門
一、サ（五）万両ずつ　鹿嶋屋清兵衛
大坂屋孫八

一、ウ（九）千両　　伊勢屋太三郎
〆（以上）　　豊嶋屋十右衛門

右の通り久世様御宅にて仰せ渡され候由。
一、右の内には、
「商売体に差し障り申さずよう差し出し候よう」

仰せ渡されこれ有り候ようの噂も御座候。
一、豊嶋屋事は実体堅き仁にて、商売はまり宜しく候由。最初仰せ渡され候御返答御請けに、
「御扶持下し置かれ、帯刀御免下さるべき段、冥加至極有難く存じ奉り候。しかしながら私儀は先祖より商売ばかりにあいはまり、渡世相続仕り候儀（に）御座候。右等結構に仰せ蒙り、当時にては忘却仕るまじく候えども、末々子孫の代に至り、いかよう心得違い仕り、身上体にあい障り候儀御座候ては、
御上へ対し勿体無き義、かつ先祖へ対しあい済み申さざる儀（に）御座候に付き、恐れながら御断わり申し上げたき」
趣、書付に差し出し候由。至極もっともの御返答御座候旨、内々噂これ有り候。

外六人の衆、ひと通り御請け申し上げられ候様子（に）御座候。

右豊嶋屋二代目十右衛門、当三代目十右衛門へ、先年普請の節、

「玄関付け候わば然るべき」

旨、申され候由。然るを当十右衛門申され候は、

「要らぬものに御座候、後々子孫心得違い、玄関より横付けの駕籠にて乗り出し候ようにあい成り候ては、身代潰れに御座候間、無用に御座候」

段、申され候ところ、

「至極もっとも成る事」

と、右親父申され候由。

このたび右御返答の趣に付き、かようの話しも出候由。
一、右六人の衆中、大金の儀、速やかに御請けは出来申すまじくやに察せられ候。いかが御返答申し上げられ候や、様子もあい知れ申さず候。何れも辛労の事に存じ候。
ただし、この趣十月廿六日出、内無番状より申し来る。

❷ 勘定所御用達の身分決定……「安永撰要類集」／国立国会図書館蔵

七人の町人が勘定所御用達に任命され、扶持を受けることになって、この七人は武士なのか町人なのか、どちらの身分で処遇するのかが問題となりました。江戸で名主の総監督者である町年寄奈良屋市右衛門から町奉行所に対し伺いが出ました。七人が勘定所支配になるならば、町人の戸籍（人別）はどうなるのか、お上からのお達しは誰が伝えるのか、所持屋敷の管轄はどこになるのか、両替商（町人）にだけ許されている天秤の所持はどうか、商売仲間同士（町人）の付き合いはどうなるか等々の事例を挙げての質問です。

町奉行は、この伺いを別紙として添付し、勘定奉行に問い合わせました。町奉行としては、為替御用達と同様に、町奉行支配としたい趣旨です。

勘定奉行は、これに同意の旨、下げ札を付して回答しています。

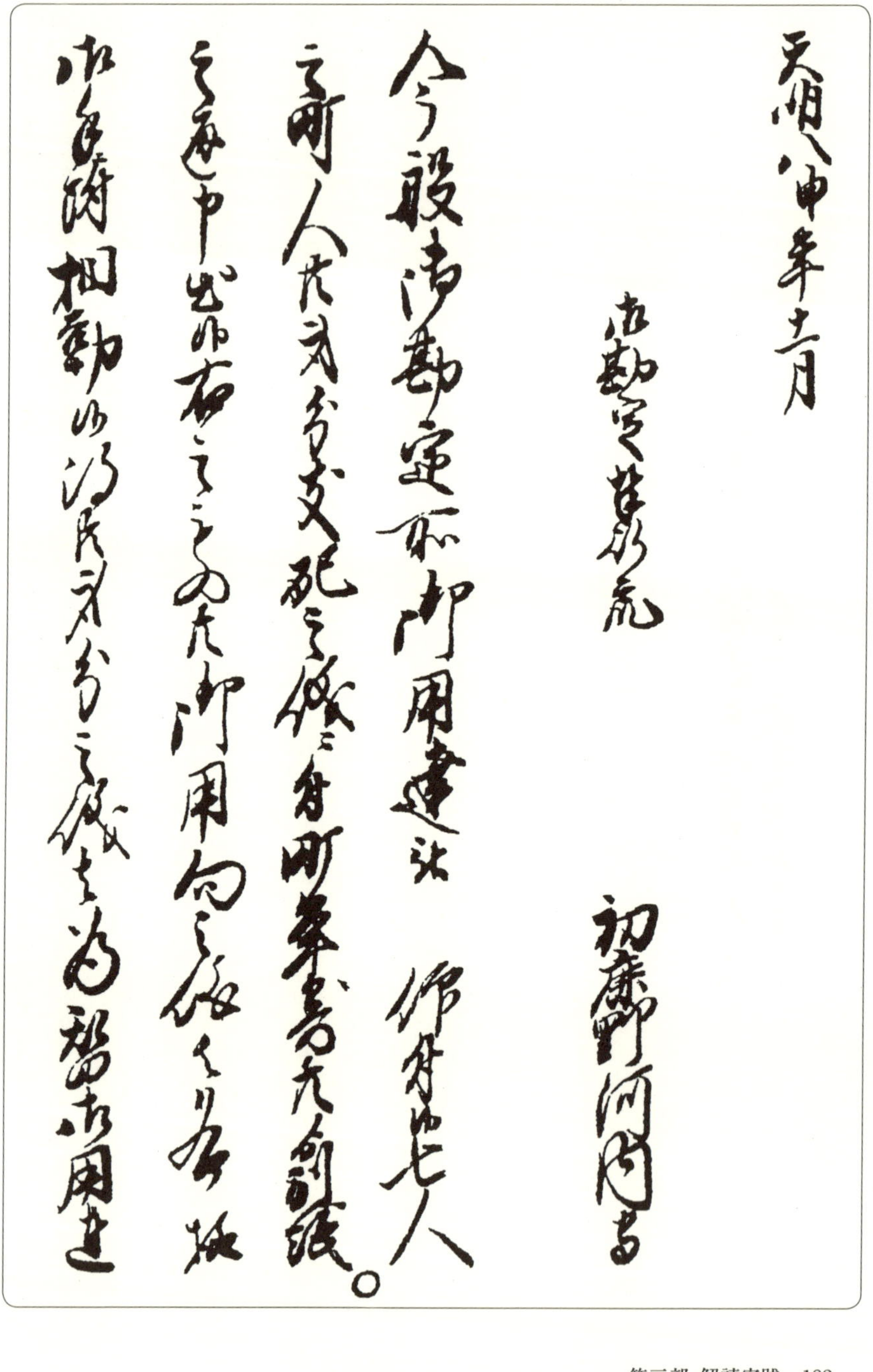
天明八申年十二月
御勘定奉行
初鹿野河内守
今般[illegible]勘定所御用達被 仰付候七人
之商人[illegible]之儀ニ付町奉行[illegible]申渡。
之者迄中出来[illegible]町人御用向之儀ハ[illegible]
[illegible]相勤候[illegible]之儀[illegible]御用達

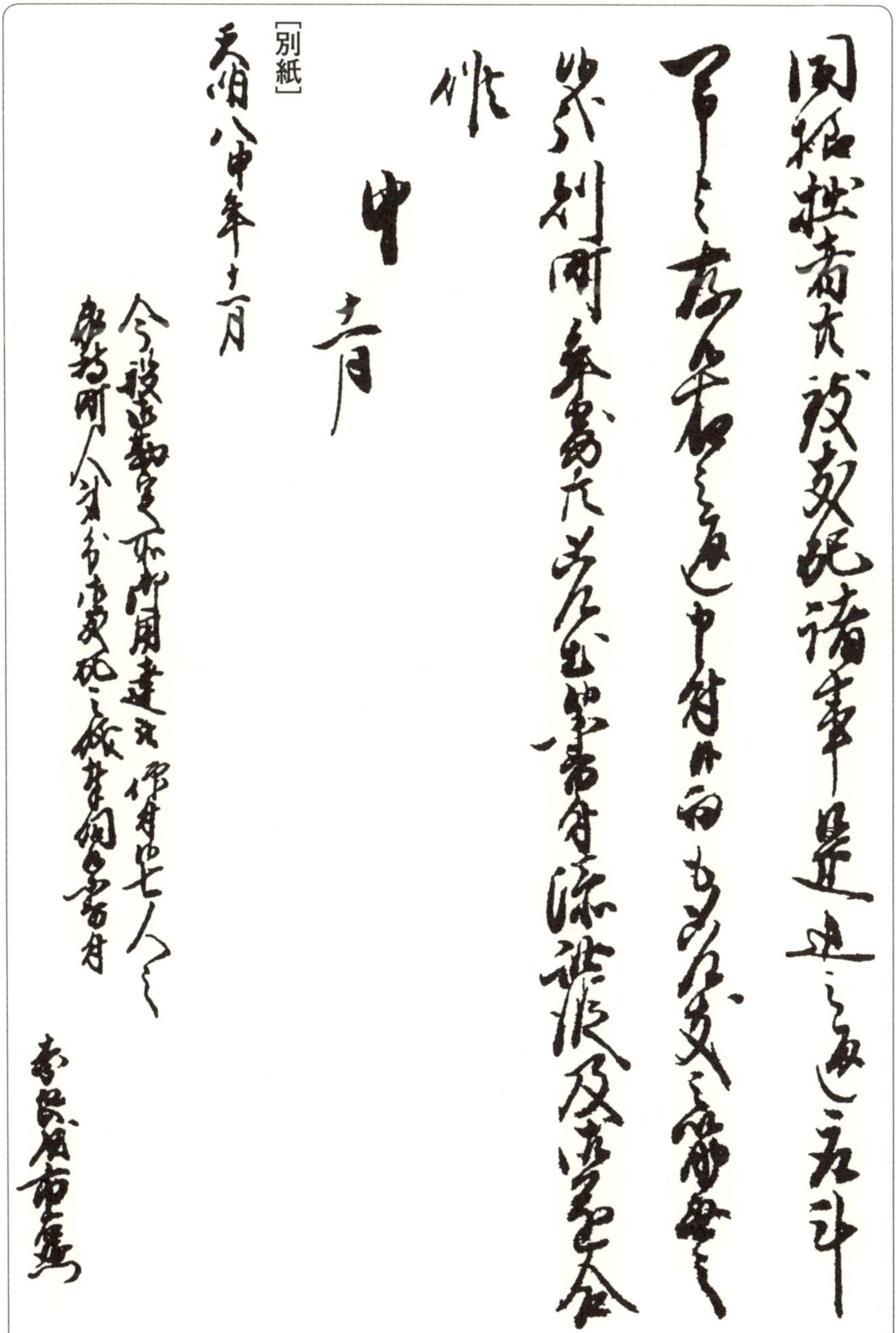
[別紙]

本両替町家持
孫八

霊岸嶋四日市町家持
清兵衛

両替町家持
弥三郎

右人々段御勘定所御用達被
仰付候申渡候

虚説之儀申出、不相穏候ハヽ以来并公儀御
勘定不虚説ニ相成候而ハ、五社方遣可申候
右七人居所名前之書中嶋ニ而揚候之通ニ而居り
一 武芸并嘉手在来遊人別相除可申候
一 諸御能楽所方之相催申間敷候
一 訴訟願書之儀、訴状願書役所ニ虚届申紛敷
可仕儀
一 天辨不拘之分如何一の候

一　商賣稼向仲ヶ間形甚以不勘弁之儀取
引
右之身分ニ而御勘定所御用達之者共ハ右在中之儀ニ而不相済事ニ候
然ル処相候而様申付置候処又右之者共今般被　仰付候趣之通御勘定
所御用達右身分ニ而猶更之通所柄ニ而不実之儀ニ
相成候様可被仰付置候様之儀候得共然ル上ハ右躰之儀
無之様ニ而存意之者人別之相慎可申者商賣向一統
手前之者共ニ至迄右之通相心得候様可申渡置候

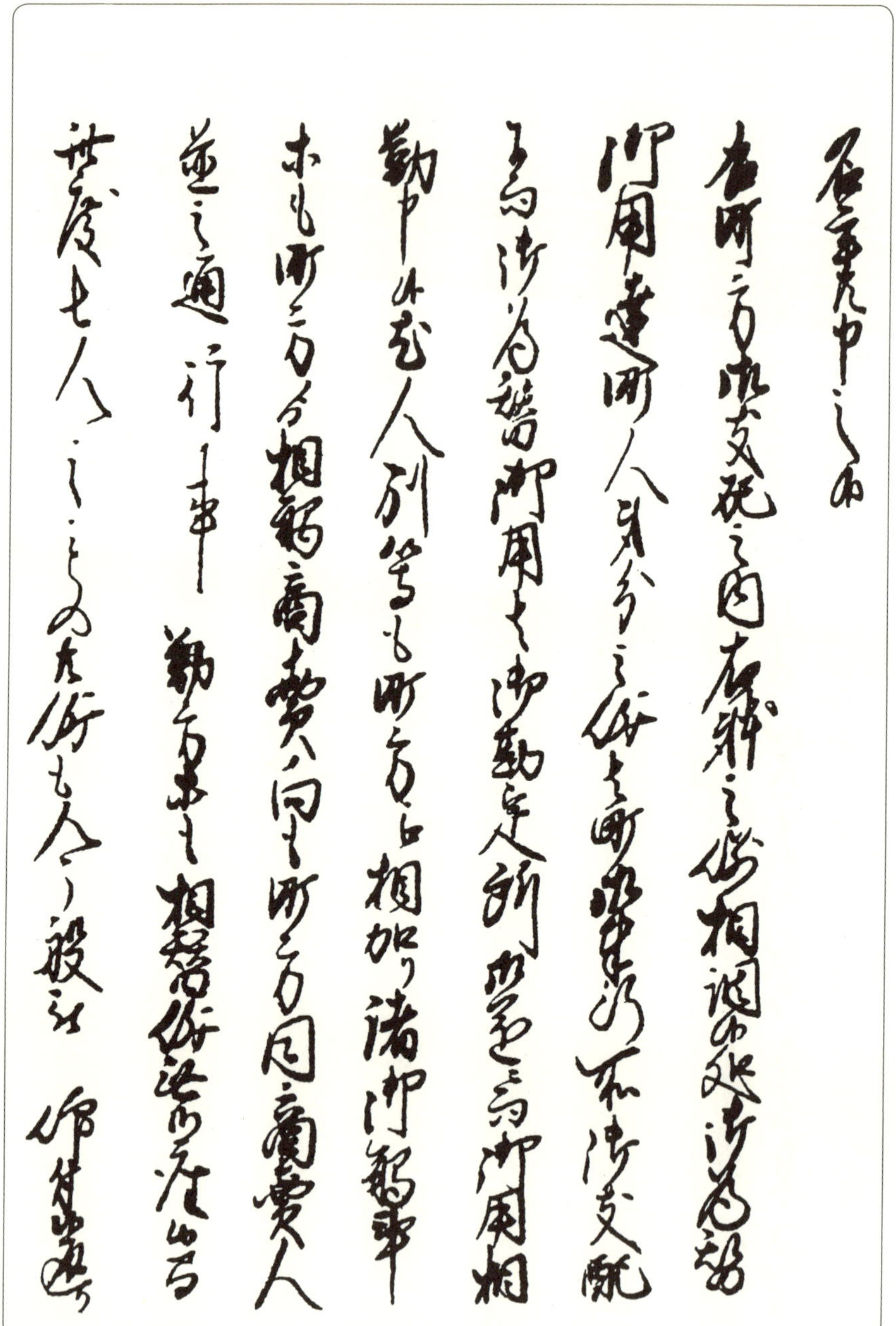

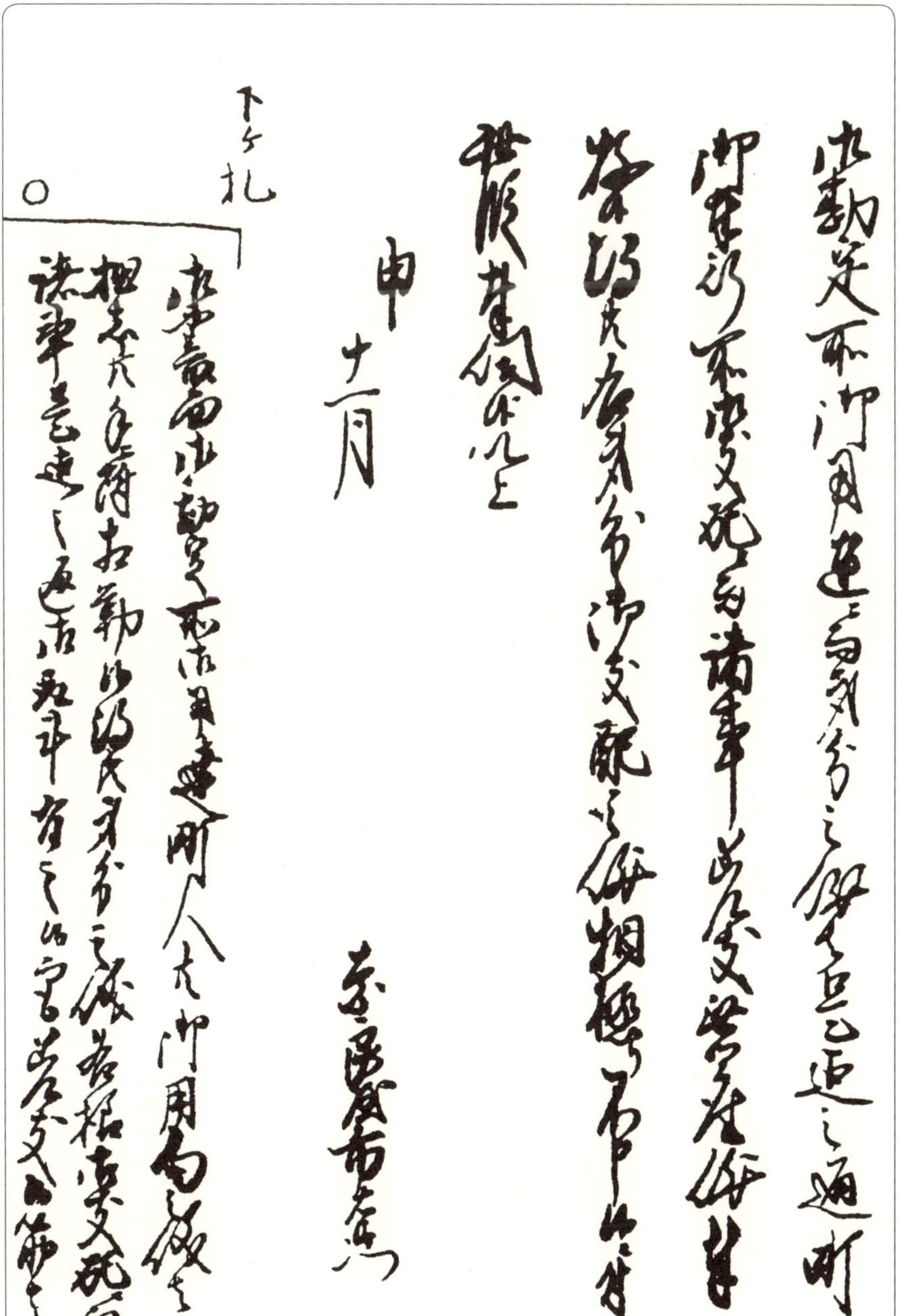
下ヶ札

申
十月

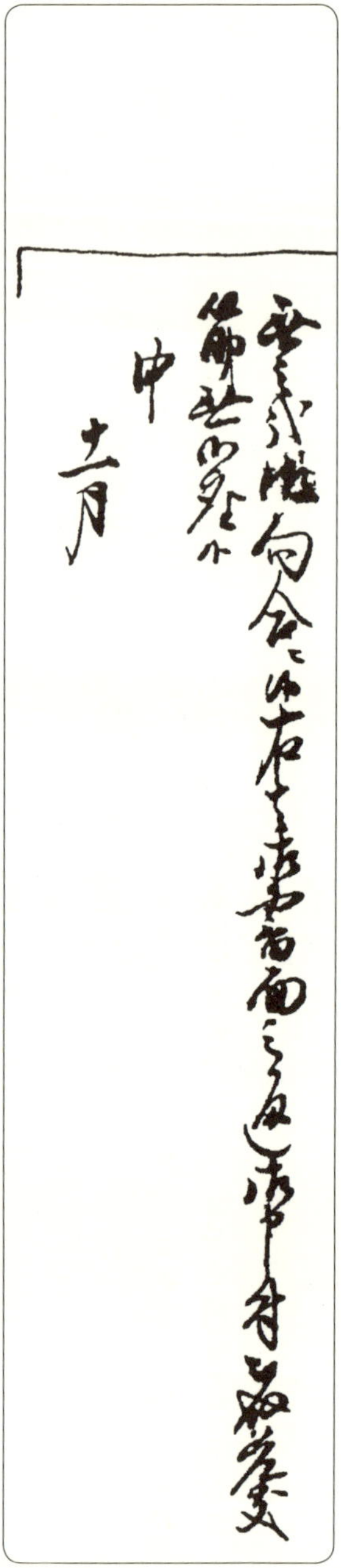

解読文

天明八申年十一月

御勘定奉行衆　　初鹿野河内守

今般御勘定所御用達被㆓　仰付㆒候七人
之町人共、身分支配之儀ニ付、町年寄共ゟ別紙
之通申出候、右之もの共御用向之儀は、各様
御手ニ附相勤候得共、身分之儀は為替御用達
同様、拙者共致㆓支配㆒、諸事是迄之通取計
可㆑申与存候、右之通申付候而も差支之筋無之
候哉、則町年寄共差出候書付添、此段及㆓御懸合㆒
候、

申十一月

［別紙］

天明八申年十一月

今般御勘定所御用達被㆓仰付㆒候七人之
家持町人身分御支配之儀奉㆑伺候書付

奈良屋市右衛門

本革屋町家持　三九郎

金吹町　家持　新右衛門

鎌倉町　家持　十右衛門

芝田町八町目家持

太郎兵衛
本石町三町目家持
孫　八
霊岸嶋四日市町家持
清兵衛
三田三町目家持
弥三郎

右今般御勘定所御用達被ニ仰付一候処、身分
御支配之儀、何レ共不ニ相極一候処、以来身分共御
勘定所御支配ニ相成候ハヽ、取計方違可レ申儀、
右七人居町名主共申聞候趣、左之通ニ御座候
一、身分并妻子召使等迄人別相除可レ申候哉
一、諸御触事町方ゟ者相触申間敷候哉
一、所持屋敷之儀、此節屋敷改江御届申、御帳載
可レ仕儀、
一、天秤所持之分、如何可レ仕哉
一、商売躰ニ而仲ヶ間行事等勤方之儀如何可レ仕
哉
右者身分共御勘定御奉行方御支配ニ罷成候得者、
前書之

趣相伺取極可レ申候、且又右七人今般被ニ　仰
付一候通、御勘定
所御用達ニ而、身分之儀者是迄之通町御奉行所
御支配ニ
相成罷在候得者、前書ヶ條之趣奉レ伺候ニも及
不レ申、諸事
是迄之通取計仕、人別も相除不レ申候ニ付、商
売向取
計も只今迄之通ニ而差支候儀も有ニ御座一間敷旨、
名主共申之候、
右町方御支配之内、右躰之例相調候処、御為替
御用達町人身分之儀者、町御奉行所御支配
ニ而、御為替御用者御勘定所御懸ニ而御用相
勤申候、尤人別等も町方江相加り、諸御触事
等も町方ゟ相触、商売向も町方同商売人
並之通、行事勤方等も相替儀無ニ御座一候間、
此度七人之もの共儀も、今般被ニ　仰付一候通り
御勘定所御用達ニ而、身分之儀者是迄之通町
御奉行所御支配ニ而、諸事差支無ニ御座一儀奉レ
存候得共、右身分御支配之儀相極り不レ申候ニ付、

此段奉レ伺候、以上、

申十一月　　　奈良屋市右衛門

下ヶ札

御書面御勘定所御用達町人共御用向之儀者拙者共手ニ附相勤候得共、身分之儀各様御支配ニ而

○諸事是迄之通御取計有レ之候而も差支候筋は無レ之哉、御問合ニ候、右は御書面之通御申付被レ成差支筋無ニ御座一候、

申十一月

読み

天明八申年十一月

御勘定奉行衆　　　初鹿野河内守（北町奉行）

今般御勘定所御用達仰せ付けられ候七人の町人ども、身分支配の儀に付き、町年寄どもより別紙の通り申し出で候。

右の者ども御用向きの儀は、各様御手に附け、あい勤め候えども、身分の儀は為替御用達同様、拙者ども支配致し、諸事これ迄の通り取り計らい申すべくと存じ候。

右の通り申し付け候ても差し支えの筋これ無く候や、すなわち町年寄ども差し出し候書付け添え、この段御掛合いに及び候。

申十一月

［別紙］

天明八申年十一月

今般御勘定所御用達仰せ付けられ候七人の家持町人、身分御支配の儀伺い奉り候書付　　　奈良屋市右衛門

（七人の名略）

右今般御勘定所御用達仰せ付けられ候ところ、身分御支配の儀、何れともあい極めず候ところ、以来身分とも御勘定所御支配にあい成り候わば、取り計らい方違い申すべき儀、右七人居町名主ども申し聞け候おもむき、左の通りに御座候。

一、身分ならびに妻子召使い等まで人別あい除き申すべく候や。

一、諸御触れ事町方よりはあい触れ申すまじく候や。

一、所持屋敷の儀、この節屋敷改めへ御届け申し、御帳（に）載せ仕るべき儀。
一、天秤所持の分、いかが仕るべくや。
一、商売体にて仲間行事等勤め方の儀いかが仕るべくや。
右は身分とも御勘定御奉行方御支配に罷り成り候えば、前書のおもむきあい伺い取り極め申すべく候。かつまた右七人今般仰せ付けられ候通り、御勘定所御用達にて、身分の儀はこれまでの通り町御奉行所御支配にあい成り罷り在り候えば、前書箇条のおもむき伺い奉り候にも及び申さず、諸事これまでの通り取り計らい仕り、人別もあい除き申さず候に付き、商売向き取り計らいも只今までの通りにて差し支え候儀も御座有るまじき旨、名主ども申し候。
右町方御支配のうち、右体の例あい調べ候ところ、御為替御用達町人身分の儀は、町御奉行所御支配にて、御為替御用は御勘定所御懸りにて御用あい勤め申し候。もっとも人別等も町方へあい加わり、諸御触れ事等も町方よりあい触れ、商売向きも町方同商売人並みの通り、行事勤め方等もあい変わる儀御座なく候間、このたび七人のものども儀も、今般仰せ付けられ候通り御勘定所御用達にて、身分の儀はこれまでの通り町御奉行所御支配にて、諸事差し支え御座無き儀存じ奉り候えども、右身分御支配の儀あい極まり申さず候に付き、この段伺い奉り候。以上。

申十一月

奈良屋市右衛門

下ヶ札　御書面御勘定所御用達町人ども御用向の儀は、拙者ども手に附け、あい勤め候えども、身分の儀(は)各様御支配にて諸事これ迄の通り御取計らいこれ有り候ても差し支え候筋はこれ無くや、御問合せに候。
右は御書面の通り御申し付け成され、差し支え筋御座無く候。

申十一月

❸ 御用達商人・同手代たちへご褒美……「町会所一件書留」／国立国会図書館蔵

御用達商人たちは、幕府の行政組織に組み込まれ、寛政元年（一七八九）には、猿屋町会所で米の買い付けや庶民金融の現業に従事し始めました。老中松平定信はこの備荒貯蓄政策を拡充して、分限者の出金に頼らない「七分積金」という税制を創設しましたので、町会所はいよいよ大規模になります。勘定所御用達は増員されて十人となり、米の担当として米方御用達が出来ます。常駐の手代だけでは捌ききれない業務の処理に、応援の店員を出すに至りますが、結局はタダ働きさせられているに過ぎません。やがて病気などの理由で御用達を免じてほしい旨の陳情が続発することになります。そこで幕府側は、御用達商人たちに苗字名乗りを許し、左のような御褒美を毎年のように発し、また手代たちまでを含め精勤賞を出してご機嫌取りをします。

「　申渡

御勘定所御用達頭取　三谷三九郎

同御用達　（九名、氏名略）

其方共儀、町会所勤向致二出精一相勤ルニ付、

為二御褒美一銀拾枚宛被レ下レ之

辰（寛政八年）十二月　」

商人たちにとっては、ご褒美に銀を何枚か頂くよりも退任したいのが本音でしょう。こうして「御褒美下され」は毎年続くことになります。

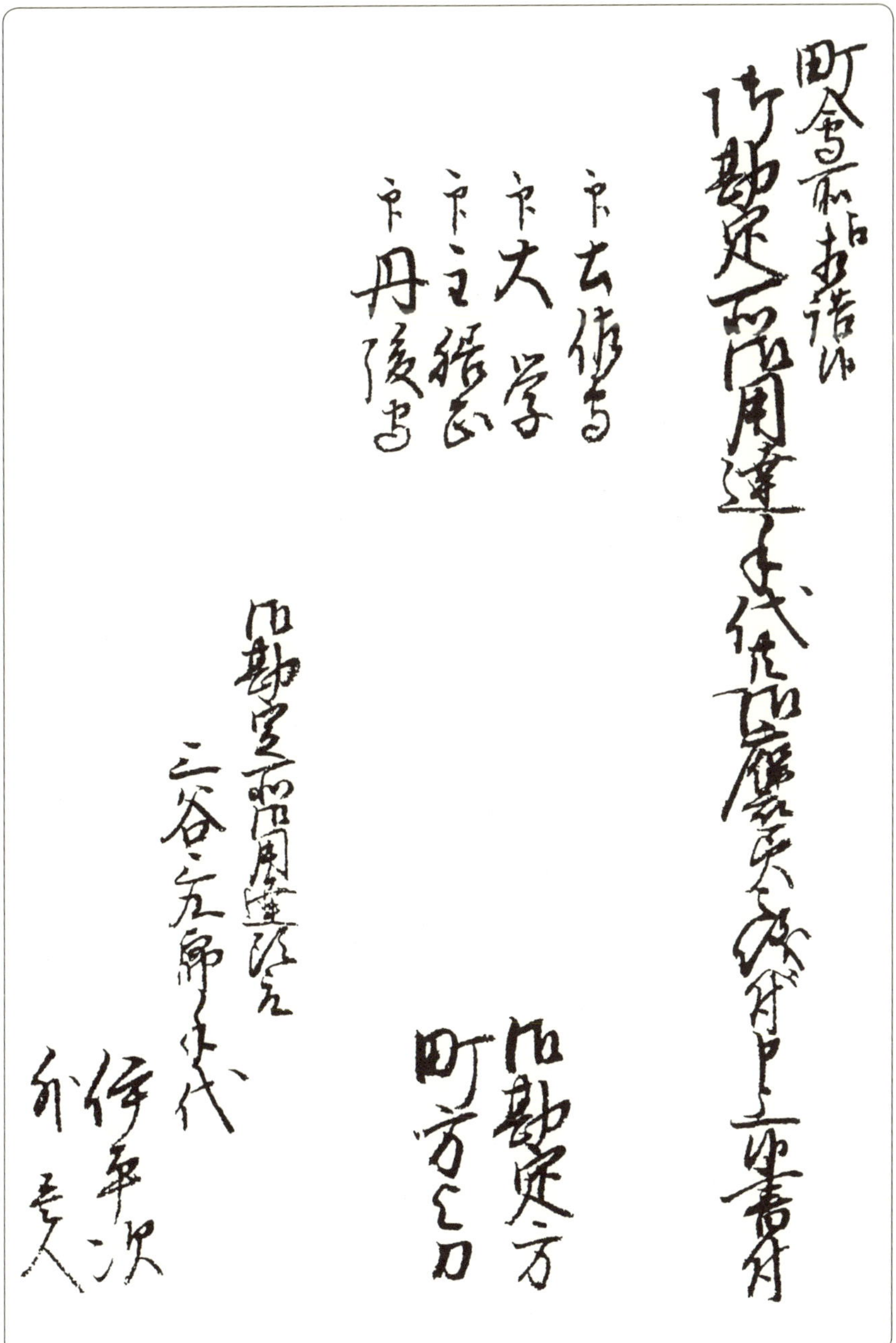
町会所御詰合中
御勘定所御用達共代御呼出御座候ニ付申上候書付
下 左作守
下 大学
下 主膳正
下 丹後守
御勘定方
町方共
御勘定所御用達頭取
三谷三九郎代
伊平次
外壱人

右者去ル巳年御用達ニ随分仕重立候ニ付、代々ニ
有之、町会所取扱之儀、万端引請月々積合
取立て、御益掛改法帳面諸勘定向手配ニ
仕、其外家質貸付方、定式引請町屋ニ
見合来ニ而之取計、元利之方通年救ニ
相成候ニ付、手救民相掛リ、日々窮民共江不ハ
難渋渡世之方等故、今般難渋相拘候儀、一

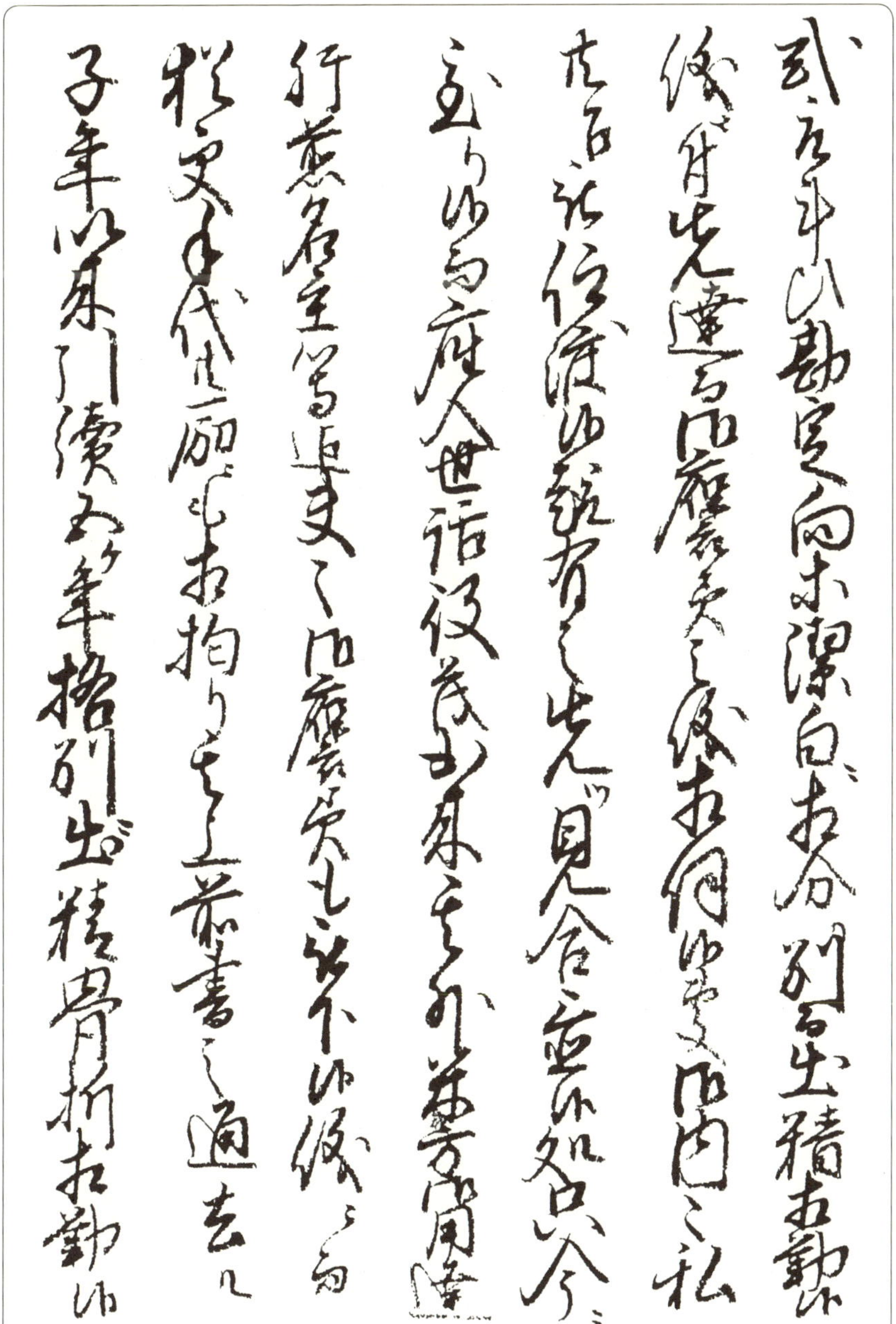

候段御座候間一統御役御座候而者恭悦之
御広敷表江者下廻御方へ有之候ヘ者可と年寄御外長人
之手代役人ハ丁請之中之共之師の被見勘定向等之
格別之評議掛有之御座ハ右名前之外重
立御手代役所迄御座有之外御目付御座
之筆算仕御手代役之者茂海之儀之者之儀
一同者精勤仕候間来慶御広敷表江下御方等

格御儀ニ評議仕候處、前書名前者共代々

庄右ハ銀二枚宛、外壱人宛ニ中上京其代々右之趣、當時

ニ而銀拾枚ツヽ下置ニ付、我々ゟ差添候ニ付

御下ケ金利金之内を以相渡候様可仕候

此段奉窺候以上

辰

十一月

解読文

町会所江相詰候
御勘定所御用達手代共御褒美之儀ニ付申上候書付
印土佐守（北町奉行石河政武）
印大学（南町奉行村上義礼）
印主膳正（北町奉行柳生久通）　御勘定方
印丹後守（勘定奉行久世広民）　町方与力
御勘定所御用達頭取
三谷三九郎手代　伊平次
外壱人
（以下、手代たちの名前略）
右名前之者共者御用達ニ隋身仕、重立候手代共ニ
有レ之、町会所取扱之儀万端引請、月々積金
取立之砌者、掛ケ改諸帳面諸勘定向手配り
仕、其外家質貸付方ニ而者引当之町やしき
見分等ニ所々罷出、元利取立方近来数口ニ
相成、殊之外手数茂相掛り、日々窮民江被レ下候
米銭渡し方等、都而金銀米銭ニ拘り候儀者一
式取計ひ、勘定向等潔白ニ相分り、別而出精相勤候
儀ニ付、先達而御褒美之儀相伺候処、御内々私
共江被二仰渡一候趣有レ之、先ツ見合置候処、只今ニ
至り候而座人世話役茂出来、其外米方御用達
肝煎名主等迄夫々御褒美も被レ下候儀ニ而、
猶更手代共励ニも相拘り、其上前書之通去ル
子年以来引続五ケ年格別ニ出精骨折相勤候
儀ニ茂御座候間、可二罷成一御儀御座候ハヽ、相応之
御褒美被二下置一候方ニ可レ有レ之哉与奉レ存候、外壱人
之手代共儀ハ引請与申ニ者無レ之候得共、勘定向并ニ
格別之評議物等有レ之候節ハ、右名前之外重
立候手代共差出候茂有レ之、其外手廻り兼候節
者筆算仕候手代共をも差出、此ものとも茂
一同出精相勤候間、相応ニ御褒美被レ下候方奉レ
存候、依レ之評議仕候処、前書名前書出候手代
共江ハ銀三枚宛、外壱人宛与申上候手代共江者惣躰
ニ而銀拾五枚被二下置一可レ然ニ哉奉レ存候、左候ハヽ、
御下ケ金、利金之内を以相渡候様可レ仕候哉、
此段奉レ窺候、以上
辰十一月

読み

（手代たちの名前など前略）

右名前の者どもは御用達に随身仕り、主立ち候手代どもにこれ有り、町会所取り扱いの儀万端引請け、月々積金取り立ての砌は、掛け改め諸帳面諸勘定向き手配り仕り、そのほか家質貸付け方にては引当ての町屋敷見分等に所々罷り出で、元利取り立て方近来数口にあい成り、殊のほか手数もあい掛り、日々窮民へ下され候米銭渡し方等、すべて金銀米銭に拘わり候儀は一式取り計らい、勘定向等潔白にあい分り、別して出精あい勤め候儀に付き、先だって御褒美の儀あい伺い候ところ、御内々私どもへ仰せ渡され候趣これ有り、まず見合わせ置き候ところ、ただ今に至り候て座人世話役も出来、そのほか米方御用達肝煎名主等迄それぞれ御褒美も下され候儀にて、なおさら手代ども励みにもあい拘わり、その上前書の通り去る子年以来引続き五か年格別に出精骨折りあい勤め候儀にも御座候間、罷り成るべき御儀（に）御座候わば相応の御褒美下し置かれ候方にこれ有るべくやと存じ奉り候。外壱人の手代ども儀は引請けと申すにはこれ無く候えども、勘定向きならびに格別の評議物等これ有り候節は、右名前のほか主立ち候手代ども差し出し候もこれ有り、そのほか手廻り兼ね候節は筆算仕り候手代どもをも差し出し、この者どもも一同出精あい勤め候間、相応に御褒美下されれ候方（と）存じ奉り候。これに依り評議仕り候ところ、前書名前書き出し候手代どもへは銀三枚ずつ、ほか壱人ずつと申し上げ候手代どもへは惣体にて銀拾五枚下し置かれ然るべきにや存じ奉り候、左候わば御下げ金、利金の内を以てあい渡し候よう仕るべく候や、この段伺い奉り候。以上

辰十一月

主要江戸かな一覧

あ　安
　　阿
い　以
う　宇
え　衣
　　江
　　得
お　於
か　加
　　可

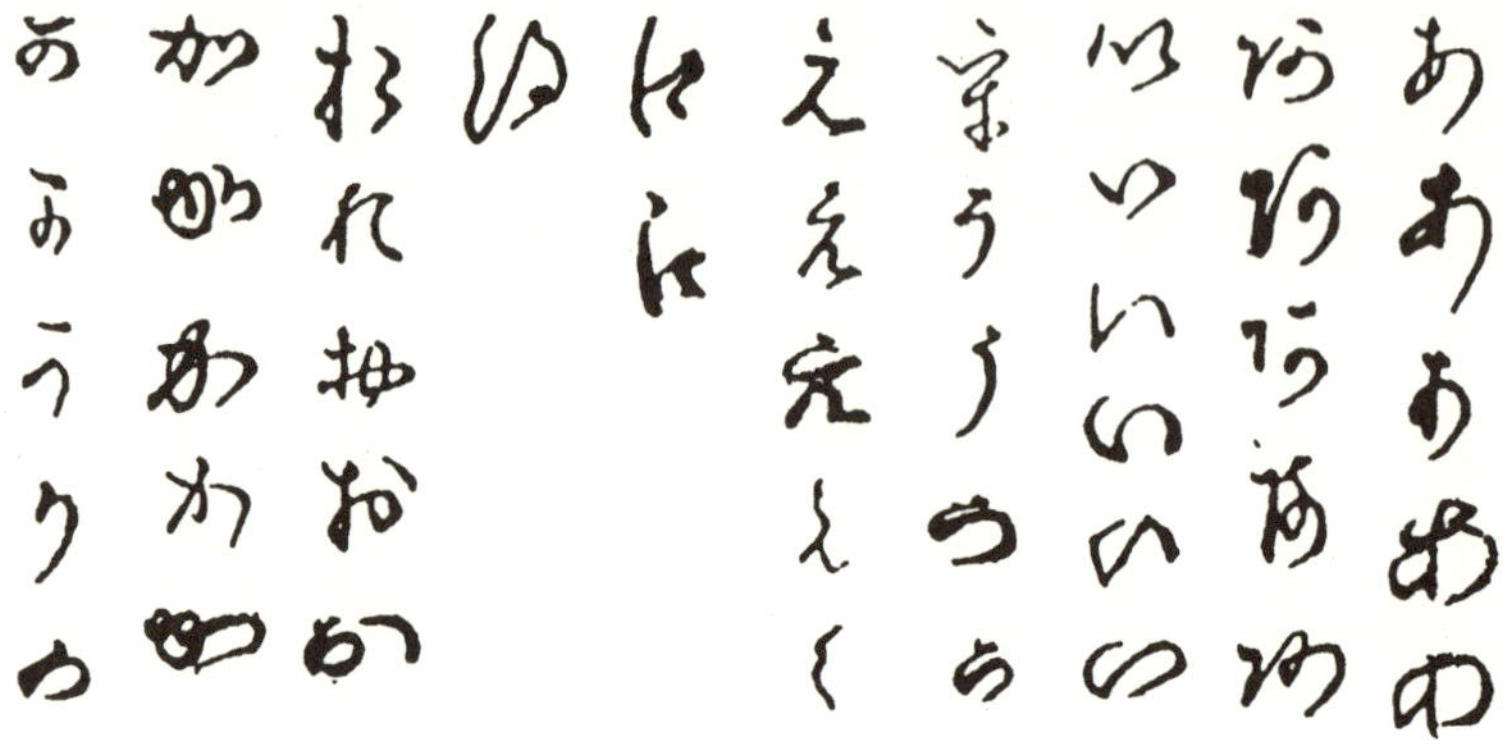

　　閑
き　幾
　　支
　　木
　　起
　　喜
く　久
　　九
　　具
　　倶
け　計

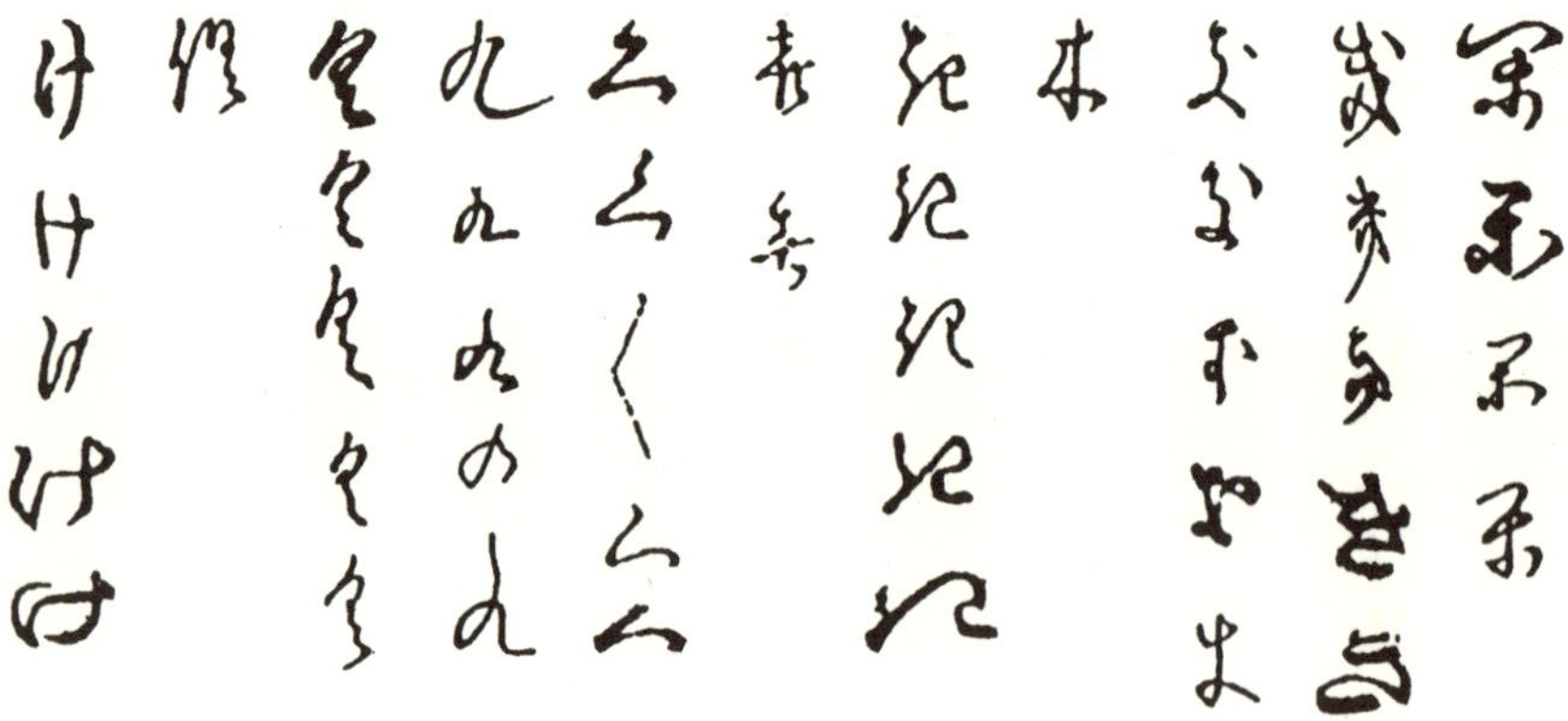

介・个
希
氣
遺
こ 己
古
故
さ 左
佐
し 之
志

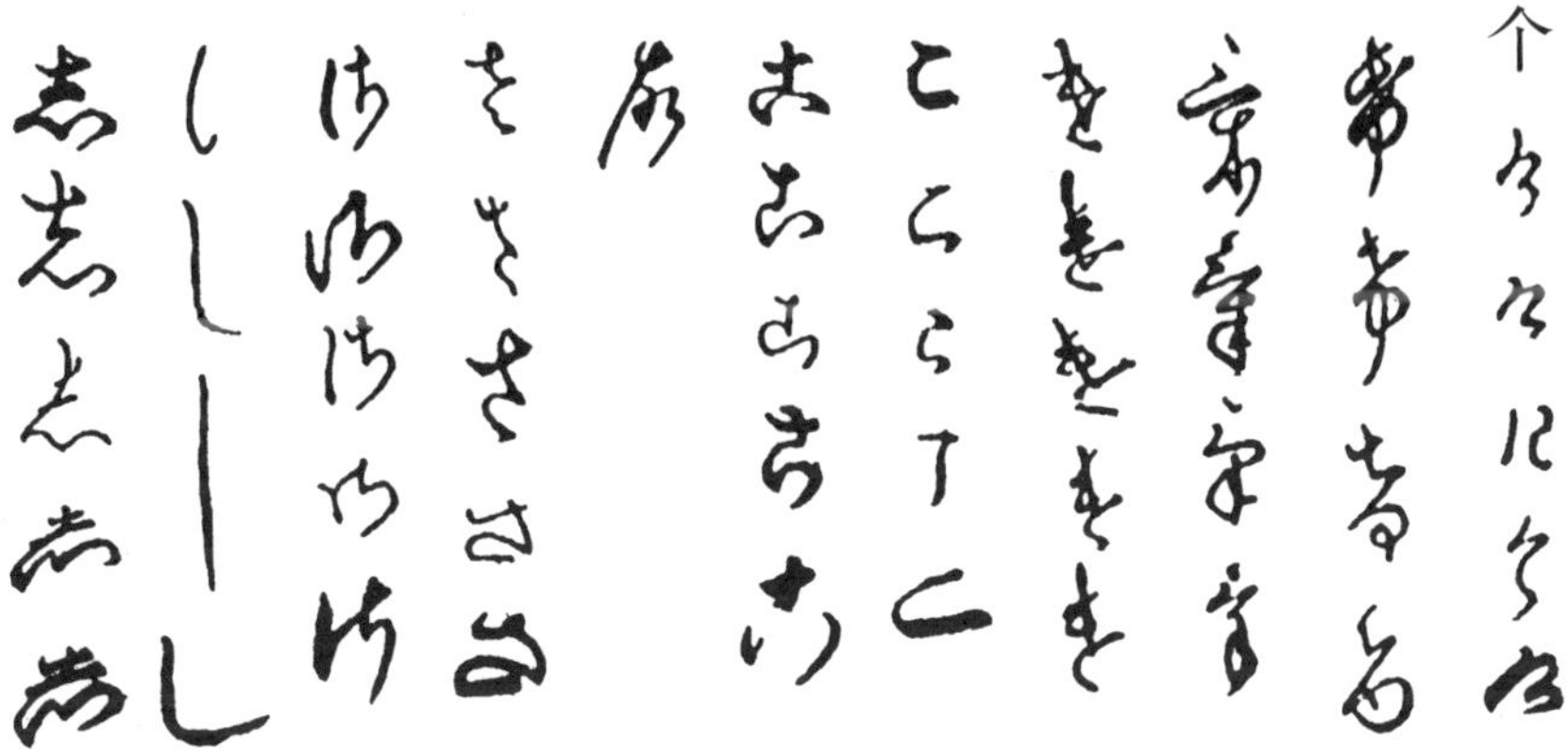

す 寸
春
須
壽
數
せ 世
勢
そ 曽
所
楚
た 太

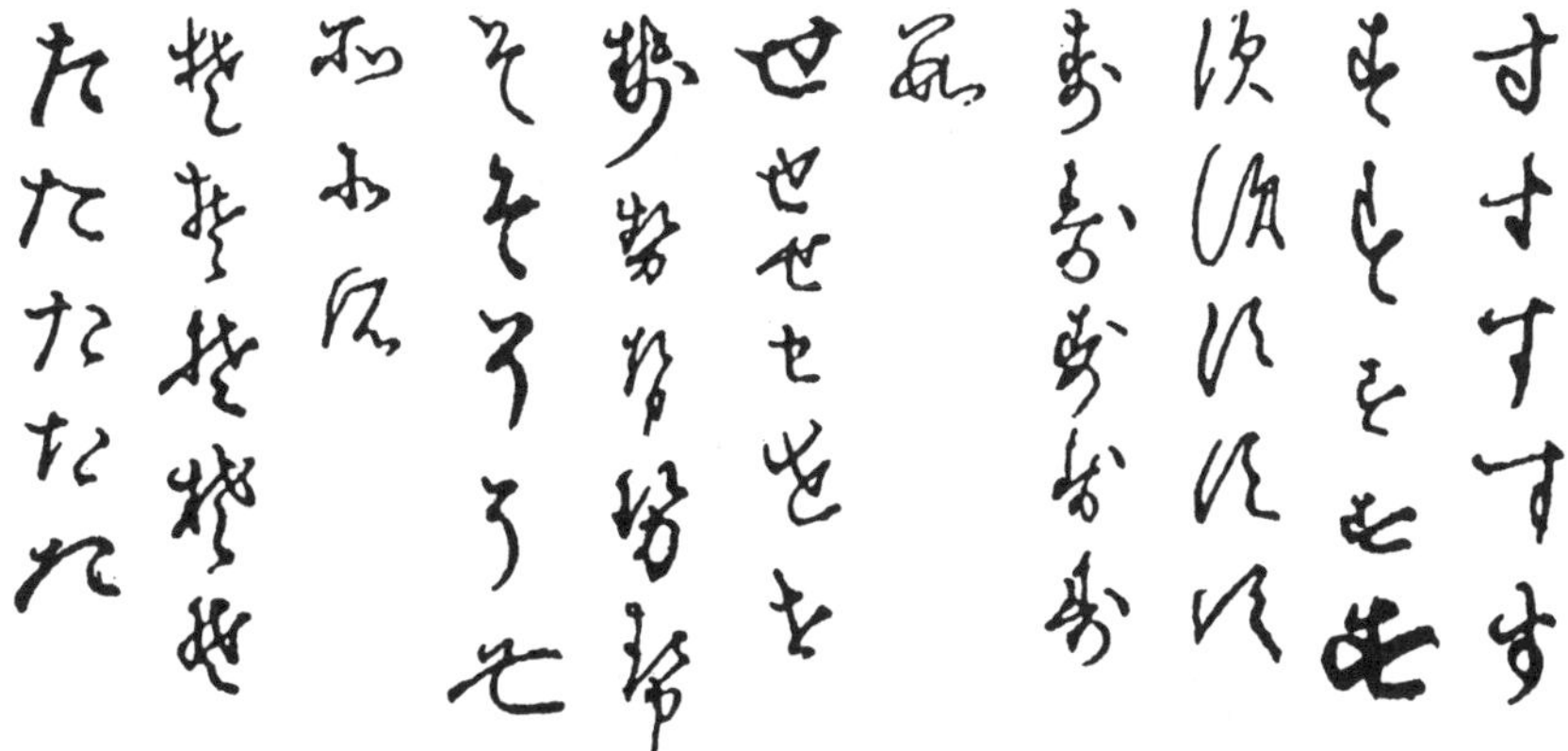

多
堂
ち　知
千
地
つ　川
津
徒
都
て　天
亭

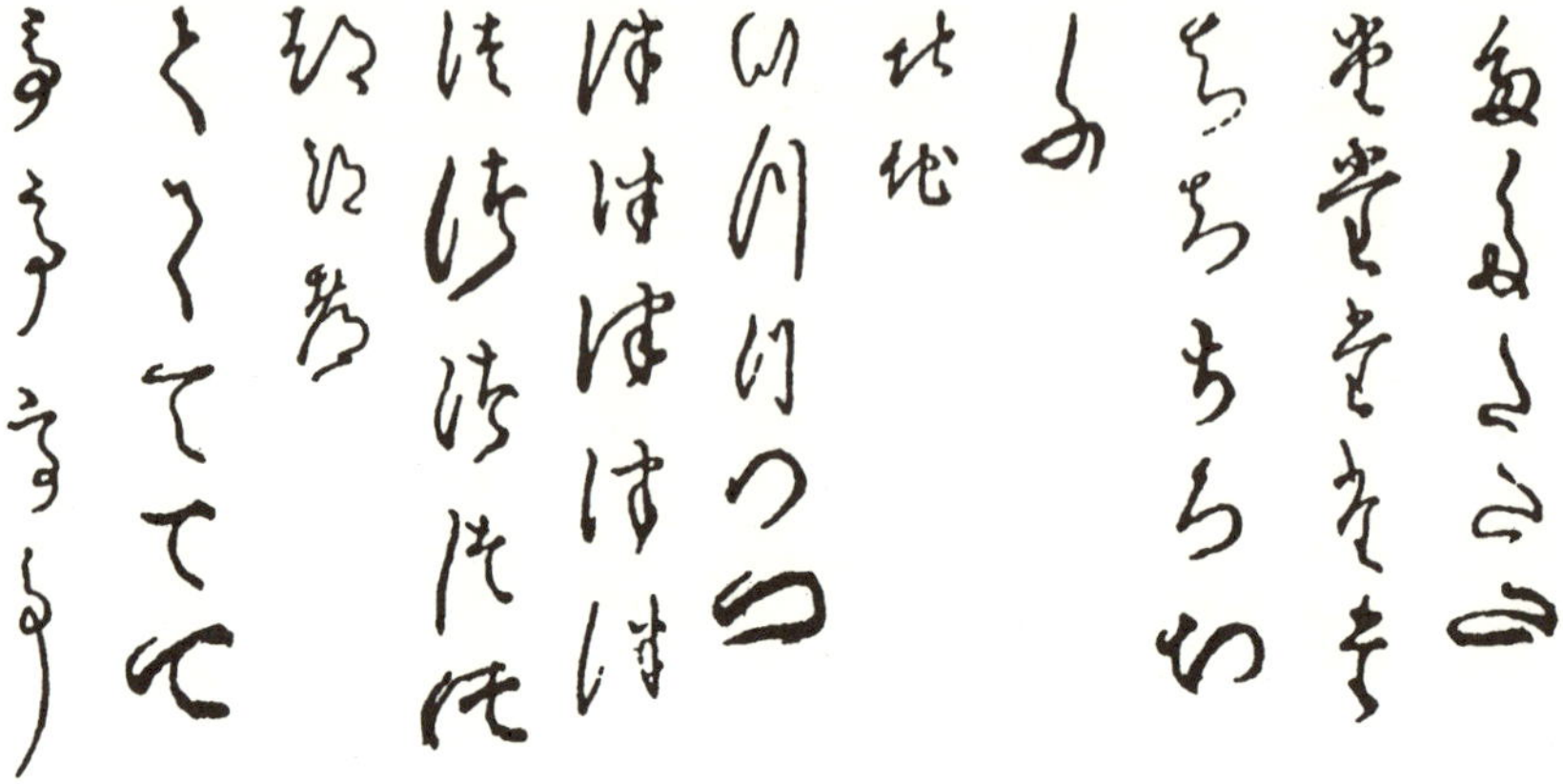

帝
傳
と　止
東
登
な　奈
那
南
に　仁
丹
耳

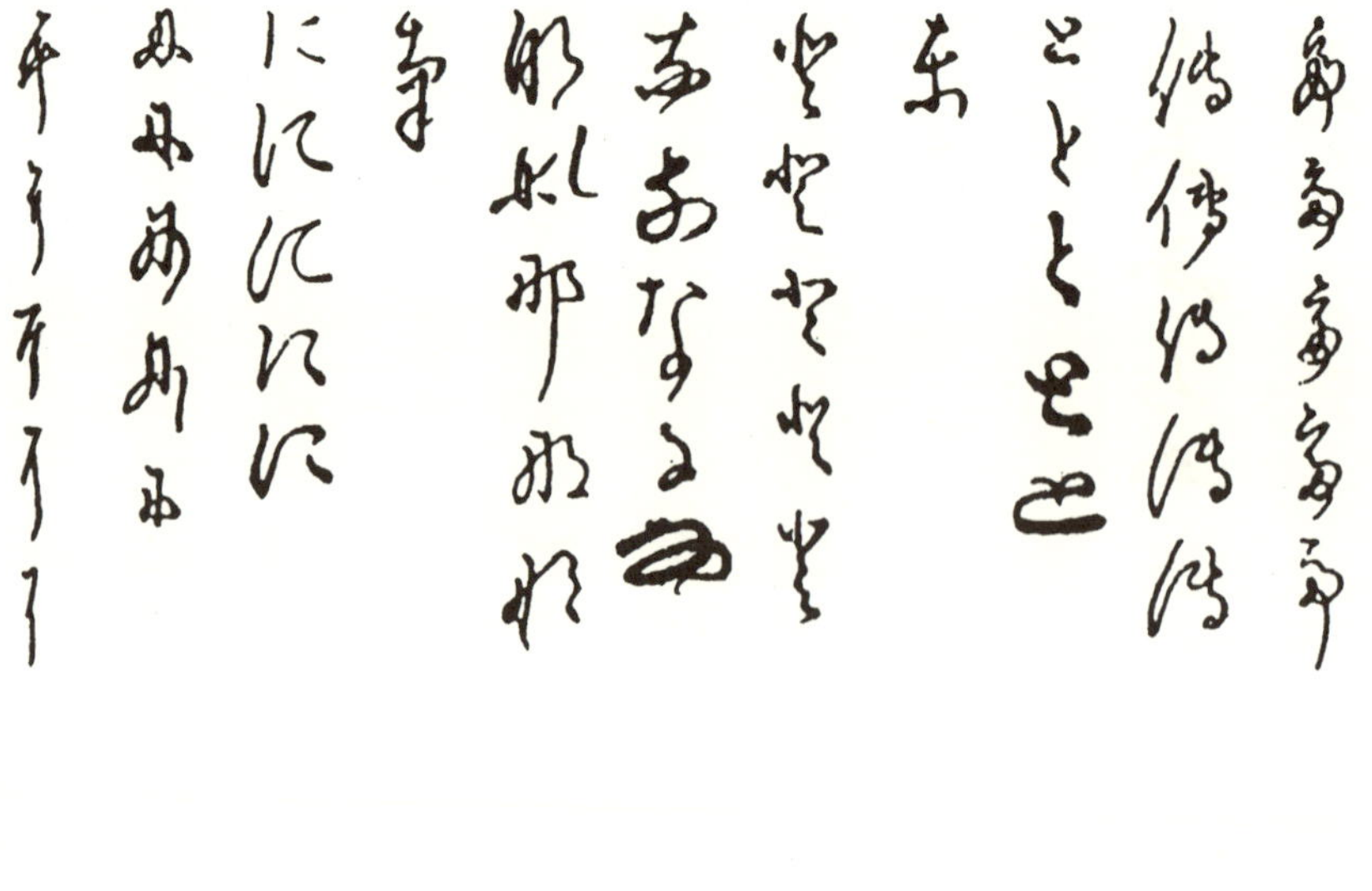

爾
ぬ 奴
怒
ね 禰
年
の 乃
能
農
濃
は 波
八

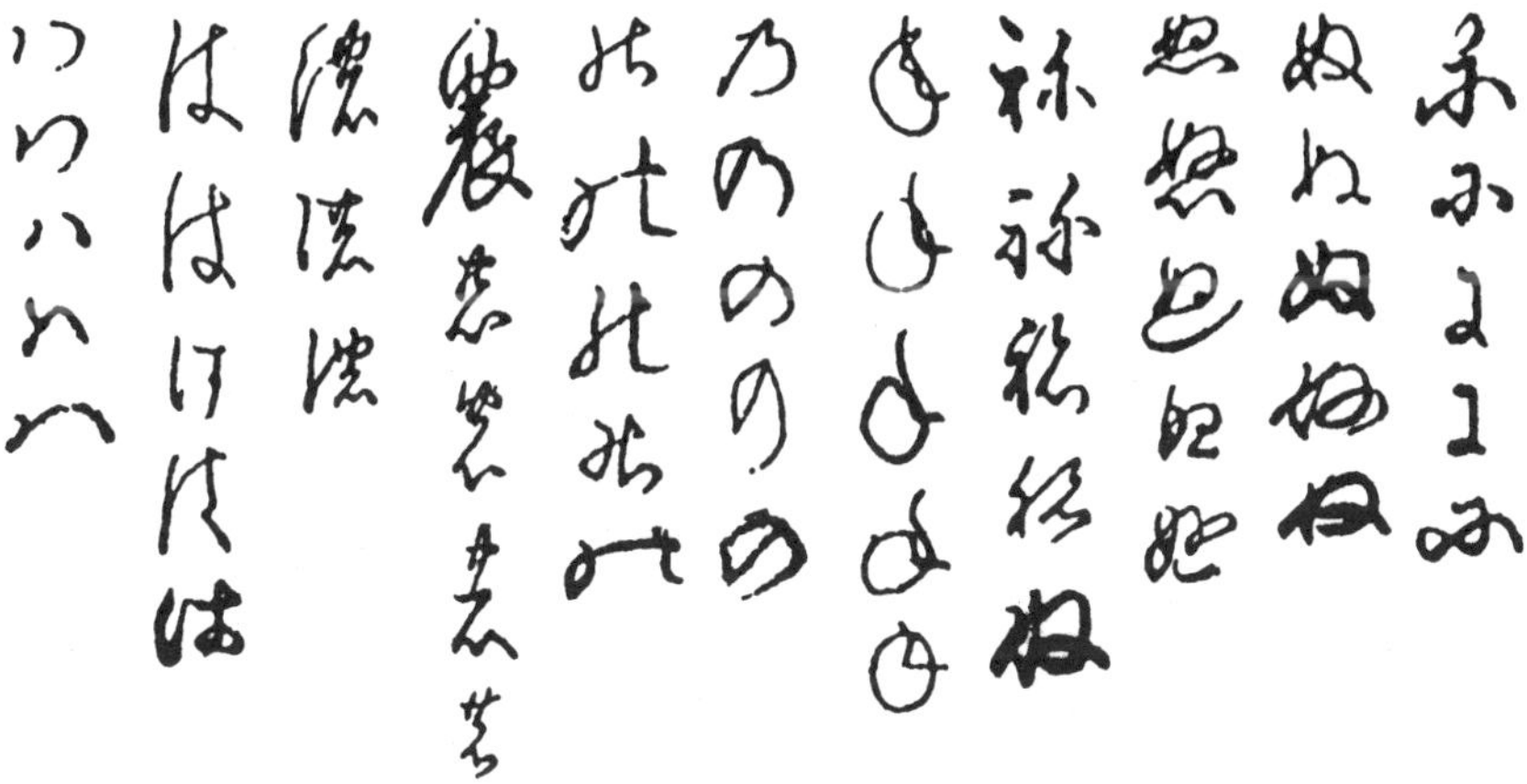

半
者
婆
盤
ひ 比
日
飛
備
悲
ふ 不
布

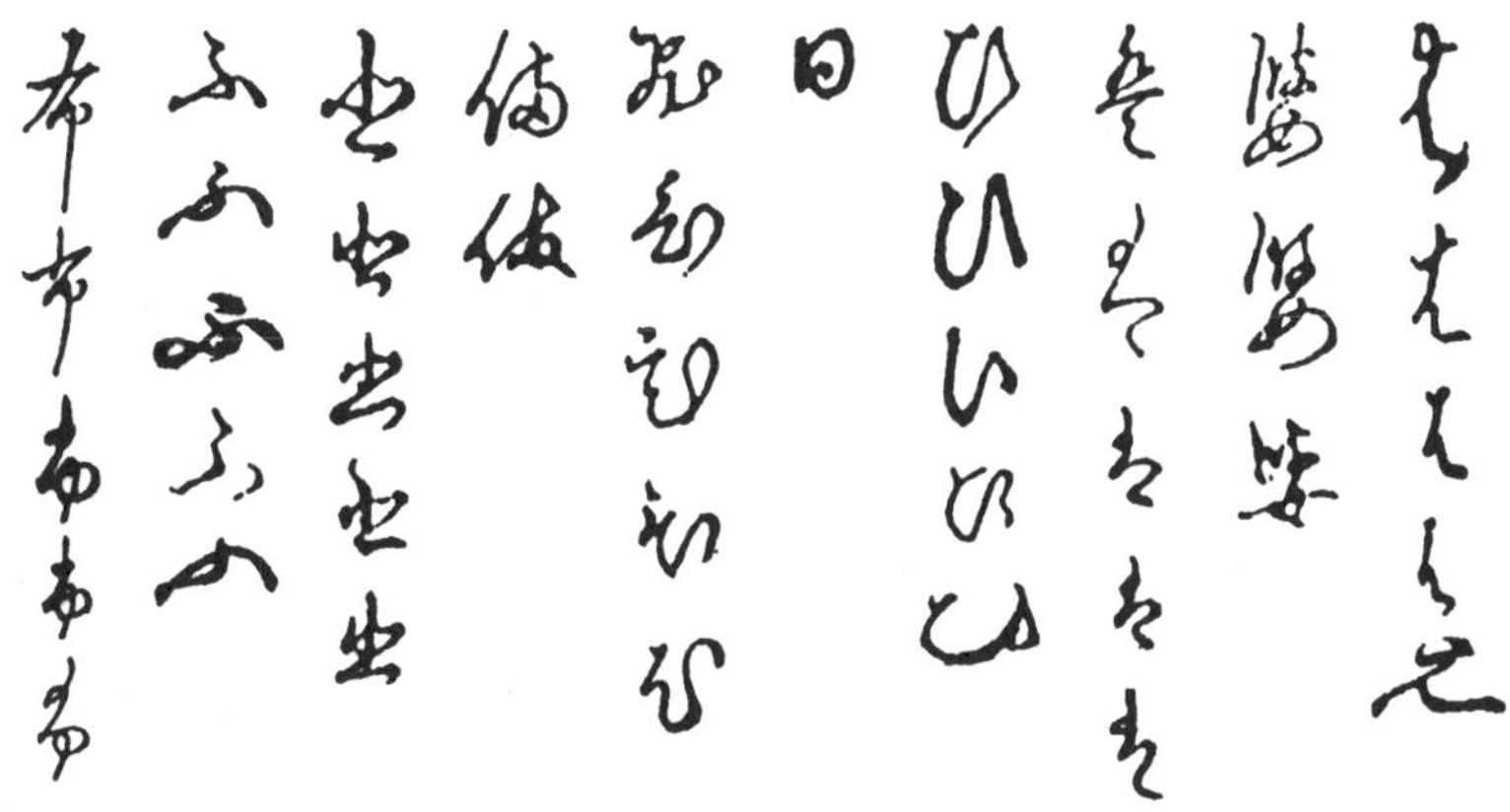

婦
へ 部
遍
弊
ほ 保
本
寶
ま 末
万
満
み 美

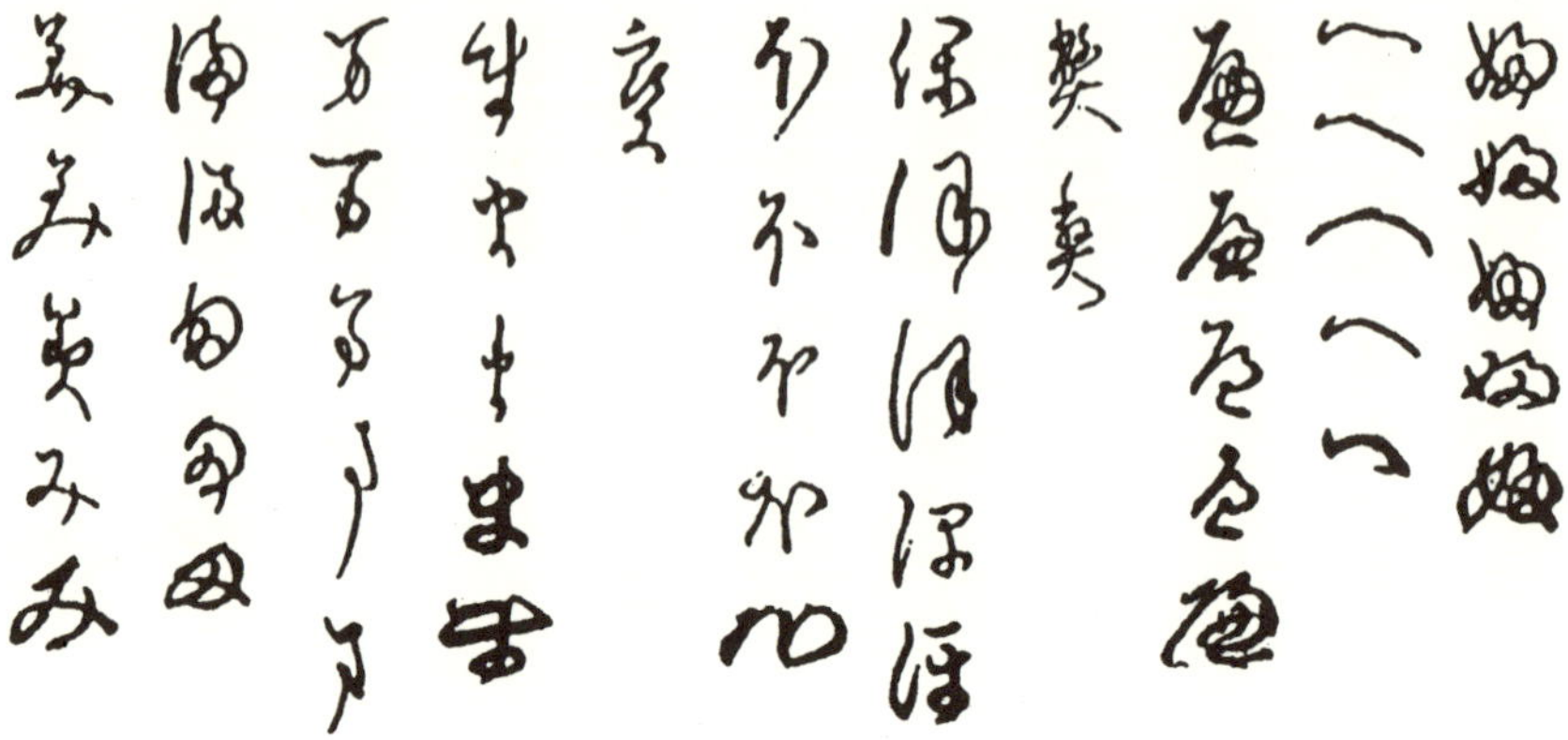

三
見
む 武
無
舞
め 女
免
も 毛
母
茂
裳

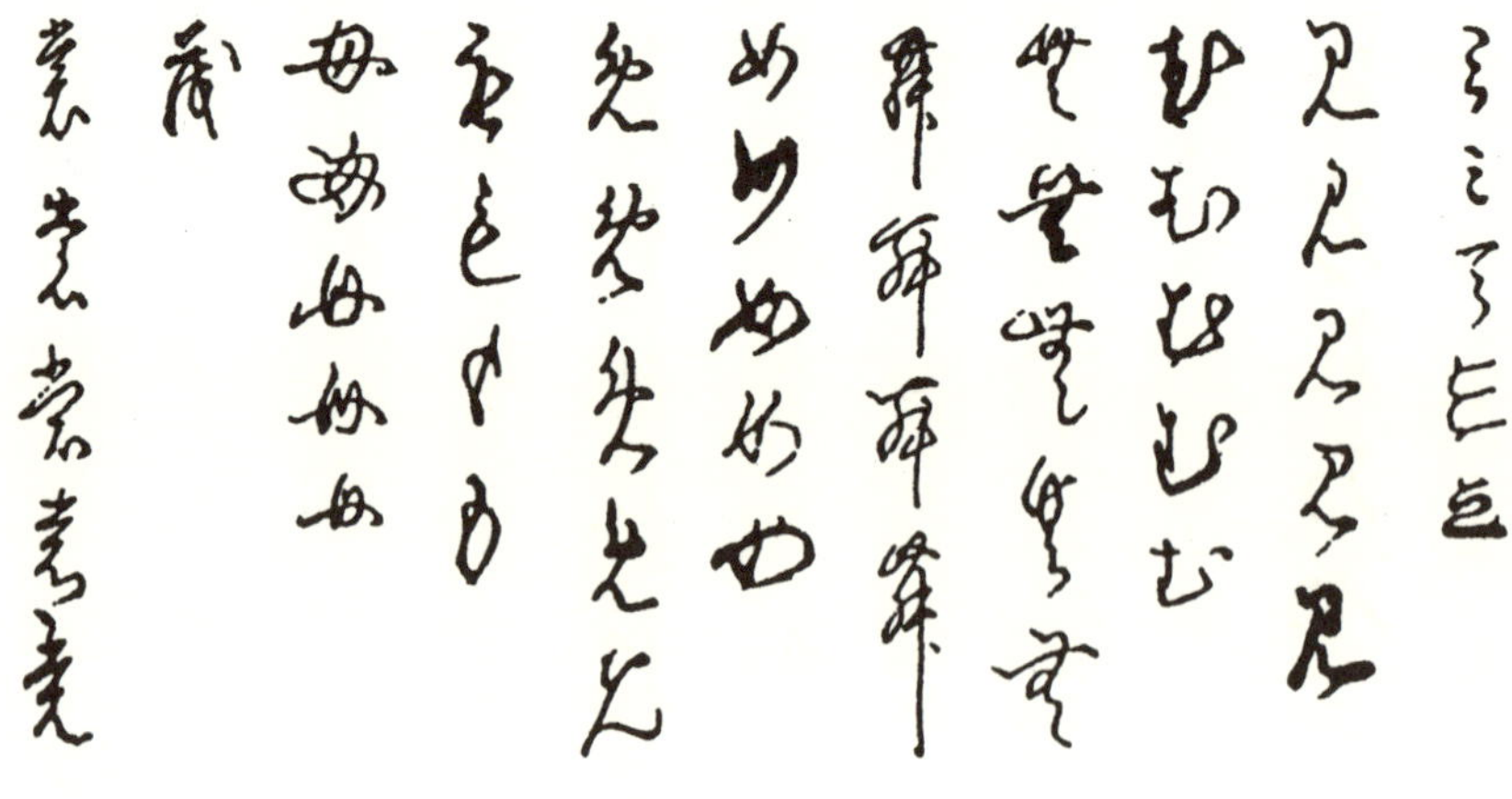

や 也 屋
ゆ 由 遊
よ 与 余
ら 良 羅
り 利 李 里

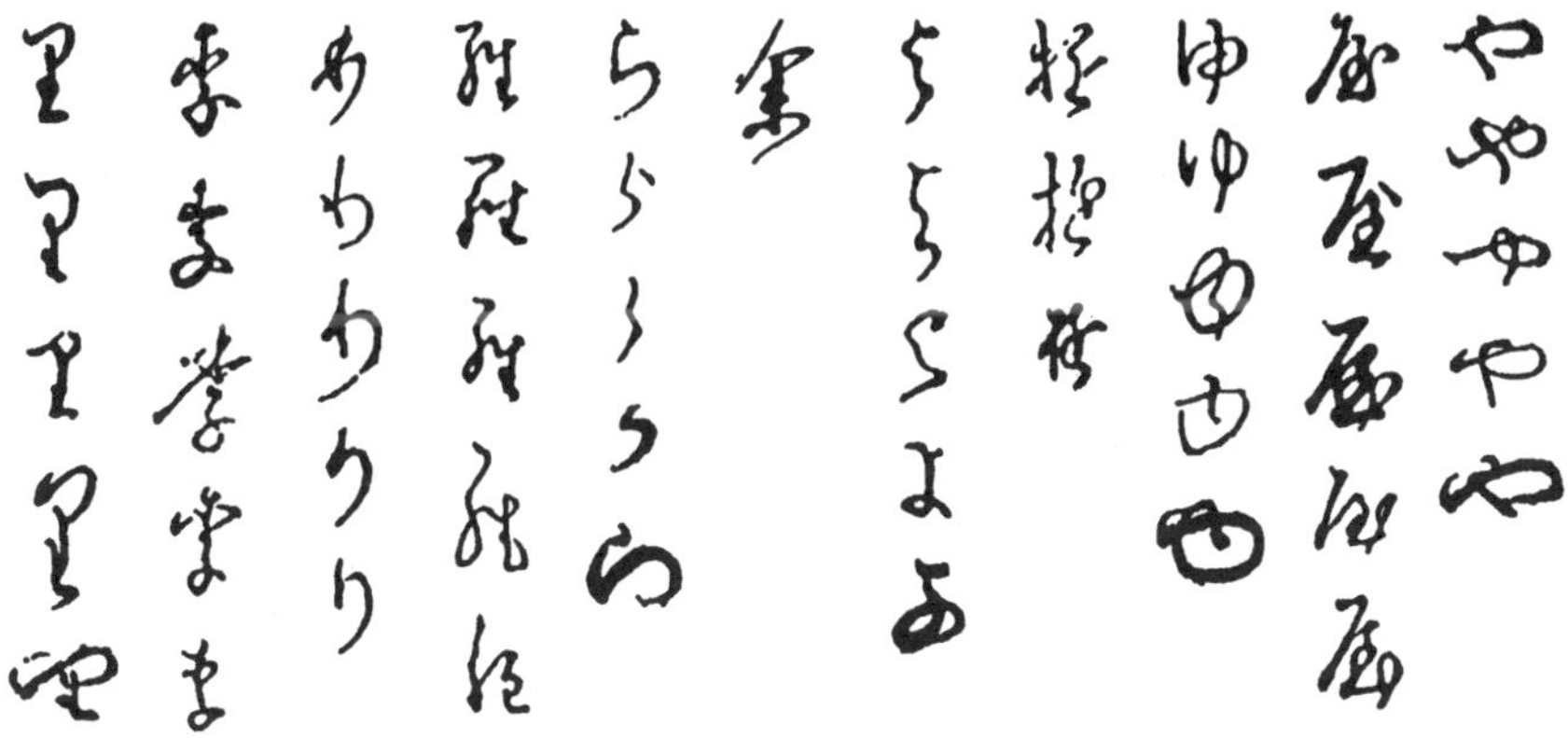

梨
る 留 流 累 類
れ 禮 料 連 麗
ろ 呂 路

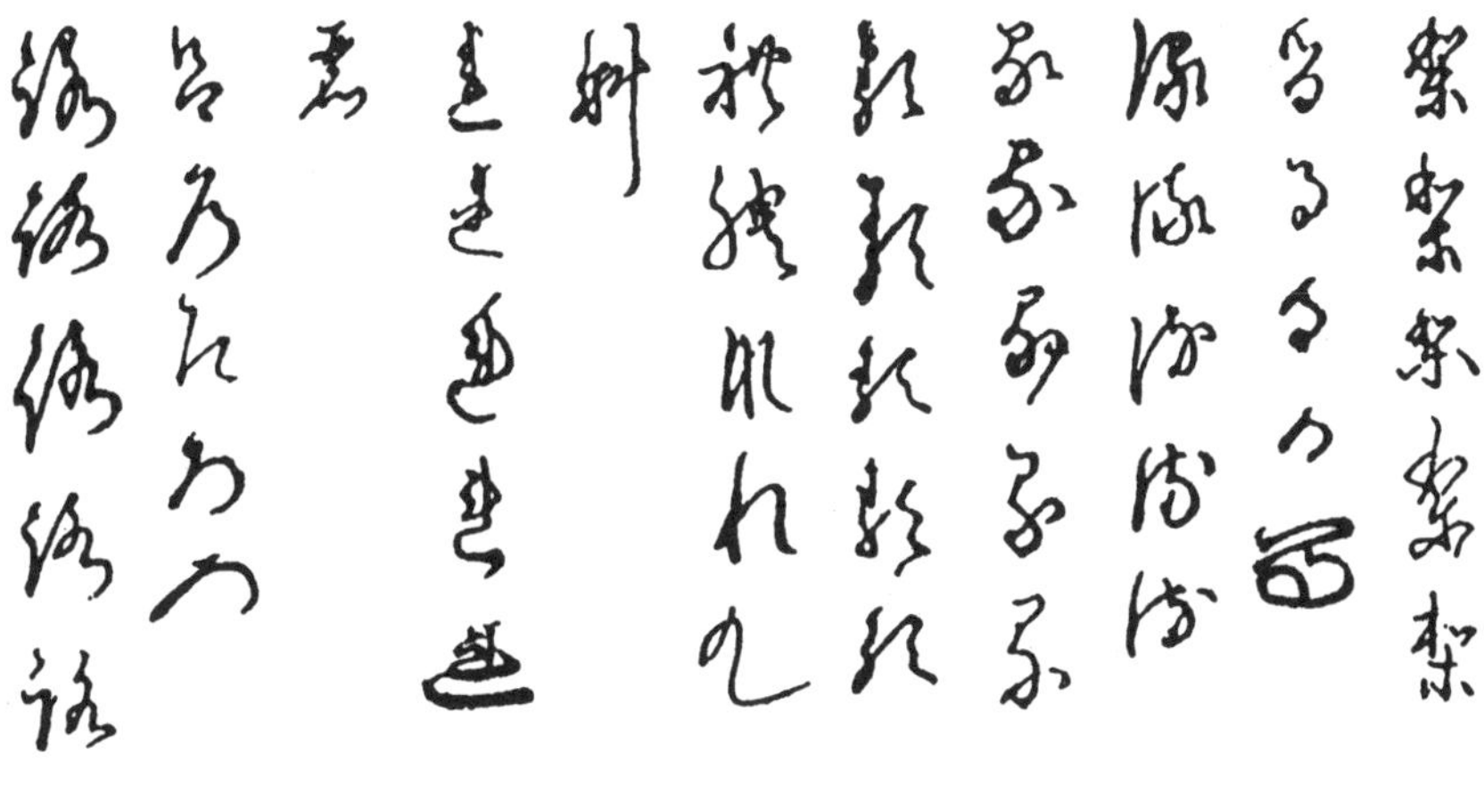

わ 和 王
ゐ 為 井
ゑ 恵 衛
を 遠 乎 越
ん 无
こと

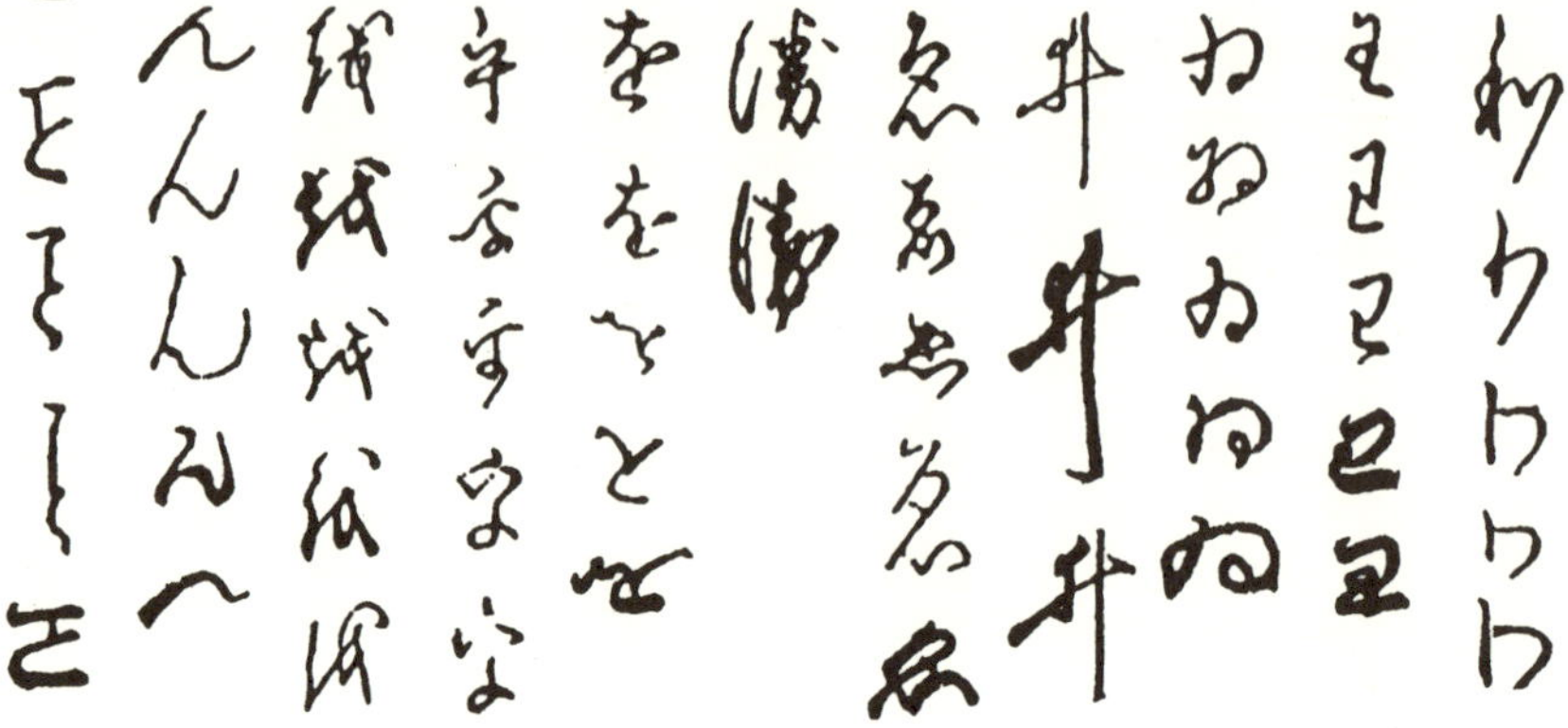

より

文字あそびの答え

①宝船（天地を逆さにして見てください）
②ヘマムシヨ入道（「道」が分かりますか）
そんしまいらせ候（虚無僧の笠と尺八の下に「存じまいらせ候」）
③をいらん（花魁）
花（花ぬす人、「花」のくずしが書かれています）
④小まち（「ま」が難しい）
水干（「水」の中に「干」。神主の装束を水干立（すいかんたて）烏帽子（えぼし）といいます）
⑤いとし藤（真ん中の「し」を挟んで「い」が十個（とお））
ござります（△がござる。⧄が升＝ます。『開化自慢』に「ム（ゴザ）らう」とあるが、これは江戸時代に芝居小屋で客に真蓙を貸す場合に、△の記号を用いたことによる〈『日本国語大辞典』〉）

吉田 豊（よしだ　ゆたか）
❖
1933年，福島県生まれ.
1955年，國學院大学文学部卒業.
現在，生涯学習１級インストラクター（古文書）.
文京学院大学生涯学習センター講師.
主な編著書
『江戸かな古文書入門』（柏書房，1995年）
『寺子屋式 古文書手習い』（柏書房，1998年）
『街なか場末の大事件』（柏書房，1999年）
『犬鷹大切物語』（柏書房，1999年）
『大奥激震録』（柏書房，2000年）
『江戸服飾史談』（芙蓉書房，2001年）
『古文書で読み解く忠臣蔵』（柏書房，2001年）
『江戸のマスコミ「かわら版」』（光文社新書，2003年）
『寺子屋式 古文書女筆入門』（柏書房，2004年）

寺子屋式（てらこやしき） 続古文書手習い（ぞくこもんじょてならい）
❖
2005年６月10日　第１刷発行
❖
著　者——吉田　豊
発行者——富澤凡子
発行所——柏書房株式会社
〒113-0021　東京都文京区本駒込 1-13-14
Tel.03-3947-8251（営業）
03-3947-8254（編集）
装幀者——上田宏志＋ゼブラ
組　版—— i-Media　市村繁和
印刷所——株式会社 亨有堂印刷所
製本所——株式会社 石毛製本所
❖

ISBN4-7601-2716-X　Printed in Japan